CHRONIQUES

DE

J. FROISSART

PUBLIÉES POUR LA SOCIÉTÉ DE L'HISTOIRE DE FRANCE

TOME HUITIÈME

1370-1377

(DEPUIS LE COMBAT DE PONTVALLAIN
JUSQU'A LA PRISE D'ARDRES ET D'AUDRUICQ)

PREMIÈRE PARTIE
SOMMAIRE ET COMMENTAIRE CRITIQUE
PAR SIMÉON LUCE

A PARIS

LIBRAIRIE RENOUARD

(H. LAURENS, SUCCESSEUR)

LIBRAIRE DE LA SOCIÉTÉ DE L'HISTOIRE DE FRANCE

RUE DE TOURNON, N° 6

M DCCC LXXXVIII

N° 237.

CHRONIQUES

DE

J. FROISSART

9627. — PARIS, TYPOGRAPHIE LAHURE

Rue de Fleurus, 9

CHRONIQUES

DE

J. FROISSART

PUBLIÉES POUR LA SOCIÉTÉ DE L'HISTOIRE DE FRANCE

TOME HUITIÈME

1370-1377

(DEPUIS LE COMBAT DE PONTVALLAIN
JUSQU'A LA PRISE D'ARDRES ET D'AUDRUICQ)

PREMIÈRE PARTIE

SOMMAIRE ET COMMEMTAIRE CRITIQUE

PAR SIMÉON LUCE

A PARIS

LIBRAIRIE RENOUARD

(H. LAURENS, SUCCESSEUR)

LIBRAIRE DE LA SOCIÉTÉ DE L'HISTOIRE DE FRANCE
RUE DE TOURNON, N° 6

M DCCC LXXXVIII

SOMMAIRE.

SOMMAIRE.

——

CHAPITRE XCVIII.

1370, 4 *décembre.* COMBAT DE PONTVALLAIN. — 19 *décembre.* MORT DU PAPE URBAIN V; 30 *décembre.* ÉLECTION DE GRÉGOIRE XI. — 1371, *avant le* 15 *janvier.* AGGRAVATION DE LA MALADIE ET RETOUR EN ANGLETERRE D'ÉDOUARD, PRINCE D'AQUITAINE ET DE GALLES. — 1370, 1ers *jours de décembre à* 1371, *fin de février.* SIÈGE ET PRISE DE MONTPONT, EN PÉRIGORD, PAR JEAN, DUC DE LANCASTRE. — 1371, *août et septembre.* SIÈGE ET PRISE DE MONCONTOUR, EN POITOU, PAR JEAN, DUC DE LANCASTRE, ET THOMAS DE PERCY, SÉNÉCHAL DE POITOU. — 1371, *fin de janvier et février.* EXPÉDITION DE BERTRAND DU GUESCLIN EN VUE DE LA LEVÉE DU SIÈGE DE MONTPONT ET SIÈGE D'USSEL. — 1371, 1er *août.* COMBAT NAVAL DE LA BAIE DE BOURGNEUF; 22 *août.* BATAILLE DE BASTWEILER. — 1372, *premiers mois.* RETOUR EN ANGLETERRE DE JEAN, DUC DE LANCASTRE ET MARIAGE DE CE PRINCE AVEC CONSTANCE DE CASTILLE, FILLE AÎNÉE DE D. PÈDRE, D'EDMOND, COMTE DE CAMBRIDGE, FRÈRE DE JEAN, AVEC ISABELLE, SŒUR DE CONSTANCE. — 1372, 13 *janvier.* MORT DE GAUTIER DE MASNY (§§ 669 à 686).

Aussitôt[1] après sa promotion à la dignité de connétable de France, Bertrand du Guesclin entreprend une chevauchée contre

1. Bertrand du Guesclin avait été institué connétable de France, le 2 octobre 1370 (voyez le tome VII de cette édition, sommaire, p. CXVI, note 1). Le 24 du même mois, il était à Pontorson, où il conclut un pacte d'alliance et de fraternité d'armes avec Olivier, seigneur de Clisson, naguère partisan de Jean de Montfort et des Anglais, mais rallié complètement à la cause de Jeanne de Penthièvre et de Charles V depuis 1369 (Dom Morice, *Preuves de l'hist. de Bretagne*, I, col. 1631 et 1632 ; Secousse, *Recueil de pièces relatives à Charles II, dit le Mauvais, roi de Navarre*, p. 380 et 381). Le texte de ce curieux pacte a été publié par dom Morice d'après l'original conservé aux archives du château de Blain (*Ibid.*, col. 1642 et 1643) et réimprimé par

Robert Knolles, qui ravageait alors les marches d'Anjou[1] et du

M. de Fréminville (*Hist. de du Guesclin*, p. 475 à 477). Le 6 novembre
suivant, Bertrand se trouvait à Caen, où il reçut la montre de Jean de
Mauquenchy, dit Mouton, seigneur de Blainville, maréchal de France,
qui servit du 6 novembre au 6 décembre sous le connétable avec 7 chevaliers bacheliers et 24 écuyers (*Bibl. Nat., Pièces originales*, vol. 1433,
dossier *Du Guesclin*, n° 30). Ce fut alors que le connétable, s'il faut en
croire Cuvelier, distribua l'argent qu'il avait rapporté d'Espagne, engagea ou vendit sa vaisselle pour assurer la solde du corps d'armée en voie
de formation (*Chronique rimée de B. du Guesclin*, II, p. 159 à 162, vers
17 969 à 18 064). Ce qui rend cette assertion très vraisemblable, c'est
que, par acte en date du 7 janvier 1371 (n. st.), Charles V, dont la gé-
nérosité était le moindre défaut, donna une somme de 2000 francs
d'or à Thiphaine Raguenel, duchesse de Molina et comtesse de Longueville, « pour lui aidier à soustenir son estat » (Delisle, *Mandements
de Charles V*, n° 742, p. 381 et 382). D'après l'auteur de la *Chronique
rimée de B. du Guesclin* (II, p. 158, vers 17 951 à 17 959), ce serait
Bertrand qui aurait conseillé au roi de France de soumettre à un emprunt forcé ses officiers et les « chaperons fourrés », c'est-à-dire les gens
de son Parlement et de la Chambre des Comptes. Ici encore le témoignage de Cuvelier est confirmé par les documents originaux. Il résulte,
en effet, d'une foule d'actes que, de la fin d'octobre aux derniers jours
de décembre 1370, Charles V soumit à un emprunt forcé les bourgeois
de quelques-unes de ses bonnes villes, notamment de Paris, de Rouen,
de Gournay, les conseillers au Parlement et les officiers de sa maison,
entre autres le fameux Guillaume Tirel, dit Taillevent, son cuisinier
(Delisle, *Mandements de Charles V*, p. 372 et 373 ; voyez aussi le dis-
cours que nous avons prononcé à la séance publique annuelle de la
Société de l'histoire de Normandie, le 21 mars 1882, p. 10 et 11 du
tirage à part). Soit qu'il crût la basse Normandie menacée par des
bandes de l'armée d'invasion conduite par Robert Knolles, soit qu'il
n'eût pas encore achevé la concentration de ses forces, le connétable
resta à Caen jusqu'au 1er décembre 1370, jour où il envoya de cette
ville aux trésoriers des guerres la montre de sa compagnie d'hommes
d'armes composée de 23 chevaliers bacheliers et de 270 écuyers (Hay
du Chastelet, *Histoire de B. du Guesclin*, p. 333 à 335 ; La Roque,
Histoire de la maison de Harcourt, IV, 2305 ; dom Morice, *Preuves*, I,
col. 1644 et 1645).

1. Après avoir ravagé les environs de Paris à la fin de septembre 1370 (voy. t. VII, sommaire, p. cvii, note 1), le gros de l'armée
de Robert Knolles s'était certainement avancé dans la direction de
Vendôme, en passant par Chartres et Châteaudun. Dans les premiers
jours du mois de novembre, les Anglais étaient arrivés dans le Ven-
dômois « *le jour de la Toussains derrain passée*, lit-on dans une lettre
de rémission datée de Paris en mai 1371, *environ le temps que Robert
Canole, Engloiz, et ses adherenz noz ennemiz estoient ou pays de Ven-
domoys* » (*Arch. Nat., section hist.*, JJ 109, n° 15, f° 128). Robert
Knolles paraît avoir employé la plus grande partie du mois de novembre à s'emparer d'un certain nombre de petites places situées
dans la vallée du Loir, vallée qu'il suivait pour se rendre du Ven-

Maine ; il vient tenir garnison au Mans[1] ; Olivier de Clisson, compagnon d'armes de Bertrand, occupe une forteresse voisine. Jean de Menstreworth[2], l'un des chevaliers de l'armée anglaise d'invasion, combat tous les plans de Robert Knolles. Cette armée est divisée en deux corps dont le premier, sous les ordres de Robert Knolles et d'Alain de Buxhull, est déjà arrivé aux envi-

domois à son château de Derval en Bretagne. Chemin faisant, il occupa successivement Ruillé (auj. Ruillé-sur-le-Loir, Sarthe, arr. Saint-Calais, c. la Chartre-sur-le-Loir), l'abbaye fortifiée de Notre-Dame de Vaas (Vaas, Sarthe, arr. la Flèche, c. Mayet) (*Bibl. de l'Arsenal, fonds des Belles-Lettres*, ms. fr. n° 168 ; *Arch. Nat.*, J 179ᵃ, n° 12 ; KK 241, f° 1 ; JJ 109, n° 15), l'abbaye fortifiée de Notre-Dame du Loroux, aujourd'hui écart de Vernantes, Maine-et-Loire, arr. Baugé, c. Longué (*Bibl. Nat.*, *collection de dom Housseau*, à la date du 8 janvier 1371, n. st.) et la ville du Lude (Sarthe, arr. la Flèche). Nous disons la ville, et non le château du Lude, car une lettre de rémission du mois de septembre 1371 établit que ce château, défendu par Guillaume de Meron, résista à toutes les attaques des Anglais (*Arch. Nat.*, JJ 103, n° 214). Quoi qu'en dise Froissart, il paraît peu probable que Robert Knolles, pour gagner la Bretagne et son château de Derval, ait pris la route du Mans par où il savait peut-être que le corps d'armée rassemblé par Du Guesclin devait s'avancer à marches forcées pour le rejoindre ; menacé d'être acculé entre le connétable de France, au nord, et Jean de Beuil, lieutenant de Louis, duc d'Anjou, au midi, le capitaine anglais dut s'échapper à l'ouest dans la direction de la Flèche, de Sablé et de Château-Gontier ; c'était du reste la route la plus directe qu'il pût suivre pour se rendre à Derval.

1. Pendant les semaines qui précédèrent la journée de Pontvallain, Bertrand du Guesclin ne tint point garnison au Mans, et Olivier de Clisson n'occupa point une forteresse voisine du Mans, comme le raconte Froissart. Deux documents, indiqués dans une des notes précédentes, établissent que, le 6 novembre et le 1ᵉʳ décembre 1370, le connétable de France était encore à Caen. Bertrand dut quitter cette ville dans la journée du dimanche 1ᵉʳ décembre et ne put guère arriver au Mans que le surlendemain mardi, dans l'après-midi du 3. Là, il apprit que l'arrière-garde de Robert Knolles, forte d'environ 600 combattants et placée sous les ordres de Thomas de Granson, était encore à Mayet (Sarthe, arr. la Flèche), gros bourg situé à une dizaine de lieues au sud du Mans. Ce fut pour barrer la route aux Anglais et les écraser au passage que Bertrand, après avoir fait au Mans une simple halte, alla coucher avec sa troupe en un lieu que Cuvelier (II, 164) appelle le « chastel de Villé ». C'est aujourd'hui Fillé (Sarthe, arr. le Mans, c. la Suze), sur la Sarthe, à quatre lieues au sud du Mans dans la direction de Pontvallain et de Mayet.

2. Jean de Menstreworth figure parmi les onze chevaliers anglais qui, par acte daté de Westminster le 10 juillet 1370, jurèrent de servir fidèlement dans l'expédition projetée en France sous Robert Knolles, Alain de Buxhull, Thomas de Granson et Jean Bourchier (Rymer, III, 897 et 898).

rons du Mans[1], tandis que le second corps, commandé par
Thomas de Granson, resté plus en arrière, est séparé du premier
par une journée de marche environ. Aussitôt qu'il est informé
des projets des Français, Robert Knolles prend des mesures pour
opérer la concentration des forces anglaises; il mande à Thomas
de Granson, à Hugh de Calverly, capitaine de Saint-Mor-sur-
Loire[2], à Robert Briquet, à Robert Cheyne et à Jean Cresswell
de venir le rejoindre en toute hâte. Au moment où Thomas de
Granson, à la tête de deux cents lances, exécute une marche de
nuit pour répondre à l'appel de Robert Knolles, il est attaqué à
l'improviste près de Pontvallain[3] par Bertrand du Guesclin et
Olivier de Clisson, qui ont sous leurs ordres environ quatre cents
lances. Cette bataille se livre le 10[4] octobre 1370. Les Anglais

1. Robert Knolles, qui se dirigeait en toute hâte vers la Bretagne
pour s'enfermer dans son château de Derval, se trouvait à une grande
distance du Mans au moment où Du Guesclin arriva dans le Maine pour
couper le capitaine anglais de son arrière-garde et écraser cette dernière : « Le dit monseigneur Bertran, nouvel connestable, fit sa semonce des nobles et parsuy monsigneur Robert Canole, *maiz le dit
Canole estoit ja entré en Bretaingne.*» *Chronique des quatre premiers Valois*,
p. 208.
    2. Abbaye fondée vers le milieu du sixième siècle par saint Maur,
disciple de saint Benoît, dont on voit encore aujourd'hui les ruines
en la commune du Thoureil, Maine-et-Loire, arr. Saumur, c. Gennes.
Chassés de Saumur en 1369, Hugh de Calverly et Jean Cresswell
avaient occupé et fortifié l'abbaye de Saint-Maur, d'où ils rançonnaient
le pays environnant. Cf. *Chroniques de J. Froissart*, VII, sommaire,
p. LXXXII, note 2.
    3. Pontvallain, Sarthe, arr. la Flèche, à 30 kilomètres au sud du
Mans.
    4. Selon toute vraisemblance, la bataille de Pontvallain fut livrée,
non le 10 octobre, mais le 4 décembre 1370. Arrivé à Fillé, à 16 kilomètres au sud du Mans, sur la route de cette ville à Angers, le 3 décembre, au soir, Bertrand fut informé pendant la nuit que les Anglais,
venant de Mayet, essayaient de s'échapper par la route qui va de Mayet
et de Pontvallain au Lude, afin de mettre le cours du Loir entre eux
et les Français; il voulut aussitôt déjouer cette tentative en accom-
plissant le mercredi 4 décembre une marche forcée de nuit, de grand
matin, sous une pluie battante. Cuvelier nous dit que Du Guesclin et
plusieurs de ses compagnons d'armes y crevèrent leurs chevaux déjà
harassés par la marche rapide des jours précédents. Après avoir traversé la petite rivière d'Aune, affluent de la rive droite du Loir, le
connétable atteignit les Anglais près du « château de la Fagne », mentionné dans la *Chronique normande* (éd. Molinier, p. 107) et marqué
sur la carte de Cassini. Poursuivi à travers la lande de Rigalet et
les prairies qui bordent l'Aune un peu avant son confluent avec le
Loir, l'ennemi prit la fuite dans la direction du Lude et de Vaas. Une

sont défaits. Les Français vainqueurs ramènent au Mans[1] leurs prisonniers. A cette nouvelle, le reste des forces anglaises se disperse ; Hugh de Calverly, Robert Briquet, Robert Cheyne et Jean Cressewell retournent précipitamment dans leurs garnisons. Robert Knolles lui-même court s'enfermer en toute hâte dans son château de Derval, et Alain de Buxhull vient passer ses quartiers d'hiver à Saint-Sauveur-le-Vicomte. P. 1 à 5, 255 à 257.

Après la victoire de Pontvallain, Bertrand du Guesclin et Olivier de Clisson amènent leurs prisonniers[2] à Paris ; et loin de les charger de chaînes, ainsi que font les Allemands, ils les prennent à rançon courtoise et les mettent en liberté sur parole. Pendant ce temps, le prince de Galles et le duc de Lancastre, revenus de l'expédition de Limoges, se tiennent à Cognac[3]. — Le pape Urbain V meurt à Avignon vers la fête de Noël[4]. Grâce

croix en bois, dite la *Croix Brette*, élevée peu après l'événement à l'endroit où Du Guesclin passait pour avoir enterré ses morts, indiquait sans doute le théâtre principal de l'action. Cette croix, qui se trouvait à peu près à moitié chemin sur la route de Pontvallain au Lude, a été remplacée en 1828 par un obélisque en pierre.

1. Loin de revenir sur ses pas et de ramener ses prisonniers au Mans, Bertrand du Guesclin donna la chasse aux fuyards jusqu'en Anjou et même au delà de la Loire ; il contraignit Hugh de Calverly et Jean Cressewell à évacuer l'abbaye fortifiée de Saint-Maur-sur-Loire, moyennant, il est vrai, une assez forte rançon, pour le payement de laquelle Bertrand leva sur les marchandises passant en Loire entre Cande et Champtoceaux un subside qui se maintint jusqu'au XVIIIe siècle sous le nom de *Trépas de Loire* (voyez notre tome VII, sommaire, p. LXXXII, note 2). Le 6 décembre 1370, deux jours seulement après sa victoire à Pontvallain, le connétable de France était à Saumur, où il passa en revue la compagnie de Mouton de Blainville, maréchal de France (voyez plus haut, p. IV, en note). Il poursuivit l'ennemi jusqu'à Bressuire en Poitou (*Grandes Chroniques*, VI, 326 ; *Chronique normande*, p. 199 ; Cabaret d'Orville, éd. Chazaud, p. 27 et 28 ; *Chronique rimée de B. du Guesclin*, II, p. 178 à 185, vers 18507 à 18704).

2. Les plus importants parmi ces prisonniers étaient Thomas de Granson, Gilbert Giffard, Geoffroi Worseley, Philippe de Courtney, Guillaume de Nevill et Hugh Spencer, neveu d'Édouard Spencer. La *Chronique normande* (p. 197) ajoute à ces noms ceux de Richard, de David de Green et de Thomas Fillefort. Sur la prise de Granson, voyez un acte de donation fait par Charles V en septembre 1371 (*Arch. Nat.*, JJ 101, n° 130).

3. Un acte par lequel Édouard, prince d'Aquitaine et de Galles, donne à son frère Jean, duc de Lancastre, les château, ville et châtellenie de Bergerac, est daté de Cognac le 8 octobre 1370. Delpit, *Documents français en Angleterre*, p. 130 et 131.

4. Urbain V mourut à Avignon le jeudi 19 décembre 1370. Le conclave se réunit au palais papal le dimanche 29, à six heures, et dès

à l'entremise de Louis, duc d'Anjou[1], qui se trouve sur les lieux pendant la réunion du conclave, le cardinal de Beaufort est élu souverain pontife sous le nom de Grégoire XI. — Eustache d'Auberchicourt est fait prisonnier en Limousin par un homme d'armes breton nommé Thibaud du Pont, capitaine d'un château appartenant au seigneur de Pierre-Buffière[2]; condamné à verser une rançon de douze mille francs, il en paye comptant quatre mille et donne son fils François en otage pour le reste; puis il va occuper la forteresse de Carentan[3], en basse Normandie, que lui a donnée le roi de Navarre et où il devait mourir. — Sur ces entrefaites, le vieil Arnoul d'Audrehem, qui avait été si long-

le lendemain, le lundi 30, Pierre Roger de Beaufort, cardinal diacre, neveu de Clément VI, fut élu pape et prit le nom de Grégoire XI. Ordonné prêtre le 4 janvier 1371, Grégoire XI fut sacré et couronné à Avignon le lendemain 5 (*Thalamus parvus*, p. 384 et 385).

1. Louis, duc d'Anjou, partit de Toulouse le 21 décembre, arriva à Nimes le 26 et se trouvait à Avignon le 29, lorsque s'ouvrit le conclave. Dom Vaissete, *Hist. de Languedoc*, IV, 346.

2. Haute-Vienne, arr. Limoges. Eustache d'Auberchicourt, qualifié lieutenant en Périgord et Limousin d'Édouard III, roi d'Angleterre, avait mis le siège devant Rochechouart (Haute-Vienne) avec 400 combattants; Étienne, bâtard de Rochechouart, s'était engagé à livrer la place aux Anglais. Sur ces entrefaites, Louis, vicomte de Rochechouart, chevalier, chambellan de Charles V, appela à son secours Bertrand du Guesclin au moment où le vainqueur de Pontvallain était occupé à poursuivre les Anglais sur la rive gauche de la Loire. Le connétable dépêcha aussitôt vers le vicomte de Rochechouart un vaillant écuyer breton nommé Thibaud du Pont, qui fit lever le siège de Rochechouart, retint prisonniers les traîtres qui avaient voulu livrer cette place et instruisit leur procès le 14 décembre 1370 (*Bibl. Nat., Trésor généalogique de dom Villevieille*, t. LXV, *au mot* GUESCLIN *d'après le carton 1er des Archives de la vicomté de Rochechouart*). Le 4 septembre 1371, Charles V fit payer 40 francs d'or à Jean du Rocher, écuyer de Bretagne, député vers le roi de France par Thibaud du Pont, écuyer, capitaine de Rochechouart (Delisle, *Mandements de Charles V*, p. 419, n° 818).

3. Manche, arr. Saint-Lô. La vicomté de Carentan avait été cédée à Charles II, dit le Mauvais, roi de Navarre, en vertu du traité de Mantes conclu le 22 février 1354 (n. st.). Dix ans après la conclusion de ce traité, dans les premiers jours de juillet 1364, Bertrand du Guesclin, pendant le cours de son expédition en basse Normandie, avait repris Carentan; cette ville fut de nouveau cédée à Charles le Mauvais, moyennant le payement d'un subside, vers le milieu de 1365 (E. Izarn, *Compte des recettes et dépenses du roi de Navarre de 1367 à 1370*, Paris, 1885, 1 vol. in-8°, p. 33); et la garde de cette place fut dès lors confiée par le roi de Navarre à Eustache d'Auberchicourt, qui y tint grand état en compagnie d'Isabelle de Juliers, comtesse de Kent, qu'il épousa avant le 6 janvier 1366 (*Ibid.*, p. 324 et 325).

temps maréchal de France, meurt à Paris[1], où l'on célèbre ses obsèques. P. 5, 6, 257 à 259.

Raymond de Mareuil, chevalier du Limousin[2], qui avait abandonné le parti anglais pour le parti français[3], un certain jour qu'il revenait de Paris dans son pays natal, est fait prisonnier par les gens d'armes de Hugh de Calverly[4] et enfermé dans une forteresse appartenant à Geoffroi d'Argenton[5]. Édouard III, qui veut punir Raymond de sa défection, offre six mille francs à celui qui l'a pris à condition que l'on remettra le prisonnier entre ses mains. Informé des intentions du roi d'Angleterre, Raymond de Mareuil parvient à s'échapper par une nuit d'hiver et gagne une forteresse française de l'Anjou[6] située à plus de sept lieues du

1. D'après l'opinion la plus vraisemblable, Arnoul d'Audrehem mourut à Saumur entre le 6 et le 25 décembre 1370. Les funérailles d'Arnoul et celles de Geoffroi de Charny, qui avaient été tous les deux porte-oriflamme de France, furent célébrées en même temps à Paris, dans le courant de janvier 1371; le 31 de ce mois, Ymbert le Damoisel, valet de chambre et « armurier » de Charles V, donna quittance de 370 francs pour des travaux d'armoiries, de tapisserie et de dorure exécutés à l'occasion de ces obsèques. Voyez Émile Molinier, *Étude sur la vie d'Arnoul d'Audrehem*, dans Mémoires des savants étrangers présentés a l'Académie des Inscriptions, deuxième série, VI, p. 189 à 191, 342.

2. Raymond de Mareuil paraît avoir eu ses possessions en Périgord, sur les confins de cette province et de l'Angoumois, bien plutôt qu'en Limousin. Par acte daté de Paris en mai 1354, Jean II fit don de 400 florins à l'écu et de 100 livres de rente à prendre sur le comté d'Angoulême à Raymond de Mareuil, écuyer, lequel avait servi sous le connétable Charles d'Espagne et avait repris sur les Anglais les châteaux de Mareuil (auj. Mareuil-sur-Belle, Dordogne, arr. Nontron), de Paluel (auj. Palluaud, Charente, arr. Barbézieux, c. Montmoreau) et d'Agonac (Dordogne, arr. Périgueux, c. Brantôme), situés en Périgord (*Arch. Nat.*, JJ 82, n° 196).

3. Raymond de Mareuil s'était rallié au parti francais dès le 29 juin 1369 (voyez t. VII, sommaire, p. LXXXVIII, note 2). Par divers actes datés de Paris au mois de juillet de cette année, Charles V avait donné à Raymond de Mareuil, chevalier, les châteaux de Villebois en Périgord (auj. Villebois-Lavallette, Charente, arr. Angoulême) et de Courtenay (*Arch. Nat.*, JJ 100, f⁰ˢ 205, 223, 288; J 426, n°21). Palluaud et Villebois, rattachés actuellement à la Charente, ont toujours fait partie du diocèse de Périgueux et du Périgord.

4. Le manuscrit d'Amiens ajoute que Hugh de Calverly était sénéchal de Limousin.

5. Le manuscrit d'Amiens ne mentionne pas Geoffroi d'Argenton et parle seulement « d'un fort château où Raymond de Mareuil fut enfermé sous la garde de Thomas Percy, sénéchal de Poitou ».

6. D'après le manuscrit d'Amiens, cette forteresse aurait été la Roche-

lieu de sa détention, grâce à la complicité de l'écuyer anglais qui le garde et auquel il a promis la moitié de ce qu'il possède. Rentré chez lui, il veut tenir sa promesse, mais l'écuyer anglais qui a facilité son évasion ne consent à accepter que deux cents livres de revenu. P. 6 à 9, 259, 260.

Le fils aîné d'Édouard, prince de Galles, meurt à Bordeaux[1]. Sur le conseil de ses médecins et de ses chirurgiens, le prince de Galles, atteint d'une maladie qui s'aggrave de jour en jour, prend la résolution de retourner en Angleterre. Après avoir convoqué à Bordeaux les barons de Gascogne, de Saintonge et de Poitou et leur avoir fait prêter serment de féauté et d'hommage entre les mains de son frère le duc de Lancastre, il s'embarque sur la Garonne en compagnie de la princesse de Galles, de leur jeune fils Richard, d'Edmond, comte de Cambridge[2], son frère, de Jean, comte de Pembroke, et fait voile pour l'Angleterre. Débarqué à Southampton[3], il va passer quelques jours à Windsor, à la cour du roi son père, puis il fixe sa résidence à Berkhampstead[4], à vingt lieues de Londres. P. 9, 10, 261 à 263.

Posay (Vienne, arr. Châtellerault, c. Pleumartin), où Guillaume des Bordes et Charuel, chevaliers du parti français, auraient tenu garnison.

1. Cf. *Le prince Noir, poème du héraut Chandos*, édit. de M. Francisque Michel, 1883, p. 277 et 278, vers 4081 à 4096. Édouard, prince d'Aquitaine et de Galles, s'embarqua à Bordeaux pour retourner en Angleterre avant le 15 janvier 1371, « circa principium mensis januarii », dit le moine de Saint-Albans, jour où Jean de Lancastre, institué lieutenant d'Aquitaine par son frère aîné, est mentionné dans un acte comme chargé du gouvernement de cette province pendant l'absence d'Édouard ; le duc de Lancastre se démit de sa lieutenance dès le 21 juillet de la même année (Delpit, *Documents français en Angleterre*, p. 179).

2. Edmond, comte de Cambridge, n'accompagna point le prince de Galles, il resta en Aquitaine avec Jean, duc de Lancastre : « relinquens post se, dit le moine de Saint-Albans, racontant le départ du prince de Galles pour l'Angleterre, in Vasconia duos fratres suos, Johannem ducem Lancastriæ et Edmundum comitem Cambrigiæ. » *Chronicon Angliæ* (1328-1388), éd. Edward Maunde Thompson, London, 1874, p. 67 et 68).

3. A Plymouth, d'après le moine de Saint-Albans.

4. Berkhampstead se trouve dans le comté de Hertford, à la distance de 26 milles anglais au nord-ouest de Londres ; cette distance est donc en réalité moitié moindre que celle qui est indiquée par Froissart. C'est à titre de duc de Cornouaille qu'Édouard, prince de Galles, possédait le château de Berkhampstead, qui n'a pas cessé depuis lors d'appartenir aux héritiers présomptifs de la couronne d'Angleterre.

Jean, duc de Lancastre, fait célébrer à Bordeaux les obsèques de son neveu Édouard, fils du prince de Galles, son frère aîné. Sur ces entrefaites, Guillaume de Montpont livre son château de Montpont[1] aux hommes d'armes bretons qui tiennent garnison à Périgueux pour Louis, duc d'Anjou. A cette nouvelle, le duc de Lancastre[2], à la tête d'une armée de sept cents lances et de cinq cents archers où figurent les principaux seigneurs de Gascogne, va mettre le siège devant Montpont. Guillaume de Montpont, craignant de tomber entre les mains des Anglais, laisse son château sous la garde des Bretons qu'il y a appelés et court se mettre en sûreté derrière les remparts de Périgueux. P. 10 à 13, 263, 264.

Le duc de Lancastre emploie vingt jours à combler les fossés qui entourent le château de Montpont avec des fascines, de la paille et de la terre; cela fait, il livre cinq ou six assauts tous les jours. Les assiégés repoussent vigoureusement ces assauts. Deux écuyers bretons nommés Jean de Malestroit et Silvestre Budes, qui commandent la garnison de Saint-Macaire[3], for-

---

1. Dordogne, arr. Périgueux. c. Ribérac. Montpont était le chef-lieu d'une châtellenie comprenant dix-huit paroisses. *Montpaon*, que l'on trouve dans le texte de Froissart, est conforme à l'étymologie; les plus anciennes formes de ce nom de lieu sont *Montpao* et *Monspavo* (*Dictionnaire topographique de la Dordogne*, par le vicomte de Gourgues, au mot MONTPONT).

2. A la date du 4 janvier 1371, le siège de Montpont par les Anglais durait déjà depuis un certain temps, puisqu'à cette date Louis, duc d'Anjou, qui se trouvait alors à Avignon, envoya Pierre Scatisse et Milon de Dormans, archidiacre de Meaux, demander aux États de Languedoc assemblés à Nîmes un subside de 2 francs par feu *pour faire lever le siège de Montpont* (Dom Vaissete, *Hist. de Languedoc*, IV, 346). Le 10 février suivant, le duc d'Anjou était en marche avec Menaud de Barbazan, maréchal de son ost, *pour faire lever le dit siège* (*Ibid.*, 346 et 347). Nous établirons plus loin que Montpont tomba au pouvoir des Anglais à la fin du mois de février; et comme Froissart fait remarquer à cette occasion que le siège avait duré onze semaines, il y a tout lieu d'ajouter foi au témoignage d'un chroniqueur contemporain qui rapporte que le duc de Lancastre mit le siège devant Montpont au moment où fut livrée la bataille de Pontvallain, c'est-à-dire dans les premiers jours de décembre 1370 (*Chronique normande*, éd. Molinier, p. 200).

3. Gironde, arr. la Réole. L'anecdote racontée ici par Froissart est très jolie, mais certaines circonstances du récit du chroniqueur sont certainement inexactes. Outre que Saint-Macaire se trouve à une assez grande distance de Montpont, la première de ces deux localités était encore au pouvoir des Anglais en 1371. Du reste, le manuscrit d'Amiens donne une version différente de celle qui est résumée plus haut; ce

teresse située à peu de distance de Montpont, se disputent à qu
ira porter secours à leurs compatriotes assiégés par le duc de
Lancastre ; ils tirent à la plus longue paille. Le sort favorise Silvestre Budes, qui monte aussitôt à cheval et amène à la garnison
de Montpont un renfort de douze hommes d'armes, sa personne
comprise. P. 13 à 15, 264, 265.

Les fossés une fois comblés au ras du sol, les assiégeants peuvent s'avancer jusqu'au pied des remparts dont ils font tomber à
coups de pic une largeur de quarante pieds. Les archers anglais
entrent par cette brèche et font pleuvoir une grêle de traits sur
les assiégés. Les quatre principaux chefs de la garnison, Guillaume de Longueval[1], Alain de la Houssaye[2], Louis de Mailly[3],

manuscrit ne fait aucune mention de Jean de Malestroit et fait partir
Silvestre Budes, non de Saint-Macaire, mais de Sainte-Bazeille (Lot-
et-Garonne, arr. de Marmande). Sainte-Bazeille, dont le seigneur,
Berard d'Albret, s'était rallié au roi de France pendant la première
moitié de 1370 (voyez notre t. VII, sommaire, p. xcix, note 1), avait
pu recevoir une garnison bretonne et, en outre, cette petite place est
à moindre distance de Montpont que Saint-Macaire. Par conséquent,
la version du manuscrit d'Amiens est moins invraisemblable, sinon
plus vraie, que celle des manuscrits de la première rédaction. A la
fin de 1371, un chevalier du Périgord, nommé Pierre « de Montibus »,
seigneur de Saint-Jean-de-Côle (Dordogne, arr. Nontron, c. Thiviers),
avait traduit devant le Parlement de Paris Silvestre Budes, écuyer,
qui s'était emparé de sa forteresse de Saint-Jean-de-Côle et qui continuait de l'occuper (*Arch. Nat.*, sect. jud., X²ᵃ 8, fᵒ 262). En présence
des deux versions de Froissart, on peut se demander si Silvestre Budes,
pris à l'improviste par l'arrivée des Anglais devant Montpont, n'occupait pas alors Saint-Jean-de-Côle.

1. D'après Froissart, la garnison de Montpont se composait de
Bretons, et le nom de Guillaume de Longueval semble étranger à la
Bretagne. Nous inclinons à croire que le chroniqueur de Valenciennes,
plus familier avec les noms de famille de la Picardie qu'avec ceux de
la Bretagne, a commis ici une confusion et qu'il a écrit peut-être
Guillaume de Longueval au lieu de Guillaume de Laval. Ce qui nous
le fait croire, c'est qu'un écuyer breton, nommé Guillaume de Morieux,
qui fut fait prisonnier à Montpont par les Anglais et qui déposa dans
le procès pour la canonisation de Charles de Blois, cite parmi ses
compagnons d'armes *Guillaume de Laval*, chevalier, et Fralin de Combray, écuyer (*Bibl. Nat., ms. lat.* 5381, t. *II*, fᵒˢ 107 et 108). Toutefois, nous devons faire remarquer que Louis de Mailly, cité aussi
comme l'un des quatre chefs de la garnison de Montpont, appartenait
lui-même à une famille picarde.

2. Eustache et Alain de la Houssaye figurent dans presque toutes
les montres de Bertrand du Guesclin.

3. Louis de Mailly était le quatrième fils de Jean de Mailly, seigneur de Talmas (Somme, arr. Doullens, c. Domart), et de Jeanne de
Picquigny (P. Anselme, *Hist. généal.*, VIII, 653).

et le seigneur d'Arsy[1], envoient un de leurs hérauts en parlemen-
taire vers le duc de Lancastre. Celui-ci, irrité de la résistance des
assiégés qui lui tiennent tête depuis onze semaines, fait répondre
par Guichard d'Angle, maréchal d'Aquitaine, qu'il exige qu'on
lui livre préalablement Guillaume de Montpont, afin qu'il fasse
justice de ce traître, et que les assiégés se rendent sans condition.
Les chevaliers bretons déclarent qu'ils ne savent ce qu'est devenu
Guillaume de Montpont et qu'ils se feront tuer jusqu'au dernier,
si le duc ne s'engage à les prendre à rançon. Sur les instances de
Guichard d'Angle, du captal de Buch et du seigneur de Mussidan, le duc de Lancastre consent enfin à recevoir à composition
les assiégés. Il prend possession de la forteresse de Montpont[2],
dont il confie la garde à une garnison de quarante hommes
d'armes et de quarante archers placés sous les ordres du seigneur
de Mussidan et du soudich de Latrau. Ces deux seigneurs, opérant
de concert avec la garnison anglaise de Bourdeilles[3], se livrent à
toute sorte d'hostilités contre les habitants de Périgueux[4]. P. 15
à 17, 265 à 268.

Au retour du siège de Montpont, les seigneurs de Gascogne
sont en butte aux incursions du comte d'Armagnac et du seigneur
d'Albret. C'est principalement sur la frontière du Poitou que les
hostilités sont poussées avec le plus de vigueur. Pierre de la

---

1. L'auteur de la *Chronique normande* (p. 200) appelle cet homme
d'armes : « Fouques Boules, sire d'Assi. »

2. D'après la chronique romane de Montpellier, le château de
Montpont tomba au pouvoir des Anglais dans le courant de février.
« Aquel an meteyss (1371), *en lo mes de febrier*, fon pres e destrug lo
castel de Montpaon en Peiragorc per lo duc de Lencastre e mossen
Aymo, frayre del dich princep, losquals y avian tengut seti per
alcun temps » (*Thalamus parvus*, p. 385). Vers le milieu de ce mois,
Louis, duc d'Anjou, faisait porter des provisions à Montauban pour
ravitailler la place (*Bibl. Nat.*, *Quittances*, XVIII, n° 831); mais le
vendredi 28 février, il était de passage à Albi et se dirigeait vers
Paris, en passant par Avignon (Vaissete, *Hist. du Languedoc*, IV, 347).
Par conséquent, à cette dernière date, le château de Montpont était
au pouvoir des Anglais; il faut donc placer la prise de cette forteresse
par le duc de Lancastre vers la fin de février 1371.

3. Dordogne, arr. Périgueux, c. Brantôme.

4. Tandis que Périgueux était redevenu francais dès le mois d'août
1369 (voy. t. VII, sommaire, p. cii), les Anglais continuaient d'occuper
Bergerac, donné par le prince de Galles, le 8 octobre 1370, au duc de
Lancastre qui, par acte en date du 15 janvier 1371, « au siège devant
Montpaon », avait confié la garde de cette place à Heliot Buade
(Delpit, *Documents français en Angleterre*, p. 177).

Grézille[1] et Jourdain de Coulonges[3] commandent la garnison du château de Moncontour[3], situé à quatre lieues de Thouars et à six lieues de Poitiers[4]; Charuel[5] occupe Châtellerault avec cinq cents Bretons; et les garnisons françaises de la Roche-Posay[6] et de Saint-Savin[7] inspirent une telle frayeur que les Anglais n'osent chevaucher dans ces parages que sous bonne escorte. P. 17, 18, 277.

Grâce aux démarches de Louis de Saint-Julien et du vicomte de Rochechouart, le seigneur de Pons[8], un des plus puissants barons de Poitou, se rallie au parti français, tandis que sa femme la dame de Pons et aussi les bourgeois de sa ville de Pons restent dans le parti anglais. Le duc de Lancastre institue Amanieu du Bourg capitaine de Pons, pour défendre cette forteresse contre les incursions du seigneur transfuge. Thomas de Percy, sénéchal de

---

1. Le fief de la Grézille, d'où la famille à laquelle appartenait Pierre tirait son nom, était situé en la paroisse d'Ambillou (Maine-et-Loire, arr. Saumur, c. Gennes). En 1369 et 1370, Pierre de la Grézille fut gratifié par Charles V de plusieurs terres situées en Anjou et dans le Maine, que le roi avait confisquées sur des seigneurs partisans des Anglais. D'après une montre de 1371, il avait dans sa compagnie 14 chevaliers bacheliers et 63 écuyers (*Bibl. Nat.*, *Trésor généalogique*, par Dom Villevieille, au mot la GRÉZILLE).

2. Moncontour-de-Poitou, Vienne, arr. Loudun.

3. Jourdain de Coulonges, que Froissart appelle Jourdain « de Coulongne », appartenait, comme Pierre de Grézille, à une famille établie de vieille date sur les frontières du Poitou et de l'Anjou. On sait que les localités du nom de Coulonges (Coulonges-sur-la-Renaize, dans le dép. de la Vienne, Coulonges-Thouarsais et sur l'Authise, dans les Deux-Sèvres) sont nombreuses dans cette région.

4. La distance de Moncontour à Poitiers est de 45 kilomètres ou onze lieues anciennes, moitié plus considérable, par conséquent, que celle qui est indiquée par Froissart.

5. C'est Jean de Kerlouet, non Éven Charuel, qui commandait la garnison de Châtellerault depuis la prise de cette forteresse dans les premiers jours de juillet 1370, comme Froissart l'a dit avec plus d'exactitude dans un autre endroit de sa chronique (cf. notre tome VII, p. 212).

6. Vienne, arr. Châtellerault, c. Pleumartin. Jean de Kerlouet s'était emparé de la Roche-Posay vers le mois de juillet 1369 (cf. t. VII, sommaire, p. LXIV).

7. Vienne, arr. Montmorillon. En 1369, l'abbaye fortifiée de Saint-Savin avait été livrée par l'un de ses moines au capitaine français Louis de Saint-Julien (cf. t. VII, sommaire, p. LXXXIII).

8. Charente-Inférieure, arr. Saintes. Renaud, seigneur de Pons et de Ribérac, vicomte de Turenne et de Carladez, s'était décidé à faire acte de soumission au roi de France dès le mois de mai 1369 (cf. t. VII, p. LXXXVIII, note 2).

Poitou, réunit à Poitiers un corps d'armée de cinq cents lances et de deux mille brigands munis de pavois pour mettre le siège devant Moncontour[1]. Noms des principaux seigneurs, soit poitevins, soit anglais, qui composent ce corps d'armée. P. 18 à 20, 277.

Trois capitaines de compagnies, Jean Cressewell, David Holegrave et Gautier Hewet, viennent renforcer l'armée assiégeante. Après dix jours de siège, une tranchée est ouverte, et les Anglais emportent d'assaut la forteresse de Moncontour[2]. La garnison tout entière est passée au fil de l'épée, excepté Pierre de la Grézille, Jourdain de Coulonges et cinq ou six hommes d'armes que l'on prend à merci. Thomas de Percy, Guichard d'Angle et Louis de Harcourt confient la garde de Moncontour à Hewet, à Cressewell et à Holegrave, qui disposent de cinq cents combattants et ne cessent de faire des courses en Anjou et dans le Maine. P. 20, 21, 277, 278.

Après la Chandeleur[3], Bertrand du Guesclin, qui se tient à

---

1. La nouvelle du siège mis par les Anglais devant Moncontour parvint à Paris pendant la seconde moitié du mois d'août 1371, car les premiers mandements adressés par Charles V pour réunir un corps d'armée de secours sont datés du 26 de ce mois (Delisle, *Mandements de Charles V*, p. 417 et 418, nos 813 à 815).

2. Moncontour dut se rendre aux Anglais à la fin d'août ou dans les premiers jours de septembre 1371. Bertrand du Guesclin et Olivier, seigneur de Clisson, envoyés au secours de la place assiégée, après avoir opéré la concentration de leurs forces dans le Maine, en Anjou et en Touraine, n'arrivèrent à Saumur que le 5 septembre. A cette date, Jean, comte de Sancerre, les maréchaux de France, Louis de Sancerre et Mouton de Blainville, étaient encore à Tours; ils ne rejoignirent Du Guesclin et Clisson que le lendemain. Le manque d'arbalétriers les empêcha de reprendre la forteresse de Moncontour, qui était déjà tombée au pouvoir des Anglais (Delaville le Roulx, *Comptes municipaux de Tours*, II, 111, nos 506 à 509; cf. *Chronique normande*, p. 202).

3. Le 1er janvier 1371, Bertrand du Guesclin, de retour de la chevauchée dont Pontvallain, Saumur et Bressuire avaient marqué les principales étapes, se trouvait à Paris, d'où il envoya, enclose sous son sceau du secret, au trésorier des guerres, Étienne Braque, la montre de 1135 hommes d'armes qu'il avait retenus pour servir sous ses ordres, dont 4 chevaliers bannerets, 51 chevaliers bacheliers et 1080 écuyers (Dom Morice, *Preuves de l'hist. de Bretagne*, I, col. 1647). Avant la fin de janvier, il dut se mettre en route pour porter secours à la garnison de Montpont, assiégée par les Anglais, car diverses compagnies du corps d'armée qu'il avait réuni pour cette expédition furent passées en revue à Blois du 27 au 29 de ce mois, notamment celles d'Alain de Taillecol, dit l'Abbé de Malepaye, de Girard, seigneur de Rais,

Paris depuis sa victoire de Pontvallain, entreprend une expédition contre les Compagnies anglaises qui ravagent le Poitou, le Quercy et le Rouergue. Noms des principaux seigneurs qui prennent part à cette expédition. Apprenant qu'un capitaine anglais nommé Jean Devereux s'est emparé du château d'Ussel[1], Bertrand assiège cette forteresse. Après quinze jours de siège[2] et

d'Olivier, seigneur de Montauban, et de Pierre, seigneur de la Hunaudaie (Hay du Chastelet, *Hist. de Du Guesclin*, p. 340, 341, 344, 345 ; Dom Morice, *Preuves de l'hist. de Bretagne*, I, col. 1645 à 1647). Froissart se trompe lorsqu'il dit que Du Guesclin n'entreprit l'expédition tendant à la levée du siège de Montpont et marquée par le siège d'Ussel qu'après la Chandeleur ou le 2 février ; il se trompe encore davantage lorsqu'il la fait coïncider avec le retour du printemps.

1. Auj. chef-lieu d'arrondissement de la Corrèze, sur les confins du Limousin et de l'Auvergne. Ussel est bâti sur une colline de plus de 600 mètres d'élévation, près du confluent de la Sarzonne et de la Diège, affluent de la rive droite de la Dordogne, et les halles actuelles occupent l'emplacement de l'ancien château-fort. Tous les manuscrits de Froissart portent par erreur *Uzès*. Comme quelques-uns de ces manuscrits placent *Uzès* en Auvergne, dom Vaissete en avait conclu qu'il faut lire *Usson* (*Hist. du Languedoc*, IV, 347). En réalité, il s'agit d'Ussel, ainsi que le prouve la déclaration d'un chevalier nommé Geoffroi Budes, originaire d'Uzel-près-l'Oust, en Bretagne, qui déposa à Angers en septembre 1371 dans l'enquête pour la canonisation de Charles de Blois : « Nobilis vir dominus Gauffridus Budes, miles, de parochia de Usello, dicit quod *in quadragesima ultimo preterita* (fin de février 1371) iste testis, in societate domini constabularii Francie, ibat apud castrum Montis Pavonis (Montpont) quod tenebatur a gentibus domini nostri regis Francie, obsessum a gentibus regis Anglie et principis Aquitanie, et ibant pro dicta obsidione levanda. Contigit quod in itinere invenerunt *castrum vocatum* USSEL *ab hostibus regis Francie detentum*, cui castro constabularius cum suis gentibus dedit insultum » (Dom Morice, *Preuves de l'hist. de Bretagne*, II, 26). Les comptes de Jean, duc de Berry, contiennent plusieurs mentions relatives à des chevaliers ou écuyers blessés au siège d'Ussel (*Arch. Nat.*, sect. hist., KK 251, f⁰ˢ 31, 32 et 71 v⁰). Une lettre de rémission, délivrée le 18 novembre 1372 à un homme d'armes de la compagnie de Juhel Rolland, fait également mention du siège mis devant Ussel en 1371 par Du Guesclin (*Ibid.*, JJ 103, f⁰ 134, n⁰ 285).

2. Dès le 18 février 1371, les Français avaient mis le siège devant Ussel, puisqu'à cette date Bethon de Marcenac, chevalier et conseiller de Jean, duc de Berry, donna quittance de 40 livres tournois, que le dit duc lui avait allouées pour ses frais et dépens devant le fort d'Ussel (*Arch. Nat.*, KK 251, f⁰ 71 v⁰). Le 26 du même mois, les ménétriers de Bertrand du Guesclin jouaient devant le duc de Berry qui leur faisait donner 20 livres (*Ibid.*, f⁰ 31 v⁰). Mais le 1ᵉʳ mars suivant, les maréchaux de France, Louis de Sancerre et Mouton de Blainville, recevaient des montres d'hommes d'armes à Clermont, en

plusieurs assauts où Waleran de Ligny[1], fils du comte de Saint-Pol, court un grand péril, le connétable continue sa chevauchée et entre en Rouergue. Quelques-uns des plus grands seigneurs du corps d'armée français vont à Avignon présenter leurs hommages au nouveau pape Grégoire XI et au duc d'Anjou qui se trouve à ce moment de passage à la cour papale[2]. Dans le cours de sa chevauchée à travers le Rouergue, Du Guesclin se fait rendre par Thomas de Walkefare[3] les deux forteresses de Millau[4] et de la Roque-Valsergue[5] et quelques autres châteaux situés sur les frontières du Limousin. Après quoi, le connétable de France, les ducs de Berry et de Bourbon reviennent mettre de nouveau le siège devant Ussel, en s'aidant de puissants engins de guerre qu'ils avaient eu soin de faire venir de Riom et de Clermont. P. 21 à 23, 270 à 274.

Auvergne, où se trouvait sans doute aussi le connétable (A. du Chastellier, *Invasions de l'etranger*, Paris, 1872, in-12, p. 21). La neige, qui se mit à tomber en grande abondance, contraria les opérations des Français et les contraignit à lever le siège d'Ussel : « Tanta nix supervenit quod oportuit quod totus exercitus deslogiaret ». Onse dirigea vers Clermont, où Du Guesclin apprit, s'il ne le savait déjà, que Montpont, qu'il allait débloquer, était tombé au pouvoir des Anglais (D. Morice, *Preuves*, II, col. 26). Le duc de Bourgogne se tint deux jours, le dimanche 2 et le lundi 3 mars, au siège devant Ussel.

1. Cette mention relative à Waleran de Ligny ne se trouve que dans la rédaction d'Amiens (p. 271).

2. Après avoir essayé vainement de porter secours à la garnison de Montpont, Louis, duc d'Anjou, avait repris le chemin d'Avignon pendant la seconde moitié du mois de mars 1371; le 4 avril suivant, il faisait sa résidence à Villeneuve-lez-Avignon, d'où il manda de faire payer 30 francs aux frères de Notre-Dame du Carmel de Lodève pour être associé à leurs prières (*Bibl. Nat., Quittances*, t. XIX, n° 1164); d'Avignon, il se rendit à Paris. Dans les derniers jours du mois de mars, un écuyer de Bertrand du Guesclin, qui était resté malade à Avignon, reçut du duc de Berry une aumône de 4 livres tournois (*Arch. Nat.*, KK 251, f° 32 v°).

3. Thomas de Walkefare, sénéchal anglais du Quercy, avait été pendu à Toulouse par ordre du duc d'Anjou en septembre 1370, cinq jours au moins avant l'expédition de Du Guesclin en Auvergne (Dom Vaissete, IV, 346).

4. Millau avait ouvert ses portes au duc d'Anjou dès le mois de mai 1370 (Cf. notre tome VII, p. lxiii, note 2).

5. Le château de la Roque-Valsergue (Aveyron, arr. Millau, c. Campagnac) avait été emporté d'assaut par les Français dès les premiers jours de janvier 1369 (*Ibid.*, p. lxiii, note 3). Cette prétendue campagne du connétable en Rouergue au commencement de 1371 est purement imaginaire.

Reddition d'Ussel[1]. La garnison a la vie sauve et peut se retirer avec armes et bagages à Sainte-Sévère[2]. Bertrand du Guesclin
revient en France[3]. — Robert Knolles, qui s'est enfermé dans son
château de Derval après sa défaite à Pontvallain, a encouru la
disgrâce d'Édouard III ; il envoie alors deux de ses écuyers
d'honneur présenter ses excuses au roi d'Angleterre ; ces excuses,
appuyées par Alain de Buxhull, sont agréées[4]. Jean de Menstreworth, convaincu de haute trahison, subit le dernier supplice[5].
P. 23, 24.

Édouard III s'assure l'alliance des ducs de Gueldre[6], de Ju-

1. Nous avons rapporté plus haut, sur les circonstances du siège
d'Ussel, le témoignage d'un témoin oculaire, Geoffroi Budes. Ce témoignage confirme de point en point la version de la *Chronique normande*
(p. 201) et de la *Chronique des quatre premiers Valois* (p. 210); il n'est
fait aucune mention de la reddition d'Ussel par les rédacteurs de ces
deux chroniques, dont le silence rend fort suspecte l'affirmation de
Froissart.

2. Sainte-Sévère-Indre, Indre, arr. la Châtre.

3. A la date du 18 mars 1371, Bertrand du Guesclin était de
retour à Paris, où il fit montre de 120 hommes d'armes (Hay du
Chastelet, *Hist. de du Guesclin*, p. 347 et 348). On a vu plus haut que
le siège d'Ussel se place pendant la seconde quinzaine de février;
par conséquent le connétable, qui était sans doute encore à Clermont
le 1er mars, n'avait pu trouver le temps, avant de rentrer à Paris, de
faire une expédition dans le Rouergue.

4. Édouard III ne rendit ses bonnes grâces à Robert Knolles
qu'après lui avoir fait payer dix mille marcs.

5. Arrêté en Navarre, près de Pampelune, par un écuyer que le
Moine de Saint-Albans nomme dans sa chronique Louis de Saint-Gilles
(éd. Maunde-Thompson, 1874, p. 135), Jean de Menstreworth, envoyé par Charles V en Espagne, où il allait remplir une mission
secrète auprès du roi de Castille, fut conduit en Angleterre et enfermé,
en 1377, dans la prison de la Tour de Londres sous l'inculpation de
haute trahison; on l'accusa surtout d'avoir arrêté, de concert avec
Owen de Galles, le plan et dirigé les préparatifs d'une descente en
Angleterre. Le 21 mars 1377, il fut écartelé; sa tête fut mise au bout
d'une pique sur le pont de Londres, et les quatre quartiers de son
corps envoyés, pour y être exposés, à Newcastle, à Caermarthen, à
Bristol et à Douvres; le compte des dépenses nécessitées par cet envoi
est conservé au *Record Office*. Une lettre destinée au roi d'Angleterre
seul, que Jean de Menstreworth avait écrite quelques instants avant
de subir le dernier supplice, fut interceptée par Henri Percy et par
Jean, duc de Lancastre. Cf. *Thomæ Walsingham, quondam monachi
Sancti Albani, Historia anglicana*, éd. Riley, t. I, p. 326.

6. Edouard, troisième duc de Gueldre, supplanta, en 1361, son
frère Renaud III, et fut blessé mortellement à la bataille de Bastweiler, le 22 août 1371.

liers[1] et dépêche le comte de Hereford[2] vers le duc de Bretagne.
— Bataille navale livrée dans un havre de Bretagne, nommé la
Baie[3], entre les Anglais et les Flamands; les Flamands ont le dessous et sont tous tués ou faits prisonniers. — Bataille [de Bastweiler]
livrée dans la nuit de la Saint-Barthélemy[4] 1371 entre Wenceslas
de Luxembourg, duc de Brabant, d'une part, Édouard, duc de
Gueldre, et le duc de Juliers, d'autre part. Défaite des Braban-
çons. Le duc de Brabant, tous les enfants de Namur[5], le comte de
Salm[6], Jacques de Bourbon[7], Waleran de Ligny, fils de Gui,
comte de Saint-Pol[8], sont faits prisonniers; Gui, père de Waleran, est tué sur le champ de bataille. P. 25, 26, 274 à 276, 279.

1. Guillaume VI, duc de Juliers, succéda en 1361 à son père Guillaume V et mourut le 13 décembre 1393.

2. Humphrey de Bohun, l'un des protecteurs de Froissart, fils
de Guillaume de Bohun, comte de Northampton, et d'Élisabeth de
Badlesmore, marié à Jeanne d'Arundel, était devenu, en 1361, comte
de Hereford par la mort de son oncle Humphrey, auquel appartenait
ce comté; il était connétable d'Angleterre.

3. *La Baie* est le nom sous lequel on avait coutume de désigner
dans les actes de la chancellerie anglaise, au xive siècle, la baie de
Bourgneuf (Bourgneuf-en-Retz, Loire-Inférieure, arr. Paimbœuf),
fermée du côté de la mer par l'île de Noirmoutier. Les navires flamands revenaient de la Rochelle, où sans doute ils avaient chargé des
vins et avaient fait escale à Beauvoir (Beauvoir-sur-Mer, Vendée, arr.
les Sables-d'Olonne), pour compléter leur chargement avec du sel.
D'après les chroniques flamandes, le combat naval de la Baie de
Bourgneuf fut livré le 1er août 1371, et cette date est confirmée, sinon
par les chroniques anglaises, qui placent la défaite des Flamands en
1372, du moins par plusieurs actes de la chancellerie d'Édouard III.
Le 1er juillet de cette année, le roi anglais chargeait deux commissaires de demander réparation des dommages dont ses sujets avaient
à se plaindre de la part des Flamands, et le 26 août suivant il donnait l'ordre d'arrêter tous les individus de cette nation (Rymer,
vol. III, pars ii, p. 920 et 921).

4. Froissart commet ici une légère erreur de date. La Saint-Barthélemy tombe le 24 août, tandis que la bataille de Bastweiler fut
livrée le vendredi 22 août 1371.

5. Notamment Robert et Louis de Namur, sixième et septième fils
de Jean Ier, comte de Namur, et de Marie d'Artois, ainsi que leur
neveu Guillaume, seigneur de l'Écluse, fils de Guillaume Ier, comte
de Namur, quatrième fils de Jean Ier et de Catherine de Savoie.

6. Henri VI, comte de Salm, marié à Adélaïde de Schoonvorst.

7. Jacques de Bourbon, seigneur de Préaux, troisième fils de Jacques Ier, comte de la Marche, et de Jeanne de Saint-Pol.

8. Gui de Luxembourg, fils de Jean, seigneur de Ligny, et d'Alice
de Flandre, avait épousé Mahaut de Châtillon, sœur et héritière de
Gui, comte de Saint-Pol; en septembre 1367 il avait été créé comte
de Ligny par Charles V.

Nouvelles escarmouches sur mer entre les Anglais et les Flamands; ceux-ci se décident à faire la paix avec le roi d'Angleterre[1]. P. 26, 27, 280 à 282.

Le roi de Majorque[2], fait prisonnier par D. Enrique de Trastamar, roi de Castille, recouvre la liberté moyennant le payement d'une rançon de cent mille francs[3] fournie par la reine de Naples, sa femme, et la marquise de Montferrat, sa sœur[4]. A peine remis en liberté, le roi de Majorque, soutenu par le pape Grégoire XI, prend à sa solde des gens des Compagnies et surtout des Bretons, traverse la Navarre avec l'assentiment du roi de ce pays, et déclare la guerre au roi d'Aragon[5] qui avait tué son père et l'avait dépouillé de son royaume; les hostilités sont poussées avec beaucoup d'acharnement de part et d'autre. Ce fut pendant le cours de cette guerre que Jacques, roi de Majorque, mourut[6] au val de Soria; les gens des Compagnies qu'il avait enrôlés rentrent alors en France. P. 27, 28, 276.

1. Après de longs pourparlers, un traité de paix définitif fut conclu entre Édouard III et les Flamands le 5 avril 1372 (Rymer, vol. III, pars II, p. 939).

2. D. Jayme d'Aragon, roi nominal de Majorque, comte de Roussillon et de Cerdagne, fils de D. Jayme II et de Constance d'Aragon, s'était marié, par contrat en date du 14 décembre 1362, à Jeanne, reine de Naples, veuve en premières noces d'André de Hongrie, assassiné le 18 septembre 1345, et en secondes noces de Louis de Tarente, mort le 16 mai 1362. D. Jayme fut fait prisonnier dans le courant de mars 1368, en même temps que D. Pèdre, roi de Castille, à la cour duquel il s'était retiré.

3. Jeanne, reine de Naples, paya pour la rançon de son troisième mari soixante mille ducats d'or.

4. Isabelle d'Aragon, fille de D. Jayme II, roi de Majorque, et de Constance d'Aragon, avait épousé en 1358, neuf ans après la mort de son père, Jean II, marquis de Montferrat.

5. D. Pèdre IV, roi d'Aragon, avait enlevé dès 1343 les îles de Majorque, de Minorque et d'Iviça à D. Jayme II, qui fut tué, au cours d'une expédition entreprise pour les recouvrer, le 25 octobre 1349.

6. D. Jayme mourut vers la fin de 1375 et, dès le 25 mars de l'année suivante, Jeanne, reine de Naples, sa veuve, se remaria en quatrièmes noces à Othon de Brunswick, fils aîné de Henri, duc de Brunswick-Grubenhagen. Le val de Soria, indiqué par Froissart comme le lieu où mourut D. Jayme, se trouve en Vieille-Castille; cette vallée, qui tire son nom de la ville de Soria, est arrosée par le Douro. On sait que la reine de Naples, par un testament en date du 23 juin 1380, institua Louis d'Anjou, frère de Charles V, son héritier universel et qu'elle mourut le 22 mai 1382, assassinée par l'ordre de Charles de Duras, compétiteur du duc d'Anjou.

Jean, duc de Lancastre, lieutenant d'Édouard III à Bordeaux, est veuf; il a perdu sa première femme Blanche[1], duchesse de Derby et de Lancastre. Les deux filles de D. Pèdre[2], roi de Castille, après la mort de leur père, ont cherché un refuge à Bayonne. Sur le conseil des barons de Gascogne, le duc de Lancastre se remarie à l'aînée nommée Constance, et la cérémonie des fiançailles a lieu à Roquefort[3], village situé près de Bordeaux. L'arrivée dans cette ville de la jeune princesse et de sa sœur donne lieu à des fêtes magnifiques. P. 28 à 30, 282 à 284.

Ces nouvelles parviennent en Castille, où D. Enrique de Trastamar apprend à la fois que l'aînée de ses nièces, Constance, est mariée au duc de Lancastre, et que la cadette, Isabelle, doit épouser le comte de Cambridge. Il envoie aussitôt des ambassadeurs vers le roi de France, en leur donnant mission de conclure un traité d'alliance offensive et défensive avec Charles V. Ce traité[4] est conclu par l'entremise de Bertrand du Guesclin, qui

1. Blanche de Derby, fille de Henri, comte de Derby, et d'Isabelle de Beaumont, première femme de Jean de Gand, duc de Lancastre, quatrième fils d'Édouard III, était morte de la peste en 1369 et avait été enterrée à Londres dans la cathédrale de Saint-Paul; elle avait protégé Froissart, qui a exprimé sa reconnaissance en vers touchants dans le *Buisson de Jonèce*. Le mariage de Blanche avec Jean, dit de Gand, avait été célébré à Reading au mois de juin 1359.

2. Constance et Isabelle, filles de D. Pèdre et de Marie de Padilla.

3. Roquefort, Landes, arr. Mont-de-Marsan, entre Bayonne, lieu de résidence des filles de D. Pèdre, et Bordeaux. Le mariage de Jean, duc de Lancastre, avec Constance, l'aînée des filles de D. Pèdre, est antérieur au 25 juin 1372, car dans un acte qui porte cette date, le fils d'Édouard III prend le titre de roi de Castille (Delpit, *Documents français en Angleterre*, p. 184). Constance mourut avant son mari et fut enterrée à Leicester. Catherine de Rœulx, veuve de Hugues de Swinford et fille d'un simple héraut d'armes, Paon de Rœulx (Nord, arr. Valenciennes, c. Bouchain), que la reine Philippa de Hainaut avait amené de son pays natal, devint, du vivant même de Constance, la maîtresse du duc de Lancastre, qui l'épousa dans les premiers jours de janvier 1390. Catherine, morte et enterrée à Lincoln le 10 mai 1403, fut par son fils, Jean de Beaufort, comte de Somerset et marquis de Dorset, la bisaïeule, du côté maternel, de Henri VII, fondateur de la dynastie des Tudors.

4. Les négociations auxquelles il est fait allusion ici eurent pour principal résultat de provoquer l'envoi de la flotte espagnole, qui battit dans les eaux de la Rochelle, au mois de juin 1372, la flotte anglaise commandée par Jean, comte de Pembroke, marié en premières noces à Marguerite, quatrième fille d'Édouard III. L'un des négociateurs envoyés en Castille par Charles V fut Macé de Fresnes, chevalier, à qui le roi de France fit payer 200 francs d'or, par mandement

aime beaucoup le roi de Castille. Après avoir ainsi accomp₁
leur mission, les ambassadeurs de D. Enrique retournent auprès
de leur maître, qui tient alors sa cour dans la ville de Léon.
P. 30, 31, 286, 287.

Vers la Saint-Michel 1371[1], le duc de Lancastre s'embarque à
Bordeaux pour retourner en Angleterre après avoir institué
divers grands seigneurs pour gouverner la Gascogne, le Poitou et
la Saintonge pendant son absence. Débarqué à Southampton, il
se rend à la cour du roi son père, qui donne des fêtes en l'honneur
de la duchesse de Lancastre, sa belle-fille, et fait grand accueil à
Guichard d'Angle, chevalier poitevin que le duc de Lancastre a
emmené avec lui. — Sur ces entrefaites, Gautier de Masny
meurt[2] à Londres et l'on dépose ses cendres dans un couvent de
Chartreux qu'il avait fait construire dans un faubourg de cette ville ;
Édouard III et ses enfants, les prélats et les barons d'Angleterre
assistent aux obsèques de ce vaillant chevalier. Jean, comte de
Pembroke, marié à Anne de Masny[3], hérite des seigneuries[4] de
Gautier situées en Hainaut, pour lesquelles il prête serment de
foi et hommage à Aubert, duc de Bavière, qui tient alors à bail le
comté de Hainaut. P. 31 à 33, 284, 285, 287, 288.

en date du 10 août 1371, pour son voyage « *es parties* d'Avignon, d'Ar-
ragon et *d'Espaigne* et à Saint Jaques de Galice, *où nous l'envoions
hastivement pour certaines besoingnes qui nous touchent* » (Delisle, *Mandements de Charles V*, p. 411, n° 803).

1. Dès le 21 juillet 1371, Jean, duc de Lancastre, s'était démis de
ses fonctions de lieutenant en Aquitaine du prince de Galles, son frère
aîné (Delpit, *Documents français en Angleterre*, p. 179); mais il paraît
avoir attendu, pour quitter le pays et retourner en Angleterre,
qu'Édouard III, par acte en date du 13 avril 1372, eût nommé lieute-
tenant en la principauté d'Aquitaine Jean, comte de Pembroke
(Rymer, III, 941). Cf. Thomas Walsingham, *Historia anglicana*,
p. 813.

2. Gautier de Masny, dont le chroniqueur de Valenciennes parle
avec une complaisance particulière, parce que ce chevalier était originaire du Hainaut, où se trouve le village de Masny (Nord, arr. et c.
Douai), mourut le mardi 13 janvier 1372 et fut enterré dans une
chapelle des Chartreux de Smithfield, près Londres. Froissart n'ou-
blie pas de dire, dans le *Buisson de Jonèce*, qu'il avait reçu les bienfaits
de son valeureux compatriote.

3. Jean de Hastings, comte de Pembroke, veuf de Marguerite, fille
d'Édouard III, s'était remarié à Anne de Masny, fille unique de Gautier et de Marguerite de Norfolk.

4. Ces seigneuries étaient Masny, Boucourt (Nord, arr. et c. Douai)
et Wasnes (Nord, arr. Valenciennes, c. Bouchain).

CHAPITRE XCIX.

1372, 23 *juin*. DÉFAITE DE LA FLOTTE ANGLAISE DEVANT LA ROCHELLE. — *Juillet.* SIÈGE DE MONCONTOUR ET DE SAINTE-SÉVÈRE; REDDITION DE CES DEUX PLACES AUX FRANÇAIS. — 7 *août.* REDDITION DE POITIERS. — *Du 22 au 23 août.* DÉFAITE ET CAPTURE DE JEAN DE GRAILLY, CAPTAL DE BUCH, CONNÉTABLE D'AQUITAINE ET DE THOMAS DE PERCY, SÉNÉCHAL DE POITOU, DEVANT SOUBISE; REDDITION DE CETTE PLACE. — REDDITION D'ANGOULÊME (8 *septembre*), DE SAINT-JEAN-D'ANGELY (20 *septembre*), DE TAILLEBOURG, DE SAINTES ET DE PONS. — REDDITION DES CHÂTEAUX DE SAINT-MAIXENT (4 *septembre*), DE MELLE ET DE CIVRAY. — 8 *septembre.* REDDITION DE LA ROCHELLE. — 15 *septembre.* PRISE DU CHÂTEAU DE BENON ET REDDITION DE MARANS. — 19 *septembre.* REDDITION DE SURGÈRES. — 9 *et* 10 *octobre.* REDDITION DE LA VILLE ET PRISE DU CHÂTEAU DE FONTENAY-LE-COMTE. — 1ᵉʳ *décembre.* REDDITION DE THOUARS ET SOUMISSION DES PRINCIPAUX SEIGNEURS DU POITOU ET DE LA SAINTONGE. — SIÈGE DE MORTAGNE. — 1373, 21 *mars.* — DÉFAITE DES ANGLAIS A CHIZÉ. — 27 *mars.* OCCUPATION DE NIORT. — REDDITION DES CHÂTEAUX DE MORTEMER ET DE DIENNÉ (§§ 687 à 723).

Les Anglais se préparent à envahir la France de deux côtés à la fois, par la Guyenne et par Calais[1]. Charles V, que ses espions tiennent au courant de tous les projets d'Édouard III[2], a soin

---

1. Les préparatifs maritimes des Anglais commencèrent vers la fin de 1371. Le 6 octobre de cette année, Édouard III institua deux amiraux, Raoul de Ferrers et Robert de Assheton, chevaliers (Rymer, III, 923 et 924). Le 25 du même mois, il prit des mesures pour assurer la défense des côtes contre les entreprises des Français dont la flotte tenait déjà la mer et passait pour menacer surtout la ville de Yarmouth (*Ibid.*, 925). Le 21 décembre, il défendait de vendre des navires à des marchands étrangers (*Ibid.*, 930). Le 26 janvier 1372, il concluait un traité d'alliance perpétuelle avec les Génois, dont les navires et les arbalétriers pouvaient lui être si utiles dans la guerre qu'il se préparait à entreprendre (*Ibid.*, 931). Enfin, le 6 février suivant, il faisait saisir dans les ports d'Angleterre tous les bateaux jaugeant 20 tonneaux et au-dessus pour les employer au transport de ses troupes (*Ibid.*, 933).

2. Un mandement en date du 31 janvier 1372 (n. st.) nous prouve

de faire mettre en bon état de défense les places de son royaume, particulièrement en Picardie. Guichard d'Angle est fait chevalier de la Jarretière le jour Saint George dans une fête solennelle de l'Ordre qui se tient au château de Windsor. Sur les instances du dit Guichard, Jean de Hastings, comte de Pembroke, gendre d'Édouard III, est nommé lieutenant du roi d'Angleterre en Guyenne[1]. P. 33 à 35, 288 à 291.

Jean, comte de Pembroke[2], accompagné de Guichard d'Angle et d'un chevalier d'outre-Saône nommé Othe de Granson[3], met à la voile à Southampton pour se rendre en Guyenne ; outre le corps d'armée embarqué sur la flotte anglaise, le comte emporte de quoi payer la solde de trois mille combattants pendant un an. Prévenue par le roi de France de la prochaine arrivée des Anglais, une flotte espagnole, envoyée par D. Enrique[4], roi de Castille, et composée de 40 gros navires et de 13 barges[5], se tient à l'ancre

que Charles V n'ignorait rien des préparatifs du roi d'Angleterre. Voici les premières lignes de ce mandement. « Comme nous aions entendu par pluseurs personnes dignes de foy que nostre adversaire d'Angleterre a entencion et volenté de briefment venir par mer et par terre et entrer au plus grant effort que il pourra en nostre royalme pour grever et dommagier nous, nostre royaume et noz subgiés. » En prévision de ces attaques, Charles V organisa tout un système de défense. Dans chaque bailliage, il délégua deux ou trois chevaliers qui devaient s'adjoindre au bailli pour visiter toutes les places fortes du ressort ; le roi donnait l'ordre de démolir celles que l'on ne jugerait pas capables de résister aux assauts de l'ennemi et au contraire de remettre les autres en parfait état, en ayant soin de les munir de provisions et d'artillerie (Delisle, *Mandements de Charles V*, p. 439 à 442).

1. Jean, comte de Pembroke, fut nommé lieutenant en la principauté d'Aquitaine le 20 avril 1372 (Rymer, III, 941).

2. Par acte daté de Westminster le 7 février 1372, Édouard III donna l'ordre de réunir, d'armer et d'approvisionner des navires dans tous les ports d'Angleterre ; ces préparatifs devaient être terminés et les navires prêts à prendre la mer le 1ᵉʳ mai suivant (Rymer, III, 933).

3. La famille de Granson ou Grandson tire son nom de la petite ville de ce nom située dans le pays de Vaud, sur les bords du lac de Neuchâtel : voilà pourquoi Froissart fait remarquer qu'Othe était originaire d'outre-Saône. Grandison est la forme anglaise du nom de cette famille dont une branche s'établit en Angleterre pendant la seconde moitié du XIIIᵉ siècle.

4. Par acte daté du bois de Vincennes le 10 mars 1372 (n. st.), Charles V avait accordé des privilèges aux Castillans qui fréquentaient le royaume (Delisle, *Mandements*, p. 449).

5. La flotte espagnole se composait de vingt galées d'après la *Chronique des quatre premiers Valois* (p. 232) et de douze seulement d'après D. Pedro Lopez de Ayala : « Este año (1372), ovo nuevas el Rey Don

devant le havre de la Rochelle; cette flotte est placée sous les
ordres d'Ambrosio Boccanegra [1], de Cabeça de Vaca [2], de D. Ferrand de Pion [3] et de Radigo le Roux [4] ou de la Roselle. La rencontre des deux flottes a lieu dans les eaux de la Rochelle la veille
de la Nativité de saint Jean-Baptiste 1372 [5]. Inférieurs en nombre
à leurs adversaires, dont les navires plus grands et plus élevés
au-dessus de la ligne de flottaison [6] sont en outre pourvus d'abris

Enrique como Micer Ambrosio Bocanegra su Almirante, con doce
galeas suyas, las quales él avia enviado en ayuda del Rey de Francia,
estando cerca de la Rochela, que estaba entonce por Inglaterra, llegára y el Conde de Peñabroch, que venia por Lugar teniente del Rey
de Inglaterra en Guiana, con treinta é seis naos é con mucha compaña
de caballeros é escuderos é omes de armas é con grand tesoro que el
Rey de Inglaterra le diera para facer guerra in Francia, é que llegando
el dicho Conde de Peñabroch á la villa de la Rochela con las dichas
naos, las doce galeas de Castilla palearon con él, é le desbarataron, é
prendieronle á él, é á todos los caballeros é omes de armas que con
él venian, é tomaron todos los navios é tesoros que traian. » (*Crónica
del Rey Don Enrique segundo*, dans CRONICAS DE LOS REYES DE CASTILLA,
Madrid, 1877, gr. in-8°, 11, 12).

1. Ambrosio Boccanegra était d'origine génoise comme Barbavara,
amiral au service de Philippe de Valois, et comme un certain nombre
d'amiraux de Castille aux xiv° et xv° siècles. Par acte daté de Zamora
le 5 novembre 1372, D. Enrique fit don à Ambrosio Boccanegra, pour
le récompenser de la victoire remportée devant la Rochelle, de la
petite ville de Linarès, en Andalousie (*Catalogo de los Señores y Condes
de Fernan Nuñez*).

2. Pedro-Fernandez Cabeça de Vaca était maître de l'ordre de
Saint-Jacques.

3. Les chroniques de Castille ne mentionnent à cette époque aucun
amiral de ce nom. Ferrand de Pion serait-il, comme l'a supposé Buchon, une altération de Hernando de Léon? En 1377, D. Ferrand
Sanchez de Tovar, amiral de Castille, prit part à une expédition dirigée par l'amiral français Jean de Vienne contre l'île de Wight.

4. Le nom véritable de ce chevalier est Rui Diaz de Rojas; il était
originaire de cette partie de la Biscaye qu'on appelle le Guipuscoa.

5. Cette date est confirmée par une chronique anglaise contemporaine qui rapporte cet événement à la veille de la Saint-Jean-Baptiste,
jour de la fête de sainte Ethelrède : « Contigit autem istud infortunium in Vigilia Nativitatis Sancti Johannis Baptistæ, in qua festiva
Sanctæ Ethelredæ virginis occurrit. » (*Thomæ Walsingham, quondam
monachi Sancti Albani, historia anglicana*, ed. Riley, 1863, p. 314). On
se rappela à cette occasion que le comte de Pembroke, alors âgé d'environ vingt-cinq ans, avait profané un jour une église placée sous l'invocation de sainte Ethelrède, et l'on considéra la défaite de la Rochelle
comme un châtiment infligé au coupable par cette sainte; on y vit
aussi une punition des mœurs dissolues du jeune comte et de son
hostilité contre le clergé anglais.

6. D'après l'auteur de la *Chronique des quatre premiers Valois*, les

et armés d'arbalètes ainsi que de canons, les Anglais et les Anglo-Gascons n'en soutiennent pas moins avec beaucoup de vigueur l'attaque des Espagnols; lorsque le reflux de la mer et la tombée de la nuit mettent fin au combat, ils n'avaient encore perdu que deux de leurs navires chargés de provisions [1] sur les quatorze [2] dont se composait leur flottille. P. 36 à 39, 292 à 295.

Malgré les instances du sénéchal Jean Harpedenne, Jean Chauderier, maire de la Rochelle [3], et les habitants de cette ville refusent de porter secours aux Anglais que vont renforcer pendant la nuit le dit Jean Harpedenne, le seigneur de Tonnay-Boutonne, Jacques de Surgères et Mauburni de Lignières [4]. Le lendemain matin, à la mer montante, les Espagnols attaquent de nouveau les Anglais, dont ils accrochent les navires avec de grands crocs et des grappins retenus par des chaînes. Le comte de Pembroke se voit entouré par quatre navires ennemis placés sous les ordres de Cabeça de Vaca et de D. Ferrand de Pion, tandis qu'Othe de Granson et Guichard d'Angle sont aux prises avec Boccanegra et Radigo le Roux. Après une résistance désespérée, tous les Anglais et les Anglo-Gascons sont tués ou faits prisonnniers. Au nombre des prisonniers figurent le comte de Pembroke, Guichard d'An-

navires des Anglais étaient, au contraire, plus grands et plus pesants que ceux des Castillans : « Nos galées sont legieres, fait-il dire à l'amiral espagnol, et leurs grans nefz et leurs grans barges sont pesantes et fort chargées. » *Chronique des quatre premiers Valois*, p. 233.

1. Suivant la rédaction d'Amiens (p. 295), les Anglais auraient perdu, dans cette première rencontre, non point deux navires, mais quatre, avec le chargement de provisions que portaient ces navires.

2. Le rédacteur des *Grandes Chroniques de France* (VI, 335) dit que la flotte anglaise se composait de trente-six navires; c'est également le chiffre donné par Ayala.

3. Élu maire de la Rochelle le 21 avril 1370, Jean Chauderer ou Chauderier avait été remplacé le 13 avril 1371 par Guillaume Boullard. Le 4 avril 1372, Guillaume Boullard lui-même avait eu pour successeur Pierre Boudré. Par conséquent, c'est Pierre Boudré, et non Jean Chauderier, qui était maire de la Rochelle à la date de la défaite navale du comte de Pembroke devant la Rochelle et de la reddition de cette ville au roi de France. Jean Chauderier ne redevint maire que le 24 avril 1373 (communication de M. de Richemond, archiviste de la Charente-Inférieure). Cf. Arcère, *Hist. de la ville de la Rochelle*, I, 253, 254, 607.

4. Cette assertion de Froissart est confirmée par le passage suivant de la *Chronique des quatre premiers Valois* (p. 234) : « De ceulx de la Rochelle en y oult il moult de mors et noyez qui s'estoient mis en bateaulz petiz pour secourir les Anglois. »

gle, Othe de Granson, le seigneur de Poyanne [1], le seigneur de Tonnay-Boutonne, Jean Harpedenne, Robert Twyford, Jean de Gruyères, Jacques de Surgères, Jean de Courson, Jean Trussell et Thomas de Saint-Aubin [2]. Aimeri de Tarde, chevalier gascon, Jean de Langton, Simon Hansagre, Jean de Mortain et Jean Touchet sont tués. P. 38 à 42, 295 à 299.

La nef qui portait l'argent destiné à la solde des hommes d'armes de Guyenne avait été coulée bas pendant l'action, et le précieux chargement englouti au fond de la mer [3]. Les habitants de la Rochelle, informés de la défaite des Anglais par Jacques de Surgères qui avait obtenu sa mise en liberté moyennant le payement d'une rançon de trois cents francs, s'en réjouissent plus qu'ils ne s'en affligent. Le jour Saint-Jean-Baptiste, après nonne, la flotte espagnole victorieuse lève l'ancre et cingle vers la haute mer pour regagner les côtes de Galice. Le soir de ce même jour, six cents hommes d'armes anglais et anglo-gascons arrivent à la Rochelle sous la conduite de Thomas de Percy, de Gautier Hewet, de Jean Devereux, de Jean de Grailly, captal de Buch, et du soudich de Latrau; ils sont consternés en recevant la nouvelle de la défaite et de la prise du comte de Pembroke. P. 42 à 44, 299, 300, 302 et 303.

Owen de Galles, appartenant à la famille des princes de Galles dépossédés par Édouard Ier, a cherché un refuge en France et

1. Gérard de Tartas, seigneur de Poyanne (Landes, arr. Dax, c. Montfort). Par acte daté du mois de mars 1373 (n. st.), Charles V donna à Arnaud Amanieu, seigneur d'Albret, son beau-frère, les hôtels et vignobles confisqués que le dit seigneur de Poyanne possédait à Capbreton (Landes, arr. Dax, c. Saint-Vincent-de-Tyrosse), « comme il ait esté pris derrenierement en la compaignie du conte de Penebroc devant nostre bonne ville de la Rochelle par nos gens et les gens de Castille noz bienveillans et aliez. » (*Arch. Nat., sect. hist.*, JJ 104, f° 53, n° 107.)

2. La chronique de Thomas Walsingham ajoute à ces noms celui de Florimond, seigneur de Lesparre : « Hispani... captum comitem (de Pembroke) cum viginti millibus marcarum susceptarum a rege Anglie ad continuandam ibidem guerram, *nec non dominum de La Spaer*, aliosque multos nobiles et robustos in Hispaniam abduxerunt. » (*Thomæ Walsingham Hist. Angl.*, p. 314). Le rédacteur des *Grandes Chroniques de France* dit que le nombre des prisonniers dépassa cent soixante, et D. Pedro Lopez de Ayala fait remarquer qu'il y avait dans ce nombre soixante-dix chevaliers, « los quales eran setenta Caballeros de espuelas doradas. »

3. Thomas Walsingham, dans un passage rapporté plus haut, évalue

s'est mis à la solde de Charles V qui, dans l'été de 1372[1], confie à l'écuyer gallois le commandement de trois mille combattants et le charge de faire des courses sur mer contre les Anglais. Owen, après avoir réuni une flottille à Harfleur, opère une descente dans l'île de Guernesey[2], dont Aymon Rose, écuyer d'honneur d'Édouard III, est capitaine. Ce capitaine parvient à rassembler une troupe d'environ huit cents combattants[3] et livre à Owen

à vingt mille marcs les sommes trouvées par les Espagnols à bord des navires anglais. Le rédacteur des *Grandes Chroniques de France* dit que les marins de Castille « gaignèrent moult grant finance », et D. Pedro Lopez de Ayala rapporte que tout le trésor « todo el tesoro » recueilli par les vainqueurs fut envoyé à D. Enrique à Burgos.

1. On rassembla les navires et les équipages qui devaient composer cette flotte à Harfleur du 15 avril au 15 mai 1372 ; le 8 mai, Charles V manda à Jean le Mareschal, receveur général des aides en Normandie, de remettre toutes les sommes dont il pourrait disposer à Jean le Mercier, trésorier des guerres, chargé de pourvoir aux frais de l'expédition (Delisle, *Mandements de Charles V*, p. 457). Par acte daté de Paris le 10 mai 1372, Owen de Galles, dans une charte où il revendique ses droits héréditaires et proteste contre l'occupation du pays de Galles par les rois anglais, se reconnaît redevable envers Charles V d'une somme de 300 000 francs d'or et plus « tant en gaiges de gens d'armes, d'archiers et d'arbalestriers comme en navire et en gaiges et despens de marigniers, en hernois et en autres frais, missions et despens plusieurs » (*Arch. Nat., sect. hist.*, JJ^c, n° 27, f° 55 ; publiée par M. Kervyn, *OEuvres de Froissart*, VIII, 435 et 436). Le 22 avril précédent, Jacques de Montmor, chevalier, et Morelet de Montmor, écuyer, frère de Jacques, qui jouèrent un rôle important dans l'expédition maritime commandée par Owen de Galles, avaient fait montre à Harfleur de 125 hommes d'armes, « lesquelz entrèrent en mer en plusieurs barges et vaisseaux pour servir le roy de France ou faict de la dicte armée » (*Arch. Nat., sect. hist.*, J 475, n° 100[1]). L'auteur de la *Chronique des quatre premiers Valois*, le mieux informé de tous les chroniqueurs au sujet de cette expédition, dit que la flottille placée sous les ordres d'Owen de Galles et des frères de Montmor se composait d'environ 15 barges ou gros vaisseaux, non compris les petits navires, et qu'elle était montée par 600 hommes d'armes, sans compter les mariniers (p. 230). Ces données sont à peu près les mêmes que celles de Froissart, qui parle de 3000 combattants.

2. Le gardien et capitaine des îles de Jersey, Guernesey, Serk et Aurigny était, à la date du 6 septembre 1371 et probablement aussi en 1372, Gautier Hewet, ce même chevalier qui guerroyait alors en Saintonge (Rymer, III, 922).

3. Les habitants de Guernesey furent excités à la résistance par les jeunes femmes et les jeunes filles ou *basselettes* (diminutif de *basse*, jeune servante, en patois bas-normand) de l'île : « Et sachiez que jeunes femmes et les baisselettes des dictes ysles avoient en ce printemps de lors fait chapeaulx de flours et de violettes et les avoient

un combat où il est vaincu ; il se réfugie derrière les remparts de
l'imprenable forteresse de Château Cornet, devant laquelle le vainqueur vient mettre le siège. Sur ces entrefaites, Charles V reçoit
la nouvelle de la défaite du comte de Pembroke et de l'anéantis-
sement de la flotte anglaise devant la Rochelle. Les Anglo-Gascons restant par suite de cette défaite sans souverain capitaine, le
roi de France se décide à profiter de circonstances aussi favora-
bles pour faire envahir par son connétable le Poitou, la Saintonge
et le Rochellois, bien convaincu qu'il suffira de quelques succès
remportés par ses troupes pour faire rentrer les villes sous
son obéissance. C'est pourquoi il donne l'ordre à Owen de Galles
de se rendre en Espagne pour prier D. Enrique, roi de Castille,
d'envoyer de nouveau sa flotte sur les côtes de France mettre le
siège par mer devant la Rochelle. Owen lève donc le siège de
Château Cornet et retourne à Harfleur, d'où il se dirige avec sa
flottille vers l'Espagne ; il jette l'ancre dans un port de Galice
nommé Santander[1]. P. 44 à 47, 300 à 302.

A la première nouvelle de la défaite et de la prise du comte
de Pembroke, Édouard III veut envoyer en Guyenne le comte de
Salisbury avec cinq cents hommes d'armes et un égal nombre
d'archers, mais bientôt les arrangements qu'il est amené à conclure avec le duc de Bretagne[2] l'empêchent de mettre ce projet

donnés aux jeunez hommes et leur disoient que cil se devoient bien
deffendre qui les avoient à amies. » Les Guernesiais se battirent si bien
que plusieurs centaines d'entre eux restèrent sur le champ de bataille ;
en revanche, la garnison du château Cornet fit une sortie où elle tua
par surprise un certain nombre de gamins de Paris enrôlés dans l'expédition lesquels s'étaient couchés et sans doute endormis devant un
grand feu allumé en vue de la dite forteresse (*Chronique des quatre premiers Valois*, p. 230 et 231).

1. L'auteur de la *Chronique des quatre premiers Valois* rapporte également qu'après une descente à Guernesey la flotte française cingla
vers les côtes d'Espagne. Les actes originaux confirment de point en
point la version des deux chroniqueurs. On lit, en effet, dans un
compte des recettes et dépenses de l'expédition arrêté à la date
du 23 août 1372, que Jacques de Montmor, qui partageait avec Owen
de Galles la direction des opérations, fit montre « à saint Ander le
xxiie jour de juillet cccLxxii. » (*Arch. Nat.*, J 475, n° 100[1].) On en
peut conclure que la descente opérée à Guernesey par les Français eut
lieu sans doute dans le courant de juin 1372, saison qui explique les
chapeaux de violettes donnés par les Guernésiaises à leurs amoureux,
et que la flotte placée sous les ordres d'Owen de Galles jeta l'ancre
devant Santander vers le milieu du mois suivant.

2. Une ligue offensive et défensive fut alors conclue entre Édouard III,

à exécution. — Pendant ce temps, la flotte de D. Enrique, ralentie par des vents contraires, n'arrive à Santander qu'un mois après son départ de la Rochelle; les Espagnols ont chargé de chaînes leurs prisonniers à la manière des Allemands. Owen de Galles, débarqué à Santander [1] le matin même du jour où la flotte espagnole y vient jeter l'ancre, rencontre à l'hôtel où il est descendu le comte de Pembroke, prisonnier des amiraux D. Ferrand de Pion et Cabeça de Vaca; il lui adresse des reproches au sujet de seigneuries que le comte possède dans la principauté de Galles et dont les rois anglais ont dépouillé Owen après avoir fait périr son père Edmond de Galles. Un chevalier de la suite du comte de Pembroke, nommé Thomas de Saint-Aubin, provoque en duel Owen, qui refuse de se battre avec un prisonnier. Les quatre amiraux espagnols ne tardent pas à conduire leurs prisonniers à Burgos [2], en Castille, où D. Enrique, qui

roi d'Angleterre, et Jean V, duc de Bretagne et comte de Montfort. Cette ligue fut signée dans la chapelle royale de Westminster le 19 juillet 1372 (Rymer, III, 953 à 955). Par ce traité, Édouard III donnait à son gendre le comté de Richmond, s'engageait à envoyer en Bretagne 300 hommes d'armes et 300 archers et promettait de livrer au duc la marche d'entre Bretagne et Poitou. En retour, si le roi anglais venait en personne guerroyer au royaume de France, Jean V devait se joindre à l'expédition avec un corps d'armée de 1000 hommes d'armes dont chacun recevrait une indemnité annuelle de 160 francs.

1. La flotte française, montée par des hommes d'armes dont Owen de Galles, Jean de Rye, seigneur de Balançon, Jacques et Morelet de Montmor étaient les principaux chefs, avait jeté l'ancre dans le port de Santander dès le 19 juillet 1372, comme le prouve l'extrait de compte qui suit : « Et par la main messire Jehan de Rye à Saint Ander le XIX° jour de juillet CCCLXXII : VI° XXXVI frans. » Cette flotte n'avait pas encore levé l'ancre le 22, puisque à cette date Jacques de Montmor fit montre à Santander : « par moustre faite et receue à Saint-Ander le XXII° jour de juillet CCCLXXII. » (*Arch. Nat.*, K 475, n° 100¹.)

2. D'après Ayala, D. Enrique se trouvait à Burgos, comme le dit Froissart, lorsque le roi de Castille reçut la nouvelle de la victoire remportée par sa flotte devant la Rochelle ainsi que de la prise du comte de Pembroke : « E el Rey Don Enrique ovo grand placer con estas nuevas, *é estovo en Burgos* fasta que le enviaron alli al Conde de Peñabroch é á los Caballeros que con él fueron presos. » (*Crónica del Rey D. Enrique Segundo*, dans CRÓNICAS DE LOS REYES DE CASTILLA, II, 12). Ayala ajoute que les chevaliers faits prisonniers étaient au nombre de soixante-dix; outre le comte de Pembroke, le chroniqueur espagnol mentionne le seigneur de Poyanne et Guichard d'Angle, maréchal d'Angleterre ou plutôt d'Aquitaine. Après avoir été détenu pendant quelque temps au château de Curiel, Jean, comte de Pem-

avait envoyé au-devant d'eux son fils aîné D. Juan, les accueille avec une courtoisie vraiment chevaleresque. P. 47 à 49, 302.

Les Anglo-Gascons, venus à la Rochelle sous la conduite de Thomas de Percy et de Jean de Grailly, captal de Buch, confient la garde du château de la Rochelle à Jean Devereux et se dirigent avec environ quatre cents lances vers Soubise[4]; dans la région située aux environs de cette forteresse, ils délogent les Bretons à la solde du roi de France d'un certain nombre de petites places et d'églises fortifiées. — Sur les marches de l'Anjou, du Berry et de l'Auvergne se tient alors un corps d'armée français composé de plus de trois mille lances sous les ordres de Bertrand du Guesclin[2], connétable de France, des ducs de Berry et de Bourbon accompagnés du comte d'Alençon, du dauphin d'Auvergne, de Louis de Sancerre, d'Olivier, seigneur de Clisson, de Jean, vicomte de Rohan, de Gui, seigneur de Laval, de Jean, seigneur de Beaumanoir, et d'une foule d'autres grands seigneurs. Ce corps d'armée s'empare successivement de Montmorillon[3], de Chauvigny[4] et de Lussac[5]. Une fois maîtres de ces trois places, les Français contournent Poitiers et viennent mettre le siège devant le château de Moncontour[6] dont

broke, fut cédé par D. Enrique à Du Guesclin en échange des seigneuries de Soria, d'Almazan et d'Atienza, dont le connétable avait été gratifié, et en déduction d'une somme de 130 000 francs d'or à valoir sur le prix de rachat de ces seigneuries. Voy. p. xcvi, note 3.

1. Charente-Inférieure, arr. Marennes, c. Saint-Agnant-les-Marais.

2. Le 14 juin 1372, Bertrand du Guesclin se trouvait sans doute à Loches, car ce jour-là Jean, duc de Berry, alors de passage à Issoire, chargea Simon Champion, l'un de ses chevaucheurs, de porter lettres de sa part à monseigneur le connétable de France « à Loches en Thoraine » (*Arch. Nat.*, sect. hist., KK 251, f° 88 v°).

3. Chef-lieu d'arrondissement de la Vienne, sur la Gartempe, affluent de la rive gauche de la Creuse, à 49 kilomètres au sud-est de Poitiers.

4. Vienne, arr. Montmorillon, à 24 kilomètres au nord-ouest de cette ville et à 24 kilomètres à l'est de Poitiers. Chauvigny n'est point sur la Creuse, comme Froissart le dit par erreur, mais sur la Vienne. Le château de Chauvigny appartenait aux évêques de Poitiers, et l'évêque était alors Gui de Malsec, qui avait succédé en 1371 à Aimeri de Mons et qui fut remplacé en 1375 par Bertrand de Maumont.

5. Lussac-les-Châteaux, Vienne, arr. Montmorillon, sur la Vienne, à 20 kilomètres au sud de Chauvigny et à 12 kilomètres à l'ouest de Montmorillon.

6. La forteresse de Moncontour (Vienne, arr. Loudun), située à 45 kilomètres au nord-ouest de Poitiers, avait été prise par les Anglais et occupée par Cressewell et Holegrave au mois de septembre de l'année précédente. Voy. plus haut, p. xv.

la garnison, composée de soixante compagnons pleins d'audace et commandée par Jean Cressewell et David Holegrave, tient sous sa merci les marches d'Anjou et de Touraine. P. 50, 51, 302 à 304.

Bertrand du Guesclin, Louis II, duc de Bourbon, Pierre, comte d'Alençon, et Olivier, seigneur de Clisson, après six jours de siège pendant lesquels ils ont fait combler les fossés avec des troncs d'arbres et des fascines, montent à l'asssaut de la forteresse. Jean Cressewell et David Holegrave parviennent à repousser cet assaut; mais craignant d'être mis à mort par Bertrand, s'ils prolongent la résistance, ils prennent le parti de se rendre, à la condition d'avoir la vie sauve et d'emporter l'or ou l'argent qu'ils possèdent. Une fois maître du château de Moncontour, le connétable de France en fait réparer les fortifications et y met garnison. P. 51 à 53, 304 et 305.

Jean Devereux, sénéchal de la Rochelle, laisse cette place sous la garde d'un écuyer nommé Philippot Mansel et va, à la tête de cinquante lances, renforcer la garnison de Poitiers. Thomas de Percy, sénéchal de Poitou, quitte également le captal de Buch, en compagnie duquel il vient de faire une expédition du côté de Soubise, et court avec une compagnie de cinquante hommes d'armes s'enfermer dans Poitiers. Après la reddition de Moncontour, Bertrand du Guesclin [1] opère sa jonction avec Jean, duc de Berry; leurs forces réunies s'élèvent à quatre mille hommes d'armes. Bertrand et le duc mettent le siège devant Sainte-Sévère [2], petite

---

1. Le 9 juillet 1372, Bertrand du Guesclin et Olivier, seigneur de Clisson, qui se trouvaient alors à Loudun, à 18 kilomètres au nord-est de Moncontour, accordèrent une trêve ou abstinence de guerre aux prélats, barons, seigneurs et habitants du Poitou (*Arch. Nat.*, sect. *hist.*, JJ 108, f° 97 v°, n° 160). Le lendemain 10 juillet, le connétable de France était à Chinon d'où il a daté la donation faite à Alain Saisy, écuyer, des château, ville et châtellenie de Mortemart (Haute-Vienne, arr. Bellac, c. Mézières) en Limousin, confisqués à cause de la rébellion d'Aimeri de Rochechouart, chevalier, seigneur du dit lieu, et « parce que de fait nous recouvrasmes pour le roy saisine du dit fort » (JJ 103, f° 77, n° 141). Une lettre de rémission octroyée par Bertrand du Guesclin à Olivier Darien, l'un de ses hommes d'armes, ancien partisan de Jean de Montfort et des Anglais, est également datée de Chinon en juillet 1372 (JJ 111, f° 180 v°, n° 346).

2. Indre, arr. la Châtre, sur l'Indre, non loin de la source de cette rivière, presque à la limite des départements de l'Indre et de la Creuse. Au moyen âge, Sainte-Sévère possédait à la fois un château

place appartenant à Jean Devereux et dont la garnison a pour chefs Guillaume de Percy, Richard Gilles et Richard Holme. A cette nouvelle, Jean Devereux et Thomas de Percy quittent Poitiers pour aller porter secours à la garnison de Sainte-Sévère ; en chemin, ils rencontrent Jean de Grailly, captal de Buch, auquel ils persuadent d'appeler sous les armes tous les chevaliers et écuyers du Poitou comme de la Saintonge, pour contraindre les Français à lever le siège de Sainte-Sévère. Le corps d'armée ainsi réuni se compose de neuf cents lances et de cinq cents archers, parmi lesquels on remarque le seigneur de Parthenay, Louis de Harcourt, Hugues de Vivonne, Perceval de Coulonges, Aimeri de Rochechouart, Jacques de Surgères, Geoffroi d'Argenton, les seigneurs de Cousan, de Roussillon et de « Crupegnach », Jean d'Angle et Guillaume de Montendre. Ce corps d'armée occupe l'abbaye de Charroux[1], sur les marches du Limousin. P. 53 à 57, 305 à 307.

Bertrand du Guesclin, connétable, et Louis de Sancerre, maréchal de France, font donner l'assaut à la forteresse de Sainte-Sévère. Les ducs de Berry, de Bourbon et le comte dauphin d'Auvergne s'avancent jusqu'aux fossés de la place et encouragent par leur exemple les assaillants, parmi lesquels on ne compte pas moins de quarante-neuf chevaliers bannerets. Guillaume de Percy, Richard Gilles et Richard Holme, capitaines de la garnison, ignorant que le corps d'armée qui vient leur apporter du secours est arrivé à moins de dix lieues de Sainte-Sévère, ouvrent les portes de cette forteresse[2] aux assiégeants, à la con-

dont le beau donjon cylindrique subsiste encore et des fortifications dont il ne reste qu'une porte qui remonte au xive siècle.

1. Vienne, arr. Civray, à 10 kilomètres à l'est de cette ville, près de la limite des départements de la Vienne, de la Charente et de la Haute-Vienne. Abbaye de Bénédictins au diocèse de Poitiers, fondée par Charlemagne en 799. Pierre, dit la Plette, abbé de Charroux, camérier du pape Grégoire XI, était tout dévoué à Charles V, qui l'admit au nombre de ses conseillers par acte daté de son château de Vincennes le 2 août 1372 (*Gallia christiana*, II, instrumenta, 349).

2. Le siège de Sainte-Sévère eut lieu certainement pendant la seconde quinzaine de juillet 1372. Le 21 de ce mois, Jean, duc de Berry, fit venir du pays d'Auvergne 12 tonneaux de vin « pour mener au siège de Sainte-Sévère » (*Arch. Nat.*, sect. hist., KK 251, f° 97). Le 26 juillet, le duc fit fabriquer à Bourges 4000 viretons garnis de fer pour la même destination (*Ibid.*, f° 97). Le 29, il donna l'ordre d'amener de Bourges à Sainte-Sévère 12 tonneaux de vin (*Ibid.*). La garnison de Sainte-Sévère avait capitulé dès le samedi 31 juillet 1372, puisque

dition qu'on leur laissera la vie sauve. Informé de l'approche des Anglais, Bertrand tient ses troupes rangées en bataille jusqu'au soir ; mais le captal de Buch, Thomas de Percy et Jean Devereux, ayant reçu sur ces entrefaites la nouvelle de la reddition de Sainte-Sévère, jugent inutile d'aller plus avant et jurent de tenir la campagne jusqu'à ce qu'ils aient réussi à prendre leur revanche. P. 58 à 60, 307.

Les habitants de Poitiers sont divisés en deux partis. Le commun, les gens d'Église et plusieurs riches bourgeois sont d'avis d'appeler les Français, tandis que Jean Renaud, maire de la ville, les fonctionnaires nommés par le prince de Galles et quelques-uns des plus puissants personnages de la bourgeoisie veulent rester Anglais ; les premiers invitent Du Guesclin à venir prendre possession de Poitiers, promettant de lui en ouvrir les portes. Le connétable, qui se tient alors en Limousin, se met à la tête de trois cents hommes d'armes, tous gens d'élite et bien montés, avec lesquels, en une demi-journée et en une nuit, il franchit une distance de trente lieues qui le sépare de Poitiers. Le maire de cette ville adresse, de son côté, un appel analogue à Thomas de Percy, sénéchal de Poitou, qui, sur le conseil du captal de Buch, envoie Jean d'Angle avec une compagnie de cent lances prêter main-forte au maire ainsi qu'aux bourgeois partisans des Anglais. Arrivé à une lieue de Poitiers, Jean d'Angle apprend que le connétable de France a pris possession de cette ville[1] et retourne vers Thomas de Percy. P. 60 à 62, 307.

ce jour-là Jean, duc de Berry, fit allouer 100 sous tournois à un messager à cheval nommé Christian de Beaurepaire « pour faire ses frais et despens en alent de Sainte Severe à Paris pourter lettres de par mon seigneur (le duc de Berry) au roi faisant mencion de la prise du dit lieu de Sainte Severe » (*Ibid.*, f° 89 v°). Le 2 août, le duc de Berry envoyait des éclaireurs du côté du fort de la Souterraine (Creuse, arr. Guéret, un peu à l'ouest de Sainte-Sévère), alors occupé par les Anglais, pour s'enquérir des mouvements et des forces de l'ennemi ; le 4 et le 5 de ce mois, il était encore à Cluis (Indre, arr. la Châtre, c. Neuvy-Saint-Sépulcre) et se dirigeait vers Poitiers (*Ibid.*, f° 97 v°).

1. L'erreur capitale de Froissart, en ce qui concerne la reddition de Poitiers, est d'avoir prêté à Bertrand du Guesclin un rôle non seulement prépondérant, mais tellement exclusif dans cette affaire que le duc de Berry n'apparaît même pas dans son récit. Deux documents, choisis entre beaucoup d'autres, que nous analysons ci-dessous, montreront que le chroniqueur n'a pas été renseigné exactement sur ce point. Cette reddition dut avoir lieu le samedi 7 août 1372. Cuvelier, dans sa *Chronique rimée de Bertrand du Guesclin*, se trompe sur l'année,

Découragés par la nouvelle de la prise de Poitiers, les principaux chefs qui composent le corps d'armée du captal de Buch

puisqu'il place cet événement en 1370, mais il est bien informé quant
au jour de la semaine :

> Quant Poitiers se rendi, ce jour fu *samedis*.
>
> (Éd. Charrière, II, 269, vers 21 209.)

Par acte daté de Poitiers le 7 août 1372, le jour même de la reddition, Jean, duc de Berry et d'Auvergne, donna à son bien amé Alain
de Taillecol, dit l'Abbé de Malepaye, écuyer d'écurie du roi, « pour
services rendus en la presente conqueste du pays de Guyenne », les
biens sis au pays de Poitou, qui avaient été confisqués sur Thomelin
Hautebourne, Wille Loing et Wille Halle, de la nation d'Angleterre,
non obstant que le dit duc eût déjà concédé au dit Alain, à titre
de rente viagère, 500 livres de rente annuelle confisquées sur Guichard d'Angle, chevalier, et en toute propriété, 500 livrées de terre
à Dompierre en Aunis (auj. Dompierre-sur-Mer, arr. et c. la Rochelle),
confisquées sur messire Jean de Luddan, prêtre anglais, ainsi qu'un
hôtel sis à la Rochelle pourvu d'un mobilier évalué à 200 livres (*Arch.
Nat.*, JJ 104, n° 131, f° 61). Par un autre acte daté, comme le précédent, de Poitiers le dimanche 8 août 1372, le même duc de Berry
donna à Jean le Page et à Guillaume Regnaut, secrétaires de son très
cher et bien amé Bertrand du Guesclin, duc de Molina et connétable
de France, « pour services rendus en la conqueste des pays de Guyenne,
Poitou et Saintonge », certains manoirs et hébergements, estimés valoir
250 livres de rente annuelle, qui avaient appartenu à feu Robert de
Grantonne, en son vivant prêtre, receveur de Poitou pour le prince
d'Aquitaine et de Galles, ou que le dit feu messire Robert avait
achetés au nom de Guillaume Yves son neveu, fils de sa sœur (*Ibid.*,
n° 33, f° 14). Nous possédons également deux actes de Bertrand du
Guesclin, duc de Molina et connétable de France, datés de Poitiers le
lundi 9 août 1372, le premier de ces actes portant donation en faveur
de Pierre de la Rocherousse, écuyer de Bretagne, de biens sis en la
vicomté de Limoges confisqués sur feu Jean et Aimeri de Bonneval,
frères, tous les deux morts, et sur Rouffaut de Bonneval, frère de
Jean et d'Aimeri, lesquels, après être rentrés sous l'obéissance du ro
de France, « pour lors que nous venismes d'Espaigne », avaient embrassé de nouveau le parti anglais (*Ibid.*, n° 34, f° 14 v°); le second acte
gratifiant un autre écuyer breton, Alain Saisy, seigneur de Mortemart,
de tous les biens « que souloit tenir Aimeri de Rochechouart, chevalier, tant en Poitou, Limosin comme en la duchié de Guyenne »,
biens confisqués à cause de la rébellion du dit Aimeri, partisan du
prince de Galles (*Ibid.*, n° 38, f° 16). Sans parler de la date de la donation faite à Alain de Taillecol, une autre circonstance qui semble bien
indiquer que la reddition de la ville de Poitiers dut avoir lieu le 7 août,
c'est que ce fut le lendemain 8 que Jean, duc de Berry, fit partir pour
Paris le messager chargé d'en apporter la nouvelle à Charles V : « A
Mahiet de Cheri, hussier de sale Monseigneur (le duc de Berry), pour

estiment que ce qu'ils ont de mieux à faire, c'est de se séparer afin que chacun aille tenir garnison dans la forteresse confiée à sa garde; lorsqu'une occasion favorable se présentera de se remettre en campagne, ils se le feront savoir les uns aux autres. En attendant, les Poitevins prennent le chemin de Thouars, les Anglo-Gascons se dirigent vers Saint-Jean-d'Angely et les Anglais vers Niort. Les manants de cette dernière ville veulent en refuser l'entrée aux nouveaux arrivants, mais les Anglais emportent d'assaut la place, qu'ils mettent au pillage après en avoir massacré les défenseurs. P. 62 à 64.

D. Enrique, roi de Castille, accueille favorablement la demande de Charles V transmise par Owen de Galles. Par l'ordre de ce prince, D. Radigo le Roux [1], grand amiral de Castille, réunit une flotte composée de quarante gros navires, de huit galées et de treize barges, et va jeter l'ancre devant la ville de la Rochelle qu'il soumet à un étroit blocus. Le château de cette ville est toujours occupé par une garnison anglaise, et la crainte de s'exposer aux représailles de cette garnison empêche seule les bourgeois, qui sont Français de cœur, de se soumettre au roi de France; ils conviennent avec les Espagnols de s'abstenir, pendant la durée du blocus, de tout acte d'hostilité les uns envers les autres. — A peine maître de Poitiers, Bertrand du Guesclin envoie trois cents hommes d'armes bretons et picards sous les ordres de Renaud, seigneur de Pons et de Thibaud du Pont, mettre le siège devant le château de Soubise. La dame de Soubise fait demander du secours au captal de Buch qui tient alors garnison à Saint-Jean-d'Angely. Jean de Grailly concentre dans cette dernière ville des détachements des garnisons anglaises de Saintes, d'Angoulême, de Niort et de Lusignan pour aller renforcer la dame de Soubise et obliger le seigneur de Pons à lever le siège de cette place. Informé de ces préparatifs, Owen de Galles, embarqué sur un des navires de la flotte espagnole [2] à l'ancre devant la Rochelle, va s'em-

faire ses frais et despens, en alent de Poitiers à Paris porter lettres de par Monseigneur au roy, *contenant que la ville de Poitiers s'estoit rendue en l'obeissance de Monseigneur. Yci, par son mandement donné le huitiesme jour du dit moys* (août 1372) » (*Arch. Nat.*, KK 251, fº 89 vº).

1. D. Rui Diaz de Rojas.

2. Ce détail doit être exact, puisque nous lisons dans le *Compte des recettes et dépenses de l'expédition navale des frères Jacques et Morelet de Montmor* que les Espagnols prétendirent qu'ils avaient pris part à la capture du captal de Buch, « pour obvier au debat des Espaignolz

bosser à l'embouchure de la Charente en face du château de Soubise[1] avec treize barges montées par quatre cents armures de fer. P. 64 à 67, 307, 308.

Le captal de Buch, apprenant que le seigneur de Pons n'a pas plus de cent lances devant Soubise, renvoie la moitié de ses gens et ne garde que deux cents lances; il réussit à surprendre les assiégeants, les met en déroute et fait prisonniers le seigneur de Pons et Thibaud du Pont; mais il se laisse à son tour surprendre par Owen de Galles, les frères Jacques et Morelet de Montmor[2], qui taillent en pièces les Anglais. Le captal de Buch est pris par un écuyer picard de la compagnie d'Owen de Galles, nommé Pierre d'Auvillers[3], et Thomas de Percy, sénéchal de Poitou, par

qui à la prise du dit captal vouloient participer et reclamer droit » (*Arch. Nat.*, J 475, n° 100¹). D'après l'auteur de la *Chronique des quatre premiers Valois*, dont le récit paraît émaner d'un témoin oculaire, des Espagnols de la compagnie d'Owen de Galles figurèrent avec honneur parmi les combattants : « Et moult bien se portèrent les Espaingnolz qui en la compaignie de Yvain estoient. » *Chronique des quatre premiers Valois*, p. 240.

1. Le bourg jadis fortifié de Soubise (Charente-Inférieure, arr. Marennes, c. Saint-Agnant) est situé sur la rive gauche de la Charente, à peu de distance de l'embouchure de ce fleuve, entre Rochefort et la mer.

2. Nous possédons aux Archives Nationales le compte détaillé des dépenses de Jacques de Montmor, chevalier, et de Morelet de Montmor, écuyer, frère de Jacques, depuis le 2 juillet jusqu'au 16 décembre 1372 : « C'est le compte et parties des sommes de deniers que messire Jacques de Monmor, chevalier, et Morelet de Monmor, escuier, son frère, demandent, requierent et supplient au roy nostre sire estre à eulz paiées et satiffiées et es quelles sommes ilz dient et moustrent le dit seigneur estre tenu à eulz, tant pour cause des gaiges d'eulz et de certaine quantité de gens d'armes, arbalestriers, mariniers et autres, desserviz es guerres du roy nostre dit seigneur, par mer et par terre, comme deniers par eulz pour cellui seigneur frayez, mis, despendus et paiez de leur comptant pour faire en plusieurs manières et pour plusieurs causes le plaisir, service, volonté et commandement du dit seigneur et de son connestable de France, et meesmement par vertu de leurs lettres, c'est assavoir depuis le deuxiesme jour de juillet trois cent soixante et douze, que les dessus diz frères ou l'un d'eulz commencèrent à servir le dit seigneur pour les causes dessus dites, jusques au seiziesme jour de decembre en suivant » (*Arch. Nat.*, J 475, n° 100¹).

3. D'après l'auteur de la *Chronique des quatre premiers Valois* comme d'après Froissart, le gentilhomme auquel se rendit Jean de Grailly, captal de Buch, s'appelait Pierre d'Auvilliers ou d'Auvillers. Il appartenait à une famille plutôt normande que picarde, ainsi du reste que la plupart des hommes d'armes enrôlés dans l'expédition navale

le chapelain gallois d'Owen, nommé David House[1]. Henri Hay, sénéchal d'Angoulême, Maurice Wis, homme d'armes de la garnison de Lusignan, sont également faits prisonniers. Gautier Hewet et Petiton de Curton, capitaines de Lusignan, Guillaume de Faringdon, capitaine de Saintes, Jean Cressewell, l'un des capitaines de Niort, se sauvent à grand'peine au moyen d'une planche que leur jettent les assiégés pour traverser le fossé et d'une poterne par laquelle ils parviennent à se réfugier dans la forteresse de Soubise. P. 67 à 69, 308.

Le lendemain de ce combat livré dans la saison d'été, au mois d'août[2], par une nuit fort obscure et pendant la décroissance de

d'Owen de Galles, de Jacques et de Morelet de Montmor : « *Morelet de Mommor* ET LES NORMANS, lit-on dans la *Chronique des quatre premiers Valois* (p. 240), avoient forcloz les Anglois et tenoient le bout d'une rue. » On avait attaqué les Anglais au cri de : Claquin! Notre Dame! Claquin! La chronique que nous venons d'indiquer rapporte textuellement les paroles qui furent échangées entre Jean de Grailly et Pierre d'Auvilliers avant la reddition du captal. Il ne faut pas oublier qu'en sa qualité de comte de Longueville Bertrand du Guesclin était à la tête de la chevalerie normande.

1. Thomas de Percy, sénéchal de Poitou, fut pris en effet par un Gallois, mais ce Gallois ne portait pas le nom indiqué par Froissart; il s'appelait en réalité Honvel Flinc. Par acte daté du château du Louvre le 10 janvier 1373 (n. st.), Thomas de Percy, chevalier d'Angleterre, reconnut qu'il était « prisonnier à Honvel Flinc, de Gales, lequel nous avoit pris en la bataille qui a esté ceste presente année où nous sommes (la pièce est datée de 1372 ancien style) devant la ville de Soubise, ou pais de Guienne, en laquelle bataille fut aussi pris par les gens de très noble et très puissant prince Charles, par la grace de Dieu roy de France, monseigneur Jehan de Gresly, appellé le captal de Buch » (*Arch. Nat.*, J 362, n° 2).

2. D'après une pièce de comptabilité rédigée au lendemain même de l'affaire de Soubise, Jean de Grailly, captal de Buch, et Thomas de Percy, sénéchal de Poitou, auraient été défaits et pris le lundi 23 août 1372 : « ...Depuis le XXII° jour d'avril CCCLXXII après Pasques qu'il reçut par moustre les dictes gens à Harefleu *jusques au XXIII° jour d'aoust ensuivant qu'ilz furent arrivez en l'isle d'Oleron et que ce jour le captal de Buch, le seneschal de Poitou et le sire de Mareul* (Renaud, seigneur de Mareuil, neveu de Raymond de Mareuil) *furent pris et les gens estans en leurs routes desconffiz en la besoingne qui lors fu...* » (*Arch. Nat.*, J 475, n° 100¹). Le surlendemain 25 août, la nouvelle de la prise du captal était parvenue à Poitiers, et le duc de Berry, qui depuis la reddition avait établi sa résidence dans cette ville, donna l'ordre de payer six livres tournois à Simon Champion, l'un de ses chevaucheurs, qu'il envoyait à Paris en le chargeant d'apporter cette nouvelle au roi son frère : « A Symon Champion, chevaucheur monseigneur, pour faire ses fraiz et despens, en alent de Poitiers à Paris

la lune [1], Owen de Galles fait donner l'assaut au château. La dame
de Soubise consulte les capitaines anglais qui, jugeant la résistance
impossible, se décident à entrer en négociations avec les assiégeants et se font délivrer des sauf-conduits pour se retirer en
Poitou et en Saintonge. D'après leur conseil, la châtelaine rend
sa forteresse aux vainqueurs et rentre sous l'obéissance du roi de
France. Après ce succès, Owen de Galles, qui ne veut se des-
saisir du captal son prisonnier [2] que sur l'ordre exprès de
Charles V, regagne le gros de la flotte ancrée devant la Rochelle,

porter lettres de par monseigneur au roy contenant que *le captal et plusieurs autres capitaines anglois ont esté desconffis.* » (*Arch. Nat.*, KK 251,
f° 90 v°). Le jeudi 26 août, Philippe, duc de Bourgogne, reçut l'heureuse nouvelle à Chinon, où il donna à cette occasion un grand dîner
au comte d'Eu ainsi qu'aux principaux chevaliers du petit corps
d'armée qu'il conduisait lui-même en Poitou (*Bibl. Nat.*, *Collect. de
Bourgogne*, t. XXI, f° 8 v°). Le dimanche 29 août, six jours seulement
après l'affaire de Soubise, Charles V dépêcha un religieux augustin
nommé Frère Jean de Montmor vers Jacques et Morelet, frères du
dit Jean, pour les inviter à remettre entre les mains du roi le captal
de Buch leur prisonnier. Ce religieux était porteur d'une lettre mis-
sive revêtue de la signature du royal expéditeur : *Charles*, datée du
bois de Vincennes et adressée « à noz amez et feaulz Jaques de
Monmor, chevalier, et Morelet de Monmor, escuier, frères » (*Arch.
Nat.*, J 475, n° 100⁶).

1. Ce détail est parfaitement exact et prouve que Froissart devait
tenir d'un témoin oculaire le récit qu'il nous a transmis de l'affaire
de Soubise. En effet, pendant le mois d'août 1372, il y eut nouvelle
lune le 3, premier quartier le 9, pleine lune le 16 et dernier quartier
le 24 de ce mois. J. P. Escoffier, *Calendrier perpétuel*, Périgueux, 1880,
p. 25 et 351. — L'auteur de la *Chronique des quatre premiers Valois*
rapporte l'affaire de Soubise à la nuit du samedi 21 au dimanche
22 août : « Et de là alèrent à Soubise, une forte ville, et s'appareillèrent
pour l'assaillir, *et estoit jour de samedi.... Et lors estoit plus minuyt.* »
Chron. des quatre premiers Valois, p. 238, 239. — Owen de Galles et les
frères de Montmor vinrent attaquer Soubise le samedi 21 ; mais Jean de
Grailly, captal de Buch, capitaine de Saint-Jean-d'Angely, informé
immédiatement de l'attaque des Français, n'a pu accourir au secours
des assiégés que dans l'après-midi du dimanche 22. Le combat de
Soubise a donc dû se livrer, comme le porte la pièce de comptabilité
indiquée plus haut, dans la nuit du 22 au 23 août 1372.

2. Une querelle très vive ayant surgi entre les Français et les Espagnols à l'occasion de la capture de Jean de Grailly, les frères de
Montmor firent embarquer le captal de Buch et les autres prisonniers
sur une galiote montée par un équipage de 80 mariniers et défendue
par 20 arbalétriers et les transportèrent, dès le 23 août, en pleine mer,
dans les eaux de l'île d'Oléron, dont les dits frères venaient d'être
nommés gouverneurs (*Arch. Nat.*, J 400, n° 67).

dont les Français et les Espagnols continuent le blocus. P. 69 à 71, 308.

Encouragée par ce succès, une troupe de Bretons et de Poitevins, forte de cinq cents hommes d'armes et placée sous les ordres de Renaud, seigneur de Pons, d'Olivier, seigneur de Clisson, de Jean, vicomte de Rohan, de Gui, seigneur de Laval, de Jean, seigneur de Beaumanoir, et de Thibaud du Pont, s'empare successivement d'Angoulême[1], de Saint-Jean-d'Angely[2], de Taillebourg[3], et va

---

1. Angoulême se rendit vers le 8 septembre à Geoffroi de la Roche et à Raymond de Mareuil auxquels l'Anglais Robin Sely livra l'une des tours de la ville (*Arch. Nat.*, JJ 104, n° 2). Jean, duc de Berry, emprunta quatre livres tournois à Jacquet d'Ableiges, son secrétaire, le futur compilateur du *Grand coutumier*, pour en faire cadeau à un habitant d'Angoulême qui avait apporté au duc cette heureuse nouvelle. « A Jaquet d'Ableiges, secretaire de monseigneur (le duc de Berry), qu'il avoit presté à mon dit seigneur pour baillier *à un des habitans d'Angoulesme, lequel avoit apporté novelles que les habitans d'icelle ville se rendoient à monseigneur*, pour faire ses despens en soy retournant; yci, par quittance du dit secretaire donnée *le* xxvii° *jour du dit mois* (octobre 1372) rendue à court : iiii livres tournois. » (*Arch. Nat.*, KK 251, f° 91). Jean Prevost du Pellegrain, d'Angoulême, receveur de cette ville et du pays d'Angoumois, gardien du château de « Thouré », s'étant efficacement entremis pour faire ouvrir les portes d'Angoulême aux Français, obtint de Charles V des lettres de quittance générale datées de Paris le 27 mars 1374 (*Arch. Nat.*, JJ 105, n° 224, f° 125 v°). Deux ordonnances, la première accordant à Angoulême une commune semblable à celle de Saint-Jean-d'Angely (*Ordonn.*, V, 581 et 582), la seconde octroyant des lettres de sauvegarde à l'abbaye de Saint-Cibar, située dans les faubourgs d'Angoulême (*Ibid.*, 591 et 592), sont datées du mois de janvier 1373 et sont postérieures d'environ quatre mois à la reddition de cette ville au roi de France.

2. Saint-Jean-d'Angely ne se rendit aux Français que le lundi 20 septembre, jour où Jean, duc de Berry, par lettres datées « de *nostre* ville de Saint Jehan d'Angeli », donna à Jean Ysoré, seigneur de la Varenne, et à Regnaut Chevin, seigneur de Mauzé, chevaliers, les terres confisquées sur Guichard d'Angle, partisan des Anglais, dans les sénéchaussées de Poitou, Saintonge et Angoumois (*Arch. Nat.*, JJ 104, n° 331, f° 137). Philippe, duc de Bourgogne, Bertrand du Guesclin, Olivier, seigneur de Clisson, se trouvaient devant cette ville au moment de la reddition. « A monseigneur (le duc de Bourgogne), tant pour faire sa volenté comme pour lui esbattre au jeu des dés, tant au Bourgneuf lez la Rochelle comme à Saint Jehan d'Angely, en la compaignie du seigneur de Clisson, du connestable du Guesclin et autres. » (*Arch. de la Côte-d'Or*, B 1438, f° 19). Voyez la brochure intitulée *Campagne de Philippe le Hardi en* 1372, par Ernest Petit, p. 10.

3. Charente-Inférieure, arr. Saint-Jean-d'Angely, c. Saint-Savinien. Par acte daté de Saintes le 24 septembre 1372, Jean, duc de Berry, donna à Louis Larchevêque, seigneur de Taillebourg, les terres sises

mettre le siège devant la cité de Saintes. Guillaume de Faringdon, sénéchal de Saintonge, se met en mesure d'opposer une vigoureuse résistance aux assiégeants ; mais les bourgeois de Saintes, sur le conseil de leur évêque, partisan du roi de France[1], menacent de tuer Guillaume s'il ne les laisse conclure un arrangement avec les Français ; le sénéchal y consent à la condition qu'on ne le fera point figurer dans l'acte de capitulation. P. 71 à 73, 308.

Le jour même où les vainqueurs font leur entrée dans la cité de Saintes[2], Guillaume de Faringdon et ses gens prennent le chemin

depuis le pont de Taillebourg, « ainsi comme le cours de l'ayve de la Charante emporte en alant envers Xaintes », jusqu'à un fossé près de Bussac (*Arch. Nat.*, JJ 104, n° 56, f° 26 v°).

1. Le prélat, qui occupait alors le siège de Saintes, s'appelait Bernard du Sault (*Gallia Christiana*, II, col. 1078).

2. Saintes ouvrit ses portes aux Français le vendredi 24 septembre, puisque la donation, faite par Jean, duc de Berry, à Louis Larchevesque, dont nous venons de donner l'analyse, est datée de « *nostre ville de Xantes, le* xxiiii° *jour de septembre* l'an mil trois cens soixante et douze ». Le jour même de la reddition, par un autre acte dressé à Saintes à la même date que la donation susdite, Simon Burleigh, chevalier anglais, se reconnut redevable envers Louis, duc de Bourbon, d'une somme de 1000 francs qu'il s'engagea sur la foi de son corps à payer à Tours à la mi-carême suivante (*Arch. Nat.*, P. 1358², n° 567 ; *Inventaire des titres de Bourbon*, I, 567). Cette somme était peut-être, comme nous l'avons supposé naguères (voyez le tome VII de cette édition, sommaire, p. xcv, note 3 et p. xcvi), une avance faite par le duc de Bourbon à Simon Burleigh comme à-compte sur la rançon de la duchesse sa mère, tenue prisonnière dans la Tour de Broue (Charente-Inférieure, arr. et c. de Marennes, commune de Saint-Sornin), rançon qui avait été réglée deux mois auparavant par un traité intervenu le 23 juillet 1372, mais en réservant le cas où la dite duchesse serait délivrée « par force d'armes ». Or, ce cas que l'on avait ainsi prévu se produisit, comme l'atteste expressément l'auteur de la *Chronique des quatre premiers Valois* (p. 244). A une date que l'on ne saurait fixer avec une précision absolue, mais certainement entre le 7 août, date de la reddition de Poitiers, et le 22 du même mois, jour où le captal de Buch fut battu et fait prisonnier devant Soubise, Louis, duc de Bourbon, puissamment secondé par Bertrand du Guesclin, réussit à emporter d'assaut la Tour de Broue et délivra ainsi, sans bourse délier, la duchesse douairière sa mère. — Au lendemain même de la reddition de Saintes, dès le samedi 25 septembre au matin, Philippe, duc de Bourgogne, partit de cette ville et s'avança dans la direction de Cognac (E. Petit, *Campagne de Philippe le Hardi en* 1372, p. 11) ; mais Jean, duc de Berry, prolongea son séjour dans la capitale de la Saintonge au moins jusqu'au mardi 28 : « A Pelerin, messaigier de madame (la duchesse de Berry) envoié de Xaintes à Saint Jehan d'Angeli pourter lettres de monseigneur (le duc de Berry) à Ymbaut du

de Bordeaux. Après s'être reposés trois jours, les Français se dirigent vers la forteresse de Pons, restée anglaise, quoique Renaud, qui en est le seigneur, se soit rallié au roi de France, et défendue par une garnison dont Amanieu du Bourg est capitaine. Cette place se rend sans résistance sous la seule condition que le capitaine Amanieu et tous ceux qui voudront rester Anglais pourront se retirer à Bordeaux. Renaud, seigneur de Pons, qui s'était promis de faire trancher la tête à soixante de ses gens pour les punir de leur désobéissance, leur pardonne à la prière du seigneur de Clisson. P. 74, 75, 308.

Les habitants de la Rochelle, qui ont noué des intelligences avec Owen de Galles et aussi avec Bertrand du Guesclin, dès lors maître de Poitiers, voudraient bien se tourner français, mais ils sont retenus par la crainte de la garnison anglaise qui occupe leur château. Pendant l'absence du capitaine Jean Devereux, parti de la Rochelle pour répondre à l'appel du maire de Poitiers, cette garnison est commandée par un écuyer nommé Philippot Mansel [1], homme d'armes d'une grande bravoure, mais d'une intelligence très bornée. Voici la ruse qu'imagine Jean Chauderier, maire de la Rochelle [2], pour s'emparer du château et en expulser les Anglais. Un jour, il invite à dîner Philippot Mansel et feint pendant le repas d'avoir reçu une lettre du roi d'Angleterre lui ordonnant de passer en revue les soudoyers de la garnison, qui sont au nombre de soixante, et de payer leurs gages échus depuis

Peschin; yci, le dit xxviii⁰ jour (de septembre 1372), xx sols tournois. » (*Arch. Nat.*, KK 251, f⁰ 91).

1. Jean Cot et Philippot Manssel étaient les deux principaux hommes d'armes de la garnison anglaise de la Rochelle. A la date du 12 septembre 1372, après la reddition de cette ville et la prise du château, Cot et Manssel étaient les prisonniers du duc de Berry, qui fit acheter deux roncins pour les monter. « A Naudon de Figac et Geffroy Narron pour deux roussins pris et achatés d'eulx, du commandement monseigneur (le duc de Berry), *pour monter Jehan Cot et Phillippot Manssel, Anglois, prisonniers de mon dit seigneur* (*Arch. Nat.*, KK 251, f⁰ 98).

2. En 1372, le maire de la Rochelle était non pas Jean Chauderier, mais Pierre de Boudré. Au commencement du mois d'octobre de cette année, « honorable homme et sage sire Pierre de Boudré, maire de la Rochelle », prêta aux frères Jacques et Morelet de Montmor une somme de 969 francs d'or destinée à l'achat d'un certain nombre de chevaux pour amener à Paris le captal de Buch, laquelle somme fut remboursée le 16 novembre suivant à Jean Kaint, facteur du dit maire (*Arch. Nat.*, J 475, n⁰ 100²).

trois mois. Le lendemain, pendant que le maire passe en revue ces soudoyers sur une des places de la Rochelle, deux mille bourgeois armés leur coupent la retraite et se rendent maîtres du château resté sans défense, Les Anglais sont arrêtés, désarmés et enfermés deux par deux en divers endroits de la ville. P. 75 à 80, 308.

Les ducs de Berry, de Bourbon et de Bourgogne, qui s'étaient tenus très longuement sur les marches de l'Auvergne et du Limousin [1] à la tête de deux mille lances, lorsqu'ils apprennent que les habitants de la Rochelle ont chassé les Anglais, se dirigent vers Poitiers, où ils vont rejoindre le connétable de France. Chemin faisant, ils s'emparent des châteaux de Saint-Maixent [2], de Melle et de Civray. P. 80, 81, 309.

De Poitiers où ils se tiennent [3], les trois ducs de Berry, de

---

1. Froissart se trompe grossièrement lorsqu'il affirme que les trois ducs de Berry, de Bourgogne et de Bourbon s'étaient tenus « moult longuement » sur les marches de l'Auvergne et du Limousin. Le duc de Berry, qui avait fait son entrée à Poitiers dès le 7 août, le jour même de la reddition, attendit dans cette ville, avant de se remettre en campagne, l'arrivée du corps d'armée que lui amenait son frère cadet, Philippe, duc de Bourgogne. Parti de Nevers le mercredi 18 août, celui-ci, après un trajet de dix jours à travers le Berry et la Touraine, n'arriva dans la capitale du Poitou que le samedi 28 au matin, le même jour qu'Olivier, seigneur de Clisson, et que Charles d'Artois, comte d'Eu. Pendant ce temps, Bertrand du Guesclin et Louis, duc de Bourbon, paraissent avoir dirigé les opérations en Saintonge, opérations dont les deux principaux résultats furent la délivrance de la duchesse de Bourbon et la prise du captal de Buch.

2. Deux-Sèvres, arr. Niort, entre cette ville et Poitiers. On voit par les comptes de Philippe le Hardi, qui sont heureusement parvenus jusqu'à nous, que le duc de Bourgogne partit de Poitiers le 30 août au matin, dîna et gîta le soir à Sanxay, fit halte le 31 à la Mothe-Sainte-Heraye (Deux-Sèvres, arr. Melle) et arriva le mercredi 1ᵉʳ septembre devant le château de Saint-Maixent. Après avoir assisté à la messe dans l'église du lieu à laquelle il fit une offrande, le duc attaqua le château, qui ne fut emporté que le samedi 4 après quatre jours de siège (E. Petit, *Campagne de Philippe le Hardi en* 1372, p. 9). Saint-Maixent possédait une antique abbaye dont les religieux avaient mis beaucoup d'empressement à faire leur soumission. Pour les récompenser, Charles V confirma leurs privilèges par acte en date du 26 novembre 1372 (*Ordonn.*, V, 545, 546); et dans un autre acte octroyé en leur faveur le 27 juillet de l'année suivante pour les placer dans le ressort de Chinon substitué à celui de Loudun, il est fait mention des services signalés rendus à la Couronne de France par Guillaume de Vezençay, qui fut abbé de Saint-Maixent de 1363 à 1380 (*Ibid.*, 625, 626).

3. On a vu par ce qui précède que, des trois ducs désignés ici par Froissart, le seul qui semble avoir fait un assez long séjour à Poitiers

Bourgogne, de Bourbon et le connétable de France envoient des messagers à la Rochelle s'enquérir des dispositions des bourgeois de cette ville; ceux-ci font savoir qu'ils sont et seront bons Français, pourvu que Charles V fasse droit à leurs demandes, mais qu'en attendant ils prient le duc de Berry et le connétable Bertrand de se tenir et de tenir leurs gens d'armes éloignés de la Rochelle. Ils envoient douze d'entre eux à Paris exposer au roi de France leurs conditions; ils exigent : 1º le rasement du château[1]; 2º la réunion irrévocable de leur ville au domaine de la Couronne; 3º la création d'un hôtel des monnaies à la Rochelle; 4º l'exemption de toute taille, gabelle, louage, subside, aide ou imposition qui n'aurait pas été levée avec leur assentiment; 5º une sentence du pape les relevant du serment de fidélité qu'ils avaient prêté au roi d'Angleterre. Charles V, qui estime que la Rochelle est de toutes les villes de cette partie de son royaume celle dont la possession lui importe le plus, accorde aux députés des Rochellais tout ce qu'ils lui demandent[2]; il les comble même de cadeaux et de joyaux qu'il les charge d'offrir de sa part à leurs femmes. P. 81 à 83, 309.

Les bourgeois de la Rochelle s'empressent de raser leur château[3], dont ils ne laissent pas pierre sur pierre et dont ils emploient les débris au pavage de leurs rues; cela fait, ils informent

avant la reddition de la Rochelle, à savoir du 7 au 29 août, est Jean, duc de Berry.

1. « Charles V ordonna qu'il ne seroit fait ni poursuite ni recherche de ceux qui avoient rasé le château aussitôt après l'expulsion des Anglois : ce qui prouve que la démolition de ce château ne fut point un des articles stipulés, comme nos écrivains modernes l'assurent d'après Froissart. » P. Arcère, *Hist. de la Rochelle*, I, 260.

2. Les habitants de la Rochelle obtinrent en effet, dans les quatre ou cinq mois qui suivirent la reddition de cette ville, la plupart des avantages énumérés ici par Froissart, à savoir, le 25 novembre 1372, la création ou plutôt le rétablissement de leur hôtel des monnaies (*Ordonn.*, V, 543) et le 8 janvier suivant, la confirmation de tous leurs anciens privilèges et en outre l'octroi de la noblesse aux maire, échevins et conseillers en même temps que la remise des droits de franc fief aux non-nobles (*Ibid.*, 571 à 576).

3. Par acte daté du mois d'avril 1373, Charles V institua Bernard Gautier, bourgeois de la Rochelle, ouvrier du serment de France au nouvel hôtel des monnaies qu'il venait d'établir dans cette ville, pour le récompenser des services qu'il avait rendus « à aidier à bouter hors de nostre chastel du dit lieu les Anglois » (*Arch. Nat.*, JJ 104, n° 156, fº 70).

le duc de Berry qu'ils sont tout prêts à le recevoir au nom du roi
de France. Par l'ordre du duc, Bertrand du Guesclin part de
Poitiers avec une compagnie de cent lances et va prendre possession de la Rochelle [1]. Après cette prise de possession, Radigo le
Roux, amiral de Castille, et ses marins, ayant reçu le payement

[1]. D'après la *Chronique des quatre premiers Valois*, plusieurs des
hommes d'armes qui avaient l'habitude de combattre sous la bannière
personnelle de Bertrand du Guesclin prirent part au combat de Soubise, où l'on attaqua les Anglo-Gascons en poussant le fameux cri de
guerre du connétable : « Claquin ! Notre Dame ! Claquin ! » D'un autre
côté, Cabaret d'Orville, dans sa *Chronique du bon duc Loys de Bourbon*,
après avoir raconté que Bertrand aida le duc de Bourbon à emporter
d'assaut la Tour de Broue où l'on retenait prisonnière la duchesse
douairière de Bourbon, mère du duc Louis, ajoute que cette prise de
la Tour de Broue précéda immédiatement l'affaire de Soubise : « Quant
la Tour de Brou fut rendue, les gens du duc de Bourbon s'en allèrent
courre devant Sebise » (édit. Chazaud, 1876, p. 92). La forteresse de
Soubise et la Tour de Brou ou de Broue, située à seize kilomètres au
sud de Soubise, commandaient le cours inférieur de la Charente et
par suite les communications par terre entre la Rochelle et Bordeaux.
Une fois maître de ces deux points stratégiques, Bertrand du Guesclin,
après avoir assuré ainsi ses derrières, put procéder en toute sé-
curité à l'investissement de la Rochelle par terre en même temps que
la flotte des frères de Montmor, de Jean de Rye, d'Owen de Galles et
des Espagnols, ancrée entre les îles de Ré, d'Aix, d'Oléron et le continent, bloquait étroitement cette ville par mer (*Ordonn.*, V, 567). Ce
blocus, mis ou du moins resserré et complété après l'occupation de
Soubise qui eut lieu le 23 août, dura jusqu'à la reddition de la Rochelle, c'est-à-dire jusqu'au 8 septembre suivant. Ce fut pendant cet
intervalle que les Rochellais, s'il en faut croire un de leurs historiens,
consentirent à payer au connétable une somme de cinquante mille
livres tournois, à la condition qu'on épargnerait leurs maisons et leurs
terres (P. Arcère, d'après Barbot, *Hist. de la Rochelle*, I, 253). Le rôle
actif joué par Du Guesclin dans les préliminaires de la reddition de
la Rochelle est attesté par plusieurs actes, notamment par une donation datée du 5 septembre 1372, antérieure par conséquent de trois
jours à l'entrée des Français dans la capitale de l'Aunis. Cette donation de deux maisons, l'une sise à la Rochelle, l'autre à Dompierre
en Aunis, fut faite par Charles V à un Breton nommé Yvon le Corric,
qui avait servi le roi « en la compaignie de son amé et feal connestable, *pour la bonne diligence qu'il a mis à faire venir et tourner la ville
de la Rochelle en nostre obeissance* » (*Arch. Nat.*, JJ 103, nᵒ 287, fᵒ 136).
Par un autre acte délivré à la Rochelle sous son sceau le 8 septembre,
précisément le jour où Jean, duc de Berry, prit possession de cette
ville au nom du roi de France, Du Guesclin lui-même fit don d'une
maison sise dans la rue de la Blatrie à un bourgeois de la Rochelle
appelé Jamet du Chesne, originaire de Bretagne, *en remuneracion des
services faiz par le dit Jamet, en pourchaçant à faire venir et retourner de
nouvel la ville de la Rochelle en l'obeissance du roy* (JJ 104, nᵒ 36, fᵒ 15).

de leurs gages [1], lèvent l'ancre et reprennent le chemin de l'Espagne. Quant à Owen de Galles, il se dirige vers Paris, où il amène au roi le captal de Buch [2]. Charles V fait le meilleur accueil à Jean de Grailly, qu'il espère attirer dans son parti ; mais le captal reste insensible à ces avances ; il offre seulement de se racheter en payant cinq ou six fois plus que son revenu annuel. Le roi de France, à son tour, repousse cette offre et tient son prisonnier enfermé au château du Louvre. P. 83 à 85, 309.

Les châteaux de Marans, de Surgères, de Fontenay-le-Comte sont toujours occupés par les Anglais, qui font des incursions jusqu'aux portes de la Rochelle. Après avoir réuni sous leurs ordres un corps d'armée de deux mille lances, les ducs de Berry, de Bourgogne et de Bourbon, le connétable et les maréchaux de France, Béraud, dauphin d'Auvergne, et Louis, seigneur de Sully,

---

1. Ces Espagnols, qui depuis l'affaire de Soubise ne cessaient de réclamer le captal de Buch comme leur prisonnier, eurent un jour une rixe sanglante avec un certain nombre d'habitants de la Rochelle « ou temps que nostre dicte ville (de la Rochelle) vint derrenierement en nostre obeissance, lit-on dans une lettre de rémission datée de mai 1373, une *très grant noize et tumulte soursist entre les gens du navire d'Espaigne et aucuns des habitans de nostre dicte ville*, et y eut de part et d'autre grant quantité de gens armés tant que aussi comme tous les habitans de nostre dicte ville en furent commeuz. » Cette rixe éclata peut-être à l'occasion du transfert à la Rochelle du captal de Buch et des autres prisonniers revendiqués par les Espagnols.

2. Le 8 septembre, le captal et les autres personnages de marque faits prisonniers à l'affaire de Soubise, que l'on avait gardés jusqu'alors à bord d'un navire ancré en vue de l'ile d'Oléron, furent transférés par l'ordre de Du Guesclin à la Rochelle où ils restèrent jusqu'au 6 octobre sous la garde de Morelet de Montmor et de 16 autres hommes d'armes ; ensuite, on les interna dans l'abbaye de Saint-Maixent, où ils séjournèrent pendant le reste du mois d'octobre et pendant tout le mois de novembre. Au commencement de décembre, ils prirent place dans le cortège des ducs de Berry, de Bourgogne et de Bourbon, lorsque ces trois ducs quittèrent le Poitou, en compagnie de Bertrand du Guesclin, pour se diriger vers Paris, où ils arrivèrent le 11 de ce mois (*Arch. Nat.*, J 475, n° 100[1] à [7]). « Ce jour de samedi xie jour de decembre (1372) retournèrent de la conqueste de Poitou, Xantonge et Angoloisme et la Rochelle et entrèrent à Paris noz seigneurs les duz de Berry, Bourgoigne et Bourbon et plusieurs autres barons et seigneurs en leur compaignie et aussi le connestable de France. Et lors Pierret d'Auvillier, escuier, amena le captal de Buch, messire Guillaume (lisez : Thomas) de Percy et le sire de Mareuil et autres prisonniers gascoins et anglois. Le dit Pierret avoit pris en bataille le dit captal, etc. » (*Arch. Nat.*, *sect. jud.*, X 1470, f° 6).

quittent Poitiers[1] et vont mettre le siège devant le château de Benon[2]. Guillonet de Pau[3], écuyer d'honneur du comte de Foix, et un chevalier napolitain connu sous le nom de « messire Jacques » ont été mis par le captal à la tête de la garnison de ce

1. Les ducs de Berry, de Bourgogne, de Bourbon et Bertrand du Guesclin n'arrivaient pas de Poitiers lorsqu'ils mirent le siège devant le château de Benon; ils venaient de prendre possession de la Rochelle.

2. Le château de Benon (Charente-Inférieure, arr. la Rochelle, c. Courçon) commandait la route de la Rochelle à Niort par Nuaillé. Les trois ducs et le connétable de France, qui arrivaient de la Rochelle ou plutôt du Bourgneuf près de la Rochelle, où ils s'étaient tenus avec leurs gens d'armes du 5 au 11 septembre, vinrent camper « aux champs devant le chastel de Benoin » dans la journée du dimanche 12. Le château fut pris le mercredi 15 après trois jours de siège (*Campagne de Philippe le Hardi en* 1372, p. 10). Le duc de Berry a daté de Benon en septembre 1372 (par conséquent du 12 au 15 de ce mois) un acte par lequel il transféra le marché de Bourgneuf en Aunis (Charente-Inférieure, arr. la Rochelle, c. la Jarrie) du dimanche au samedi, en même temps qu'il établit au dit lieu deux foires annuelles fixées au 30 août et à la Sainte-Catherine (25 novembre), à la supplication de Guillaume Arnaud, commandeur de la maison du Bourgneuf de l'ordre de Saint-Jean de Jérusalem, « pour consideracion que pour cause des presentes guerres *pour la première venue que noz amez et feaulx le connestable de France et le sire de Cliçon, qui ou grant nombre de gens d'armes et autres en leurs compaignies furent ou dit lieu de Bourgneuf*, pour lesquelles choses il dit les biens et facultez de la dite maison estre grandement diminués » (*Arch. Nat.*, JJ 104, nº 104, fº 37 vº; *Ordonn.*, V, 606). — Le passage que nous avons souligné indique clairement que Bertrand du Guesclin et Olivier, seigneur de Clisson, étaient venus camper au Bourgneuf et avaient commencé le blocus par terre de la Rochelle avant l'arrivée du duc de Bourgogne au même lieu le 5 septembre et des ducs de Berry et de Bourbon qui ne rejoignirent Philippe le Hardi, avec lequel ils dînèrent, que le lendemain 6 (*Campagne de Philippe le Hardi*, p. 9).

3. Le prénom de cet homme d'armes est tantôt *Guillonet*, tantôt *Gui*, tantôt *Guillaume*, car il y a des exemples de ces trois formes dans les manuscrits. Le nom même varie et on le trouve écrit ici *Pans*, là *Paus*. Comme Froissart donne à ce chef de compagnies le titre d'écuyer du comte de Foix, la forme de Paus, qui semble indiquer que cet aventurier avait pris le nom de la capitale du Béarn, d'où il était sans doute originaire, nous a paru mériter la préférence. Ernauton de Pau ou de Paus, autre chef de Compagnies, devait appartenir à la même famille que Guillonet, quoiqu'il eût embrassé le parti adverse en se mettant au service du duc d'Anjou. Cuvelier désigne comme capitaine de Benon, non point Guillonet de Pau, mais un Anglais nommé Davy :

Cappitain y avoit c'on appeloit Davi.

(*Chronique rimée de B. du Guesclin*, II, 283, vers 21 642.)

château. Les Français livrent sans résultat deux ou trois assauts.
Vers le milieu de la nuit, un détachement de la garnison anglaise
de Surgères [1] tombe à l'improviste dans le camp des assiégeants
et tue un écuyer d'honneur [2] du connétable de France. Furieux
de la mort de cet écuyer, Bertrand du Guesclin emporte d'assaut
le château de Benon, dont il fait passer la garnison au fil de l'épée.
P. 85 à 87, 309.

Les Français assiègent ensuite le château de Marans [3], situé à

1. D'après Cuvelier, ce fut un détachement de douze fiers compagnons de la garnison de Benon, et non de celle de Surgères, qui fit
une sortie au milieu de la nuit et opéra la surprise meurtrière racontée
ci par Froissart (*Ibid.*, 285-287, vers 21 700 à 21 754).

2. « Et là perdit le connestable quatre de ses gentilz hommes qui
gouvernoient tout son faict lesquels estoient en leur lougis en leur lit
où ils dormoient; si eurent laissé d'aventure l'huis ouvert leurs var-
lets qui jouoient aux dés, et furent tués les gentils hommes par ceulx
de la garnison de Benon » (Cabaret d'Orville, *Chronique du bon duc
Loys de Dourbon*, éd. Chazaud, p. 91). Ce détail est confirmé par Cuvelier, qui donne le nom du plus considérable de ces gentils hommes,
celui que Froissart qualifie écuyer d'honneur du connétable, Geffroi
Payen, et par l'*Histoire de la Rochelle* d'Amos Barbot, qui mentionne
outre Geffroi Payen, Thomas de la Luzerne et Jean Boterel (*Chron.
rimée*, éd. Charrière, II, 286 et 287; Amos Barbot, *Hist. de la Rochelle*,
Saintes, 1886, t. I, p. 204). D'après Cuvelier et l'auteur de la *Chronique en prose*, Olivier, seigneur de Clisson, furieux de la mort de
Geffroi Payen son parent, fendit à coups de hache la tête à quinze
Anglais de la garnison de Benon et mérita ainsi le surnom de *boucher*
que les Anglais lui donnèrent depuis lors :

Englois ne pueent mais, par le corps sainct Benoit,
S'il appellent *bouchier* Olivier là endroit.

(*Chron. rimée*, II, 290, vers 21 852 et 21 853.)

3. Charente-Inférieure, arr. la Rochelle. Marans est situé à 20 kilomètres environ au nord de cette dernière ville et de Benon, sur la rive
gauche et à peu de distance de l'embouchure de la Sèvre. Par lettres
datées de Marans au mois de septembre 1372 et par mandement spécial adressé à Geffroi Kerimel et à Geffroi Budes, chevaliers,
Bertrand du Guesclin donna a son bien amé écuyer Perrot Maingny
les biens meubles et héritages confisqués sur Jean Wilale et Henri
Abot, Anglais et ennemis du roi, biens situés en la ville et châtellenie
de Fontenay-le-Comte (*Arch. Nat.*, JJ 103, n° 371, f° 178 v°). Il n'est
malheureusement pas fait mention dans cette charte du quantième du
mois ; mais comme l'itinéraire suivi par Du Guesclin dans la partie
méridionale de la Saintonge pendant la seconde quinzaine de septembre est parfaitement établi et repose sur des actes authentiques,
l'occupation de Marans par le connétable, si elle n'a pas coïncidé avec
le siège de Benon, doit remonter aux premiers jours de septembre.

quatre lieues de la Rochelle et où des Allemands tiennent garnison sous les ordres d'un certain Wisebare. Ces Allemands, craignant qu'on ne les traite comme les soudoyers de Benon, s'empressent de rendre leur forteresse et s'enrôlent au service du roi de France à la seule condition qu'ils seront payés de leurs gages. Arrivé devant Surgères [1], le connétable trouve ce château complètement vide; la garnison s'est enfuie à son approche. Il l'occupe et chevauche vers Fontenay-le-Comte [2], où la femme [3] de Jean Harpedenne dirige la résistance. P. 87, 88, 309.

Après s'être couvert au sud, en occupant, dès le 23 août, la forteresse de Soubise qui commandait le cours inférieur de la Charente, il est probable qu'un stratégiste aussi habile que Du Guesclin, voulant mettre les assiégeants à l'abri de toute surprise, aussi bien du côté du nord que du côté du midi, reconnut qu'il fallait pour cela réduire préalablement en son pouvoir le château de Marans par lequel on était maître du cours inférieur de la Sèvre. Si cette hypothèse est fondée, la démonstration contre Marans a dû suivre l'affaire de Soubise et avoir lieu dans les trois ou quatre premiers jours de septembre.

1. Charente-Inférieure, arr. Rochefort-sur-Mer. Un acte émané de Du Guesclin (donation à Simon La Grappe, écuyer, huissier d'armes du roi, des biens confisqués de Robert de Grantonne, prêtre anglais, sis en la châtellenie de Fontenay-le-Comte), dont une copie se trouve dans un registre du Trésor des Chartes (JJ 103, n° 341, f° 167) est daté « devant Surgieres le treziesme jour du mois de septembre l'an mil ccclxxii »; mais comme le connétable semble avoir pris part au siège de Benon, qui dura du 12 au 15, la date de cette donation faite à La Grappe est sans doute fautive et peut provenir de l'omission dans l'acte original du v de xviii écrit en chiffres romains. « Le siège de la forteresse de Surgères, écrit M. E. Petit d'après les registres des recettes et dépenses de Philippe le Hardi (*Campagne de Philippe le Hardi*, p. 10) fut fait sans désemparer et dura quatre jours ; les assiégés firent leur reddition le dimanche 19. »

2. Aujourd'hui chef-lieu d'arrondissement du département de la Vendée, au nord de la Rochelle et de Niort, à peu près à moitié chemin de cette dernière ville et de Luçon.

3. Ce ne fut pas Jeanne de Clisson, sœur d'Olivier, première femme de Jean Hardepenne, qui présida à la défense de Fontenay-le-Comte, ainsi que l'a supposé Benjamin Fillon (*Jean Chandos*, Fontenay, 1856, p. 31). En 1372, Jean Harpedenne, veuf de Jeanne de Clisson, était déjà remarié à Catherine le Senecal, fille de Gui le Senecal, chevalier. Catherine suivit en Angleterre son mari expulsé du Poitou après le recouvrement de cette province par Charles V ; aussi, plus tard, devenue veuve, rentrée en France et remariée à un chevalier nommé Étienne d'Aventoys, elle se vit dans la nécessité de se faire octroyer par Charles VI des lettres de rémission, datées du mois de septembre 1390, pour avoir tenu activement le parti d'Édouard III et des ennemis du royaume (*Arch. Nat.*, JJ 139, n° 95, f° 113). M. Kervyn de Lettenhove (*Chroniques de Froissart*, XXI, 526, 527) a dédoublé Jean

Les assiégés ont des vivres et des munitions en abondance,
mais ils savent qu'aucun secours ne peut leur être porté avant
trois ou quatre mois[1]; et comme en outre on les menace de ne
leur faire aucun quartier s'ils prolongent la défense, ils prennent le
parti de se rendre[2]. Le connétable leur permet d'emporter tout
ce qu'ils possèdent et de se retirer avec leur dame à Thouars, où
tous les chevaliers du Poitou, partisans des Anglais, ont cherché
un refuge. Les Français confient la garde de la forteresse de Fontenay-le-Comte à Renaud « de Lazi[3] » et retournent à Poitiers.
P. 88, 89, 309.

Harpedenne et l'a confondu avec un fils portant le nom de Jean
comme son père et issu du premier mariage de celui-ci avec Jeanne
de Clisson.

1. C'est ici qu'aurait dû trouver place le récit des opérations qui
aboutirent à la reddition de Saint-Jean-d'Angely (20 septembre), de
Saintes (24 septembre), à une halte devant Cognac (26 septembre),
à l'occupation d'Aulnay-de-Saintonge (2 octobre), enfin à une halte
devant Niort, du 6 au 8 octobre (*Campagne de Philippe le Hardi en
1372*, p. 10 et 11). Comme nous l'avons déjà fait remarquer, Froissart
ou bien n'a pas connu quelques-unes des opérations que nous venons
d'indiquer, ou bien assigne une date inexacte à celles qu'il mentionne,
telles que la reddition de Saint-Jean-d'Angely et celle de Saintes, qu'il
a racontées avant la soumission de la Rochelle, tandis qu'en réalité
elles sont postérieures d'un certain nombre de jours à ce dernier
événement.

2. Le samedi 9 octobre, Philippe, duc de Bourgogne, venant de
son campement en vue de Niort, mit le siège devant Fontenay-le-
Comte. Le jour même de son arrivée, les habitants de la ville proprement dite capitulèrent, mais le château résista et ne fut enlevé
de vive force que le lendemain dimanche (*Ibid.*, p. 11). En l'absence
de Jean Harpedenne, sénéchal de Saintonge, châtelain et capitaine de
Fontenay-le-Comte, l'homme d'armes anglais qui dirigea surtout la
résistance du château s'appelait Henri Abbot. Abbot était marié depuis
environ neuf ans à une Française nommée Agnès Forgète, originaire
de la Ferté-Milon et veuve d'un habitant de Fontenay nommé Mer-
cereau, dont il avait eu un fils alors âgé de huit ans. Dès la fin de novembre 1372, un mois à peine après la reddition de Fontenay-le-
Comte, Agnès se fit délivrer à la chancellerie royale des lettres de
rémission et obtint que ses biens dotaux seraient exceptés de la con-
fiscation des meubles et immeubles ayant appartenu à Henri Abbot
son second mari. Dans ces lettres de rémission, il est fait mention
d'un acte par lequel Jean, duc de Berry, comte de Poitou, « a donné
à nostre amé et féal connestable de France la dicte ville et chastellerie
de Fontenay, et aussi a donné à ses gens et autres tous les biens, meubles et heritages que tenoient les Anglois et leurs femmes qui demou-
roient en ycelle ville de Fontenay » (*Arch. Nat.*, JJ 103, n° 254,
128 v°).

3. Cet homme d'armes nous est inconnu. Peut-être faut-il lire, au

Après s'être reposés quatre jours à Poitiers, les seigneurs de
France vont mettre le siège devant Thouars[1] avec trois mille
lances, chevaliers et écuyers, et quatre mille fantassins y compris
les Génois. La place est trop forte et trop bien défendue pour
être prise d'assaut; aussi, les assiégeants se contentent de la blo-
quer, espérant en avoir raison par la famine. Les principaux défenseurs de Thouars sont Louis de Harcourt[2], le seigneur de
Parthenay[3], le seigneur de Thors[4], Hugues de Vivonne, Aimeri
de Rochechouart, Perceval de Coulonges, Regnault de Thouars,
le seigneur de Roussillon[5], Guillaume de « Crupegnach[6] », Geoffroi d'Argenton, Jacques de Surgères, Jean d'Angle, Guillaume
de Montendre et Mauburni de Lignières. D'après le conseil de
Perceval de Coulonges, les assiégés concluent, après quinze jours
de pourparlers, une trêve avec les assiégeants. En vertu de cette
trêve qui doit durer jusqu'au jour Saint-Michel[7] suivant, les dé-

lieu de Renaud « de Lazi », Renaud de Larçay (Indre-et-Loire, arr.
et c. Tours) ou Regnault de Lassay. Le 15 octobre 1372, le duc de
Berry, qui se trouvait alors aux Herbiers (Vendée, arr. la Roche-
sur-Yon), fit donner 20 sous tournois à Symonnet, l'un de ses chevaucheurs, qu'il envoyait à *Fontenay-le-Comte* porter un message à
Jean, comte de Sancerre, l'un de ses conseillers (*Arch. Nat.*, KK 251,
f° 91).

1. Deux-Sèvres, arr. Bressuire.

2. Louis de Harcourt, vicomte de Châtellerault.

3. Guillaume VII Larchevêque (voyez *Histoire de la ville de Parthenay*, par Bélisaire Ledain. Paris, 1858, p. 193).

4. Regnault de Vivonne, seigneur de Thors, fils de Savari de Vivonne et de Marie Chasteignier, marié à Catherine d'Ancenis. Thors
fait partie aujourd'hui de la Charente-Inférieure, arr. Saint-Jean-
d'Angely, c. Matha.

5. Ce seigneur de Roussillon, auquel Froissart donne le prénom de
Geoffroi dans son récit de la bataille de Cocherel, est toujours désigné
par le chroniqueur comme un chevalier poitevin. Un ancien fief de
Roussillon, aujourd'hui hameau d'une centaine d'habitants, fait partie
du territoire de la commune de Vaux-en-Couhé (Vienne, arr. Civray,
c. Couhé). Roussillon est aussi un hameau de Charmé (Charente, arr.
Ruffec, c. Aigre).

6. Guillaume de « Crupegnac » paraît être une mauvaise leçon pour
Guillaume de Rouffignac (Charente-Inférieure, arr. Jonzac, c. Montendre).

7. Froissart se trompe ici très gravement et a entraîné dans son
erreur la plupart des auteurs d'histoires générales ou locales. Ce chroniqueur se trompe sur deux points principaux : 1° La trêve à laquelle
il fait ici allusion ne fut pas signée devant Thouars; 2° cette trêve ne
devait pas prendre fin le jour Saint-Michel, c'est-à-dire le 29 septembre 1372. Cette dernière erreur a conduit les érudits, qui se sont

fenseurs de Thouars s'engagent à rendre cette place et à se mettre en l'obéissance du roi de France si Édouard III ou l'un de ses
fils ne vient pas dans l'intervalle contraindre les Français à lever
le siège. En prévision de cette éventualité, Charles V profite de
la trêve pour envoyer des renforts considérables aux assiégeants.
P. 89 à 93, 310.

Les seigneurs poitevins enfermés dans Thouars dépêchent des

fourvoyés sur cette question à la suite de Froissart, à assigner une
date inexacte à la conclusion de la trêve et partant au siège même de
Thouars. Comme la clause la plus importante de cette trêve prévoit
l'éventualité d'une armée de secours amenée devant la place assiégée
par Édouard III ou par le prince de Galles avant l'expiration fixée
par erreur au 29 septembre, trois mois n'étant pas de trop pour informer le roi d'Angleterre et lui donner le temps de réunir des forces
suffisantes, de les transporter sur le continent et de les amener au lieu
convenu, on en avait conclu qu'un traité portant une stipulation de
ce genre n'avait pu être signé que dans le courant du mois de juin
précédent; en conséquence, on avait reculé de trois mois la date du
siège mis par les Français devant Thouars. En réalité, la convention
dont il s'agit fut signée devant Surgères le samedi 18 septembre, la
veille même de la reddition de cette place. Aux termes de cet acte
qu'il suffira de résumer ici pour en faire comprendre la haute importance, une trêve qui devait durer jusqu'à la Saint-André, c'est-à-
dire jusqu'au 30 novembre 1372, était conclue entre Jean, duc de
Berry et d'Auvergne, comte de Poitou et de Mâconnais, d'Angoulême
et de Saintonge, lieutenant du roi de France ès dits pays, les sujets,
soumis et alliés du dit roi, d'une part, deux prélats et un certain
nombre de nobles traitant au nom de tous les habitants du Poitou,
sujets du roi d'Angleterre, d'autre part. L'article principal de cette
convention portait que si, le jour Saint-André ou le 30 novembre suivant, le roi d'Angleterre ou son fils le prince de Galles ne se trouvait pas devant Thouars à la tête de forces assez considérables pour
obliger les Français à lever le siège de cette place, les signataires de la
convention, leurs sujets, alliés, hoirs et successeurs feraient leur soumission dès le lendemain et rentreraient en l'obéissance du roi de
France (Voy. le texte du traité de Surgères, nᵉ I de l'Appendice,
p. CLV à CLIX; *Grandes Chroniques*, éd. P. Paris, VI, 336, 337). « Au
jour emprins et accordé vindrent à toute puissance devant Touars,
de par lo roy de France, les ducs de Berry et de Bourgoigne ses frères,
qui la journée se tindrent sur les champs en bataille ordennée et à ba-
nieres desploiées jusques au vespres. A laquelle heure vint pardevers
nos seigneurs la vicomtesse (Pernelle, vicontesse de Thouars), acom-
paignée de nobles barons et dames, qui en l'obeissance du roy et d'eulx
mist sa seigneurie. Et au giste vint avec eulx à Lodun, auquel lieu
elle fist hommage lige de sa viconté, avec serement de loyauté au duc
de Berri duquel est tenue la dicte viconté à cause de sa conté de Poitou. Et ainsi fut la conté acquise sur les Anglois par leur orgueil et des-
loyauté. » (Chron. publiée par Secousse, *Recueil de pièces sur Charles II,
roy de Navarre*, p. 651.)

messagers en Angleterre pour solliciter l'envoi d'une armée de secours. Édouard III s'emprese de réunir cette armée[1] dont Édouard, prince de Galles, veut faire partie malgré le mauvais état de sa santé, et qui s'élève à quatre mille hommes d'armes et à dix mille archers. Le roi anglais, prévoyant le cas où il viendrait à mourir pendant le cours de l'expédition, institue son héritier Richard[2], fils aîné du prince de Galles, et fait jurer à ses trois fils, Jean, duc de Lancastre[3], Edmond[4] et Thomas[5], de le reconnaître comme tel. Il s'embarque à Southampton[6], où il a réuni une flotte de quatre cents vaisseaux pour le transport de ses troupes, et cingle vers les côtes de Poitou; mais des vents contraires le retiennent sur mer pendant neuf semaines[7] et soufflent avec une telle violence qu'il ne peut aborder ni en Poitou, ni en Rochellois[8], ni en Saintonge. Le terme de Saint-Michel fixé pour l'expiration de la trêve[9] vient à échoir sur ces entrefaites, et force est à Édouard III de regagner les côtes d'Angleterre sans avoir

1. Dès le 11 août, Édouard III, qui venait d'apprendre les premières opérations des Français sur les marches du Poitou, écrivit à tous les prélats de l'Angleterre pour leur demander des processions, des prières et se plaindre de l'invasion de ses possessions par les forces réunies des rois de France et de Castille (Rymer, III, 960). Dans un mandement en date du 23 août, le roi d'Angleterre annonça son projet de passer sur le continent (*Ibid.*, 961). Le lundi 30 du même mois, il s'embarqua à Sandwich sur un navire appelé *la Grâce de Dieu* (*Ibid.*, 962).

2. L'ordonnance par laquelle Édouard III institua le jeune Richard, fils d'Édouard prince de Galles, gardien du royaume d'Angleterre pendant son absence, est datée de Sandwich le mardi 31 août (*Ibid.*).

3. Jean, duc de Lancastre, qui s'intitulait roi de Castille et de Léon à cause de son mariage avec la fille aînée de D. Pèdre, était monté sur le même navire qu'Édouard III son père.

4. Edmond, comte de Cambridge et ensuite duc d'York.

5. Thomas de Woodstock, duc de Buckingham et ensuite de Gloucester.

6. On vient de voir que l'embarquement eut lieu, non à Southampton, mais à Sandwich.

7. Embarqué à Sandwich dès le 30 août, Édouard III dut mettre à la voile dans les premiers jours de septembre; il était rentré au palais de Westminster le 28 octobre suivant (*Ibid.*, 963).

8. Le but spécial de cette expédition navale était, en effet, de débloquer la Rochelle et d'obliger les Français à lever le siège de cette ville (*Thomæ Walsingham historia anglicana*, éd. Riley, 1863, I, 315). Il en faut conclure que le blocus de cette place par mer et sans doute aussi par terre avait dû commencer dès le milieu du mois d'août 1372.

9. La trêve expirait le 30 novembre, ainsi que nous l'avons établi plus haut, non le 29 septembre.

porté le moindre secours à ses gens d'armes assiégés dans Thouars [1]. A peine les Anglais sont-ils descendus de leurs vaisseaux qu'un vent favorable commence à souffler [2] et permet à deux cents navires qui vont charger des vins en Guyenne d'entrer dans le havre de Bordeaux, et l'on en conclut que Dieu favorise le roi de France. P. 93 à 96, 310.

Informé des conditions de la trêve et du message transmis au roi son maître par les Poitevins assiégés dans Thouars, Thomas de Felton, sénéchal de Bordeaux [3], s'empresse de réunir, de son côté, un petit corps d'armée pour leur porter secours. En passant par Niort, ce corps d'armée se grossit d'une partie des hommes d'armes de la garnison de cette place et aussi de quelques seigneurs tels que Aimeri de Rochechouart, Geoffroi d'Argenton, Mauburni de Lignières et Guillaume de Montendre, qui ont mieux aimé quitter Thouars que de signer la trêve conclue avec les assiégeants. Thomas de Felton se trouve ainsi à la tête de douze cents lances et n'attend que l'arrivée d'Édouard III pour joindre ses forces à celles du roi d'Angleterre. Charles V, qui n'ignore pas les préparatifs des Anglais, a mis sur pied, pour tenir tête à ses adversaires, une armée considérable où l'on ne compte pas moins de quinze mille hommes d'armes et de trente mille fantassins [4]. Il n'en éprouve pas moins la joie la plus vive lorsqu'il apprend que

1. La pensée ou du moins la pensée première d'Édouard III, lorsqu'il avait mis à la voile au commencement du mois d'août, avait été de porter secours aux bourgeois de la Rochelle et non aux gens d'armes enfermés dans Thouars. Le prince de Galles, malgré son état maladif, avait voulu accompagner son père dans cette expédition navale qui avorta si misérablement après avoir coûté au trésor anglais plus de neuf cent mille livres.

2. « Post cujus reditum, dit Thomas Walsingham en parlant du retour en Angleterre d'Édouard III après son expédition navale manquée, statim ventus ad partes oppositas se convertit » (*Hist. angl.*, p. 315).

3. La qualité donnée ici à Thomas de Felton n'est pas formulée d'une manière tout à fait exacte. Ce chevalier portait en réalité le titre de sénéchal, non de Bordeaux, mais d'Aquitaine ou de Gascogne.

4. Toute la puissance du roi fut assemblée devant Thouars pour consommer le traité fait devant Surgères le dix-huit septembre, « tout le jour de saint André (30 novembre), l'an mil trois cens soixante et douze » (Voy., p. CLV. Cf. *Arch. Nat.*, P 1334², f° 26). — Le rédacteur des *Grandes Chroniques de France* (VI, 336) évalue à trois mille le nombre des gens d'armes français réunis devant Thouars le 30 novembre 1372.

le terme de la Saint-Michel est échu et la trêve expirée sans que l'on ait eu des nouvelles du roi d'Angleterre. P. 96 à 98, 310, 311.

Les douze cents Anglais et Anglo-Gascons, rassemblés à Niort, voyant approcher le terme de Saint-Michel sans qu'il arrive aucun renfort du roi d'Angleterre ou de l'un de ses fils, proposent aux gentilshommes assiégés dans Thouars de faire une sortie pour se joindre à eux et offrir la bataille aux Français. Le seigneur de Parthenay est d'avis d'accepter cette proposition et déclare que son intention est de rester attaché, quoi qu'il arrive, au parti anglais; mais les seigneurs de Poyanne et de Tonnay-Boutonne parviennent à le convaincre que l'on ne peut accepter l'offre transmise par les messagers envoyés de Niort et que l'honneur commande aux assiégés de tenir les engagements pris avec les Français. C'est pourquoi, au terme fixé, les seigneurs poitevins de la garnison de Thouars invitent les ducs de Berry, de Bourgogne et de Bourbon ainsi que le connétable de France à venir prendre possession de la forteresse qu'ils occupent et se remettent sous l'obéissance du roi de France[1]. P. 98 à 101, 311.

1. « Et le landemain (de la Saint-André 30 novembre 1372) fut redducé et remis le dit duchié de Guyenne à la dicte obeissance du roy, *à Loudun, en l'eglise des Frères Meneurs.* » (Voy. le n° I de l'Appendice, p. CLV). — Le mercredi 1ᵉʳ décembre, toutes les forces réunies du duc de Bourgogne, du duc de Lorraine, du comte de la Marche, du vicomte de Rohan étaient encore « aux champs devant Thouars ». Le soir, la place était en leur puissance. Des lettres, annonçant cette heureuse nouvelle, furent aussitôt adressées à Charles V. (Voy. l'extrait de chronique cité en note, p. LII.) Ce mercredi 1ᵉʳ décembre fut donc marqué par deux faits, l'un militaire, l'autre féodal, aussi importants l'un que l'autre. Le fait militaire fut la reddition de la forteresse de Thouars aux gens d'armes du roi de France. Le fait féodal, qui eut pour théâtre l'église des Frères Mineurs de Loudun, fut une prestation de foi et hommage solennelle faite au roi de France par les seigneurs qui avaient signé la trêve ou convention du 18 septembre précédent. Cette prestation de foi et hommage fut reçue au nom de Charles V par Jean, duc de Berry, et par Bertrand du Guesclin, connétable de France. Mais ces seigneurs et notamment le plus considérable d'entre eux, Louis de Harcourt, vicomte de Châtellerault, ne firent leur soumission et ne prêtèrent serment de fidélité que sous certaines conditions. Louis de Harcourt, par exemple, avait eu soin de se faire promettre l'usufruit de la vicomté de Saint-Sauveur (Manche, arr. Valognes), et cela dès le commencement du mois de novembre 1372, puisque la ratification par Charles V de cette promesse est datée du 20 de ce mois (*Arch. Nat.*, J 211, n° 39; Delisle, *Hist. de Saint-Sauveur*, p. 206,

Toutes les places du Poitou reconnaissent l'autorité du roi de France, sauf Niort, Chizé[1], Mortagne[2], Mortemer[3], Lusignan[4], Château-Larcher[5], la Roche-sur-Yon, Gençay[6], la Tour de Broue[7],

207). Par un traité daté de Loudun le 1er décembre, le jour même où la prestation de foi et hommage eut lieu dans cette ville, le duc et le connétable s'engagèrent au nom du roi à faire entrer le vicomte de Châtellerault en jouissance du château de Saint-Sauveur, aussitôt que cette place aurait été recouvrée sur les Anglais par force ou autrement (*Arch. Nat.*, J 211, n° 41 ; Delisle, *Hist. de Saint-Sauveur*, p. 207, 208). Nous voyons même par un mandement de Charles V en date du 8 janvier 1373 (n. st.) que Louis de Harcourt avait poussé la prévoyance jusqu'à se réserver les rançons ou « appâtis », comme on disait alors, levés sur un certain nombre de paroisses du Poitou à cause de ses châteaux de Châtellerault, de Gironde (auj. hameau de Saint-Genest-d'Ambière, Vienne, arr. Châtellerault, c. Lencloître) et de la Touche (auj. château de Marnay, Vienne, arr. Poitiers, c. Vivonne), levés, disons-nous, sur ces paroisses avant le 30 novembre 1372 (*Arch. Nat.*, P 1334[1], f° 24). — Par acte daté de Paris le 15 décembre suivant, Charles V confirma le traité et accord conclu par Jean, duc de Berry, Philippe, duc de Bourgogne, Bertrand du Guesclin, connétable de France, Olivier, seigneur de Clisson, avec les prélats, gens d'église, barons, seigneurs et dames des pays de Poitou et de Saintonge (*Arch. Nat.*, J 241, n° 40 ; JJ 103, n° 361, f° 174 ; Hay du Chastelet, *Hist. de B. du Guesclin*, p. 437 à 439 ; *Ordonn.*, V, 557, 558). En vertu de ce même acte, confirmant les dits pays dans les libertés et franchises dont ils jouissaient au temps de Louis IX et d'Alphonse de Poitiers, et portant amnistie générale en faveur de tous les habitants, nobles ou autres, Charles V déclara les comtés de Saintonge et d'Angoulême réunis à perpétuité à la couronne de France, tandis qu'au contraire il concéda le comté de Poitou, à titre d'apanage, à son frère Jean, duc de Berry. Un acte spécial en date du 19 décembre confirma cette concession à titre d'apanage du comté de Poitou, à la condition toutefois que Jean rendrait le comté de Mâcon dont il était investi (*Arch. Nat.*, mémorial D de la Chambre des Comptes, f° 133 ; Blanchard, *Compilation chronologique*, col. 160).

1. Deux-Sèvres, arr. Melle, c. Brioux.
2. Mortagne-sur-Sèvre, Vendée, arr. la Roche-sur-Yon.
3. Vienne, arr. Montmorillon, c. Lussac.
4. Vienne, arr. Poitiers.
5. Vienne, arr. Poitiers, c. Vivonne.
6. Vienne, arr. Civray.
7. D'après Cabaret d'Orville, l'occupation par les Français de la Tour de Broue (auj. hameau de Saint-Sornin, Charente-Inférieure, arr. et c. Marennes) aurait précédé la prise du captal de Buch ainsi que la reddition de Soubise et serait par conséquent antérieure au 23 août 1372 (*Chronique du bon duc Loys de Bourbon*, éd. Chazaud, p. 92). Au contraire, l'auteur de la *Chronique des quatre premiers Valois* (p. 244) place cet événement, ou du moins la délivrance de la duchesse de Bourbon enfermée dans la Tour de Broue, en 1373. Il faut donner la préférence au témoignage de Cabaret d'Orville, puisque

Merpins[1], Dienné[2]. Après la prise de possession de Thouars, les ducs de Berry, de Bourgogne et de Bourbon se dirigent vers Paris, et le connétable de France retourne à Poitiers[3]. Quant à Olivier, seigneur de Clisson, il va mettre le siège devant Mortagne[4] avec tous les hommes d'armes bretons de sa compagnie.

nous possédons un acte daté du 23 juillet 1372, par lequel Simon Burleigh et Nicolas Dagworth prennent l'engagement de délivrer la duchesse de captivité et de la remettre aux mains du duc de Bourbon son fils, au plus tard le 1er novembre suivant (*Arch. Nat.*, P 1358[1], n° 504 ; Huillard-Bréholles, *Titres de la maison ducale de Bourbon*, I, 565, 566), sauf toutefois le cas où la dite duchesse serait reprise auparavant « par force d'armes ». Lorsque Cabaret d'Orville et l'auteur de la *Chronique des quatre premiers Valois* affirment que la duchesse douairière de Bourbon dut sa mise en liberté à ce dernier mode de délivrance, il y a d'autant plus lieu d'ajouter foi au témoignage de ces deux chroniqueurs que le duc de Bourbon, fils de la princesse prisonnière, qui prit part depuis le commencement jusqu'à la fin à toutes les opérations de la campagne, aurait gravement démérité au point de vue de l'honneur chevaleresque et encouru le reproche de félonie si, dès le début de cette campagne, il n'avait pas fait tous ses efforts pour enlever la Tour de Broue et reprendre ainsi de haute lutte la duchesse sa mère aux aventuriers qui la détenaient. D'un autre côté, comme Simon Burleigh, par acte daté de Saintes le 24 septembre 1372, se reconnaît redevable d'une somme de 1000 francs d'or envers le duc de Bourbon (*Arch. Nat.*, P 1358[1], n° 567 ; Huillard-Bréholles, *Titres*, etc., I, 567), il se peut que cette somme représente ou bien une partie de la rançon de ce chevalier fait prisonnier en défendant la Tour, ou bien le remboursement d'un acompte déjà payé par le duc sur la rançon de sa mère, acompte qui devait donner lieu à une restitution, si, comme nous le supposons, Isabelle avait été déjà à cette date reprise par force d'armes. Enfin, il résulte d'un article de compte que, le 20 mai 1373, Owen de Galles occupait pour le roi de France la Tour de Broue (*Arch. Nat.*, KK 251, f° 95 v°). Cette mention, rapprochée de ce que l'on sait par la *Chronique des quatre premiers Valois* du rôle décisif joué par ce même Owen de Galles dans l'affaire de la prise du captal de Buch, donne lieu de croire que les deux forteresses de Soubise et de la Tour de Broue, très rapprochées d'ailleurs l'une de l'autre, ont dû être recouvrées à peu près en même temps par les Français, c'est-à-dire à la fin du mois d'août 1372.

1. Charente, arr. et c. Cognac.
2. Vienne, arr. Poitiers, c. la Villedieu.
3. Ainsi que les trois ducs de Berry, de Bourgogne et de Bourbon dont Froissart a tort de le séparer ici, Du Guesclin, après la reddition de Thouars et la soumission des principaux seigneurs poitevins, se dirigea vers Paris où il fit son entrée le 11 décembre 1372, ayant dans son cortège les deux prisonniers anglais les plus importants, le captal de Buch et Thomas de Percy. Voy. plus haut, p. XLVI, note 2.
4. A la date du 31 août 1373, Mortagne était encore au pouvoir des Anglais, comme le prouve l'article de compte suivant : « A Berry le

Un écuyer anglais nommé Jacques Clerch, capitaine de la garnison de Mortagne, envoie demander du secours aux Anglais et aux Anglo-Gascons qui tiennent garnison à Niort. Ceux-ci répondent à l'appel de Jacques par l'envoi d'un détachement de cinq cents lances; mais Olivier, averti à temps par un de ses espions, lève précipitamment le siège et regagne Poitiers, laissant entre les mains de l'ennemi son matériel de campement et ses provisions qui servent à ravitailler la garnison de Mortagne. P. 101 à 103, 311.

Aux approches de l'hiver, les Anglais ou Anglo-Gascons qui étaient venus à Niort pour essayer de faire lever le siège de Thouars, prennent le parti de retourner à Bordeaux; chemin faisant, ils mettent au pillage les possessions du seigneur de Parthenay. Jean Devereux, chevalier anglais, Jean Cresswell et Daghori Seys continuent de tenir garnison à Niort, — Robert Grenacre, chevalier anglais, à la Roche-sur-Yon, — Thomas de Saint-Quentin, à Lusignan, — la dame de Mortemer, à Mortemer, — Jacques Taylor, écuyer anglais, à Gençay, — Robert Morton et Martin Scott à Chizé. Ces capitaines font des courses de côté et d'autre et rançonnent tellement le plat pays qu'ils font place nette partout où ils passent. Bertrand du Guesclin, qui se tient à Poitiers pendant tout cet hiver, n'attend que le retour de la belle saison pour faire rendre gorge aux Anglais et les expulser des places qui leur restent. P. 104, 311.

Jean de Montfort, duc de Bretagne, fait de vains efforts pour attirer les prélats, les barons et les bonnes villes de son duché dans le parti du roi d'Angleterre[1]; celui-ci envoie quatre cents

herault pour faire ses fraiz et despens, *en alent de Poitiers à Mortaigne convoier une quantité d'Anglois*, du commandement de monseigneur (le duc de Berry), yci, par quittance donnée le darrain jour d'aoust (1373) rendue à court : xL sols. » (*Arch. Nat.*, KK 251, f° 128).

1. « Et celle saison (pendant les deux derniers mois de 1072), le roy de France envoia plusieurs fois messaiges grans et notables par devers le duc de Bretaigne que l'en sentoit moult favorable aux Anglois, et le fist le roy par plusieurs fois requerir que il feist son devoir vers luy, si comme tenu y estoit comme vassal et homme lige du roy et pair de France et que il ne voulsist souffrir les Anglois entrer en son pais de Bretaigne ne les conforter en aucune maniere : lequel duc respondoit toujours que ainsi le feroit. » (*Grandes Chroniques de France*, VI, 337.) — Au commencement de novembre 1372, Jean, duc de Berry, fit un voyage en Bretagne où le roi de France son frère l'avait chargé sans doute d'une mission diplomatique. Le 9 de ce mois, il était à Rennes

hommes d'armes et quatre cents archers tenir garnison à Saint-Mathieu [1] en Bretagne. P. 104 à 107, 311.

Au retour de la belle saison, Bertrand du Guesclin [2] met le siège devant Chizé [3]. Robert Morton et Martin Scott, chefs des assiégés, appellent à leur secours les Anglais de Niort. Devereux [4], Da-

d'où il envoya Guillaume Mauvinet, chevalier, l'un de ses chambellans, à Paris « devers le roi » (*Arch. Nat.*, KK 251, f° 99 v°).

1. Saint-Mathieu, surnommé par les Bretons Loc Mazé Pen ar Bed ou la Cellule de Saint-Mathieu Fin de Terre, est aujourd'hui un simple écart de la commune de Plougonvelin, située à l'extrémité occidentale du département du Finistère. D'après une légende, c'est l'endroit où aurait été débarqué le chef de saint Mathieu apporté d'Éthiopie par des navigateurs du Léon et où saint Tanguy fonda un monastère à l'époque mérovingienne. En réalité, l'envoi fait par Édouard III au duc de Bretagne fut seulement de 300 hommes d'armes et de 300 archers, et non de 400. Voy. plus haut, p. xxx, en note.

2. Du Guesclin, après avoir quitté le Poitou au commencement de décembre 1372 et avoir fait son entrée à Paris le 11 de ce mois, se trouvait encore dans cette ville le 10 janvier suivant, car ce jour-là il reçut au château du Louvre le serment de Thomas de Percy qui, mis en liberté provisoire pour aller en Angleterre recueillir l'argent exigé pour sa rançon, s'engagea, la main dans la main du connétable, à être de retour au Palais royal à Paris pour le terme de Pâques suivant ou le 17 avril 1373 (*Arch. Nat.*, J 362, n° 2). D'un autre côté, un mois ne s'était pas écoulé depuis cette prestation de serment que Bertrand était déjà retourné en Poitou. Dès le 17 février 1373, il était à Poitiers, d'où il a daté un acte par lequel il fit don à son bien amé écuyer Jean de Kerlouet des biens confisqués de Hugues Beuf, de la mère de Hugues, de Galhaut le Boucher et de Perrot de Saint-Flavet, « en remuneracion de partie des bons et agreables services qu'il a fais au roy nostre sire en ces presentes guerres, en la prise du fort de Chistré (auj. Chitré, hameau de Vouneuil-sur-Vienne, Vienne, arr. Châtellerault, sur la rive gauche de la Vienne), occupé et tenu pour le roi d'Angleterre par les dits Hugues, Galhaut et Perrot (*Arch. Nat.*, JJ 104, n° 87, f° 41 v°).

3. Deux-Sèvres, arr. Melle, c. Brioux, un peu au sud de Niort et de Melle, sur la Boutonne, affluent de la rive droite de la Charente.

4. Au commencement de 1373, la place où Jean Devereux, sénéchal anglais du Limousin, tenait le plus habituellement garnison était la Souterraine (Creuse, arr. Guéret), forteresse qui commandait la route de Bourges et de Châteauroux à Limoges, sur les confins des trois provinces de Limousin, de Berry et de Poitou. Par acte daté de mai 1374, Charles V donna à une femme de la Souterraine, nommée Rose des Moulins, les biens confisqués de Laurence Lescharde, fille de la dite Rose, maîtresse de Jean Devereux, au temps où ce chevalier anglais « tenoit et occupoit ycelle ville de la Sousterraine, laquelle Lorance, par legiereté de cuer et de sa voulenté, après ce que elle eust esté par certain temps en la compaignie du dit chevalier anglois, s'est partye

ghori Seys et Cressewell qui commandent ces Anglais, renforcés par
les garnisons de Lusignan et de Gençay [1], réunissent sous leurs

puis demi an ença de la dite ville *et s'en est alée avecques les Anglois*, afin
de dédommager la dite Rose des Moulins « des dommages euz et sous-
tenuz *ou conflit et prise de la dite ville de la Sousterraine* » (*Arch. Nat.,*
JJ 105, n° 340, f° 183). Dès la fin de mars 1373, aussitôt après la victoire de Chizé et la reddition de Niort, Jean, duc de Berry, mit le
siège devant la Souterraine (*Arch. Nat.*, KK 251, f°s 93 v°, 94; Delisle, *Mandements de Charles V*, p. 499, n° 960). Toutefois, cette forteresse ne tomba au pouvoir des Français que vers la fin de cette même
année 1373.
   1. Vienne, arr. Civray. Le château de Gençay, dont il subsiste des
ruines imposantes, situé un peu au sud de Poitiers, à 133 mètres d'altitude, commandait la vallée de la Cloyère, affluent de la rive droite
du Clain et la route qui va directement de cette ville à Civray, à
Ruffec, à Angoulême et à Bordeaux. Le 12 juin 1373, Jean, duc de
Berry, comte de Poitou, fit donner 60 sous tournois à un nommé
Rynant, « escuier de monseigneur le connestable de France, *lequel
s'estoit eschapé des Anglois de Gençay où il estoit prisonnier* » (*Arch. Nat.,*
KK 251, f° 122 v°). Vers le milieu de cette année, les Français assiégeaient Gençay en même temps que Lusignan et avaient élevé des
bastilles devant ces deux châteaux. Par un mandement en date du
14 juillet 1373, Jean, duc de Berry et comte de Poitou, fit sommation
à un certain nombre de retardataires de payer leur quote-part d'une
somme de 2000 francs d'or levée pour les frais de la bastille de devant
le château de Gençay (Redet, *Inventaire des archives de Poitiers*, p. 312,
n° 1955). Le 3 octobre suivant, ce même duc de Berry, qui se trouvait
à Gençay, envoya de cette ville Clément l'Euffant, l'un de ses messagers, porter une lettre au maréchal d'Auvergne (KK 251, f° 129). Le
8 du même mois, un chevalier nommé Grégoire Seys, qui tenait du
roi d'Angleterre la seigneurie de Gençay, se fit donner à Bordeaux
par Thomas de Felton, sénéchal d'Aquitaine, 20 arcs, 20 gerbes de
flèches, 24 cordes et autres munitions destinées à la défense du dit
lieu de Gençay (*Arch. hist. de la Gironde*, XII, 330. Cf. le sommaire
du tome VII de notre édition, p. LIV, note 2). Gençay ne redevint
français qu'au commencement de 1375. Par acte « donné devant le
fort de Gençay » le 17 février de cette année, Bertrand du Guesclin,
comte de Longueville, connétable de France, en vertu d'un traité de
capitulation intervenu entre lui, d'une part, messire Dagori Sais
(Gregoire ou Gregori Seys, dans le compte du contrôleur de l'artillerie
de Bordeaux), seigneur de Gençay, les capitaine, connétable, receveur
et autres Anglais tenant le dit fort de Gençay, d'autre part, moyennant
la reddition du dit fort dans le délai fixé et à un certain terme convenu, confirma la femme et la fille du dit Dagori Sais et leurs hoirs
dans la possession et la jouissance de tous les revenus des héritages que
le dit Dagori et sa femme tenaient au temps que le pays était sous
l'obéissance du prince de Galles. Ce traité fut ratifié par le roi dès le
22 février suivant. (*Arch. Nat.*, JJ 106, n° 249, f° 136; JJ 153, n° 94,
f° 46.) Le 7 avril 1376 (n. st.), Charles V donna à son frère le duc de
Berry les châteaux de Gençay, de Mortemer et de Neuville (Neuville-

ordres sept cents hommes d'armes et marchent contre le connétable de France ; mais au moment où les assiégés, qui ne sont que
soixante armures de fer, vont recevoir ce secours, ils font une
sortie et sont écrasés par les Français. P. 107 à 110, 311.

Robert Morton et Martin Scott sont faits prisonniers. Trois cents
pillards, Bretons et Poitevins, que les Anglais ont lancés en avant
pour attirer les Français hors de leurs retranchements, passent
dans les rangs de ces derniers. Du Guesclin fait scier à ras de
terre les palissades qui entourent son camp et attaque les Anglais
après avoir formé trois corps de bataille ; il commande celui du
milieu et met ses deux ailes sous les ordres d'Alain de Beaumont
et de Geoffroi de Kerimel ; chacun des trois corps ne compte pas
moins de trois cents hommes d'armes. Geoffroi Richou, Éven de
Lacouet, Thibaud du Pont, Silvestre Budes et Alain de Saint-Pol
font dans cette journée des prodiges de valeur. Les Anglais, de
leur côté, déploient une grande bravoure et remportent quelque
temps l'avantage ; mais enfin la victoire reste aux Bretons, qui font
trois cents prisonniers. P. 111 à 114, 312.

Cette défaite achève de ruiner la domination anglaise en Poitou ; elle est suivie de la reddition immédiate de la ville et du
château de Chizé [1]. Bertrand du Guesclin se rend ensuite à

---

de-Poitou, arr. Poitiers) que Radegonde Bechet, « femme d'un certain Anglois nommé Dagoris Sès » et Catherine le Senecal, fille de la
dite Radegonde et seconde femme de Jean Harpedenne, avaient for-
tifiés et si bien pourvus de gens d'armes qu'il avait fallu de grands
frais et des troupes nombreuses pour en faire le siège et en déloger
l'ennemi (*Arch. Nat.*, JJ 109, n° 18, f° 10). Cf, p. XLIX, note 3.

1. Froissart rapporte l'affaire de Chizé au 21 mars 1373. Ce combat
dut certainement être livré peu de jours avant le 30 mars 1373, puisque
ce fut à cette dernière date que Jean, duc de Berry, qui se trouvait
alors à la Souterraine (Creuse, arr. Guéret), envoya Vitu, l'un de ses
messagers, à Mehun-sur-Yèvre porter à la duchesse sa femme la nouvelle de la défaite et de la prise de Jean Devereux : « A dit Vitu, mes-
snigier monseigneur, envoié le dit jour (30 mars 1373) de la Souterraine à Mehun-sur-Yèvre porter lettres de par monseigneur à madame
de Berry contenant que *messire Jehan d'Esvreux avoit esté desconfit et
pris :* xxxv sols tournois. » (*Arch. Nat.*, KK 251, f° 93 v°.) Le même
jour, le duc envoya Simonnet Champion, l'un de ses chevaucheurs,
porter à Poitiers et à la Rochelle des lettres dont le contenu se rap-
portait sans doute au même événement que le message confié à Vitu
(*Ibid.*, f° 93 v° et 94). Cabaret d'Orville et Pierre Cauchon se trompent
donc, le premier en plaçant l'affaire de Chizé avant la fête de Noël
1372 et le retour de Du Guesclin à Paris (*Chronique du bon duc Loys de
Bourbon*, p. 41), le second après le lundi d'avant Pâques Fleuries ou

Niort [1], dont il prend possession au nom du roi de France et où il fait
reposer ses troupes pendant quatre jours. Puis, il chevauche vers

le 4 avril 1373 (*Chronique de P. Cauchon*, p. 127). Au mois de décembre
1373, Charles V octroya des lettres de rémission à Perrin, dit Crespé,
« en consideration de ses services, tant au fait de la prise du captal de
Buch où il fu *et en la desconfiture que nostre amé et feal connestable fist
devant le fort de Chiset*, comme en la chevauchie et poursuite de nos
ennemis. » (*Arch. Nat.*, JJ 105, n° 90, f° 57.) Du Guesclin avait formé
son petit corps d'armée en concentrant les garnisons françaises du
Poitou dont beaucoup occupaient des églises que l'on avait fortifiées
et où l'on s'était retranché pour résister aux Anglais. C'est ainsi que
Philibert de l'Étoile, Jean de Rasiné, Aimeri Paillart, écuyers, et un
nommé Perrot Caillé avaient converti en forteresse l'église paroissiale
de Bertegon (Vienne, arr. Loudun, c. Monts) dont la seigneurie appartenait en partie à Charles d'Artois, comte d'Eu ; et nous lisons dans
des lettres de rémission datées de juillet 1376 que ces écuyers se « de-
partirent de la dite forteresse et nous alèrent servir en nos guerres, tant
à la bataille de Chisey et au siège de Lesignan comme autre part ».
(*Arch. Nat.*, JJ 109, n° 116.) Chizé était le chef-lieu d'une châtellenie.
L'église de cette localité avait sans doute été endommagée pendant le
combat ; aussi, pour la réparer, Du Guesclin légua une somme de
cent francs, par une clause spéciale de son testament daté de juillet
1380. Jean Devereux, le principal chef du corps d'armée anglais, fut
fait prisonnier à Chizé par Pierre de Negron.

    1. Le 28 avril 1373, cinq semaines après l'affaire de Chizé, Jean,
duc de Berry, était à Niort, d'où il envoya Jean Blondeau, l'un de ses
valets de pied, porter lettres au sénéchal de Poitou : « A Jehan Blondeau, vallet de pié, pour *porter lettres de par monseigneur* (Jean, duc
de Berry), DE NYORT *au seneschal de Poitou* (Alain de Beaumont). Yci
le dit jour (28 avril 1373), xv sols. » (*Arch. Nat.*, KK 251, f° 94 v°.)
L'occupation n'eut pas lieu sans coup férir, puisque l'intrépide écuyer
breton Jean de Kerlouet fut tué devant Niort. Ce fut aussi sans doute à
cette occasion que périt le maître de ce chien dont parle l'auteur du
Ménagier de Paris (éd. Jérôme Pichon, I, 94), auquel le duc de Berry,
probablement pendant un séjour qu'il fit à Niort du 18 au 25 juillet 1373
(*Arch. Nat.*, KK 251, f° 105 v°), assura une pension alimentaire, pour
le récompenser de sa fidélité envers son maître défunt sur la tombe
duquel il se tenait, sans vouloir la quitter, depuis trois mois. D'après
Cuvelier (*Chronique rimée de B. du Guesclin*, II, vers 22 486 à 22 504), Du
Guesclin, ayant défait à Chizé les garnisons anglaises réunies sous le
commandement de Jean Devereux, aurait fait revêtir à ses gens les
cottes d'armes des Anglais et aurait pris ainsi Niort par surprise. Cette
version s'accorde avec celle de Froissart pour placer la prise de Niort
presque immédiatement après le combat de Chizé qui fut livré, comme
on l'a vu plus haut, le 21 mars. Il y a tout lieu, par conséquent, d'accepter une tradition qui avait cours à Niort dès la fin du xv° siècle et
qui fixait au 27 mars la reprise de cette ville par Bertrand du Guesclin.
Voici, en effet, ce qu'on lit dans le plus ancien registre conservé sous
le n° 881 aux Archives municipales de Niort ; c'est le compte de
Geoffroi Faifeu, receveur du 1er juillet 1487 au 1er juillet 1488 ·

le beau château de Lusignan [1] d'où la garnison anglaise qui l'occupait a décampé aussitôt qu'elle a appris que son capitaine Ro-

« *Item*, à messire Jehan Bonnet, viquayre de l'eglise paroschiale de Nostre Dame de la dicte ville, la somme de cinq solz pour la messe dicte à notte, à dyacre et soubzdyacre, *du jour de la reprinse de la ville qui fut le* xxvii* *jour du dit moys de mars.* » En souvenir de cet événement, les habitants de Niort firent construire une chapelle, dite de *Recouvrance*, dont le nom s'est conservé jusqu'à nos jours dans un lieu-dit situé à l'extrémité du territoire de cette ville, sur le bord de la route de Fontenay-le-Comte. C'était l'usage de se rendre tous les ans en procession à cette chapelle, le 27 mars, anniversaire de la « recouvrance » de Niort sur les Anglais; cet usage parait être tombé en désuétude vers la fin du xvi* siècle, à l'époque des guerres de religion qui amenèrent en Poitou l'abandon de quelques cérémonies publiques du culte en même temps que la destruction de plusieurs dépôts d'archives et d'un certain nombre de monuments religieux. A la date du 22 juillet 1373, Guillaume de la Mousse était châtelain de Niort pour Jean, duc de Berry (*Arch. Nat.*, KK 251, f° 105 v°). A cette même date, Owen de Galles était capitaine de la Tour de Broue (*Ibid.*, f° 95 v°), Tristan Rouaut de Thouars, André Rouaut de Marans (*Ibid.*, f° 128 v°), Maurice du Parc de la Rochelle (*Bibl. Nat.*, Decamps, 84, f° 177 v°), Alain de Beaumont de Saint-Maixent et de Saintes (*Ibid.*, f° 94 v°) et Thibaud du Pont de Rochechouart et d'Angoulême (*Ibid.*, f° 128). Les Anglais continuaient d'occuper Cognac (*Ibid.*, f° 129) qui ne fut repris par du Guesclin que le 1er juin 1375 (*Grandes Chroniques de France*, VI, 346).

1. Le château de Lusignan, situé à 134 mètres d'altitude, commandait la route de Poitiers à Saint-Maixent et à Niort, ainsi que l'étroite vallée de la Vonne, bordée presque dans toute sa longueur de hautes murailles de rochers à pic. Froissart se trompe en rapportant l'occupation de Lusignan par les Français à la même date que la reddition de Niort. Le samedi 5 mars 1373, le premier samedi de carême, trois semaines par conséquent avant l'affaire de Chizé, Alain de Beaumont, sénéchal de Poitou, Jean de la Personne, vicomte d'Aunay, Gadifer de la Sale et Aimeri de Rochechouart mirent le siège devant le château de Lusignan, défendu par une garnison anglaise dont les deux principaux chefs étaient Jean Cressewell et Geffroi de Saint-Quentin (Delpit, *Documents français en Angleterre*, p. 191 ; *Bibl. Nat.*, collection Decamps, vol. 84, f° 170). Afin de protéger les assiégeants contre les sorties de cette garnison, Jean, duc de Berry, fit construire au moins deux bastilles, chacune pourvue de quatre « eschiffes » et d'un engin apporté de Loudun, lesquelles bastilles ne furent complètement terminées et mises en état que plusieurs mois après l'investissement (Redet, *Invent. des arch. de Poitiers*, p. 90, 91 ; *Arch. Nat.*, KK 251, f° 102 v°, 122, 127 à 129). Cet investissement dura sans interruption depuis le 5 mars 1373 jusque vers le milieu de l'année suivante (*Ibid.*, KK 252, f° 27 v°, 29 v°, 30). Par une « endenture » datée de Bordeaux le 4 avril 1374, en présence du seigneur de Percy et de Thomas de Felton, sénéchal d'Aquitaine, Jean, duc de Lancastre, ayant conclu avec Du Guesclin une trêve pendant la durée de laquelle les garnisons

bert Grenacre avait été fait prisonnier à Chizé. Le connétable de
France confie la garde de ce château à un certain nombre de gens
d'armes placés sous les ordres d'un châtelain et se dirige vers
Château-Larcher [1], défendu par la dame de Pleumartin [2], mariée
à Guichard d'Angle. Arrivé sur ces entrefaites à Poitiers, le duc
de Berry y reçoit avec une grande joie la nouvelle de la victoire
de Chizé. P. 114, 115, 312.

La dame de Pleumartin sollicite et obtient de Bertrand du Guesclin un sauf-conduit pour se rendre à Poitiers auprès du duc de

anglaises devaient cesser de vivre comme par le passé aux dépens du
pays environnant, alloua à titre d'indemnité 6000 florins d'Avignon à
Jean Cressewell et à Geffroi de Saint-Quentin, capitaines du château
de Lusignan, en même temps qu'il les prorogea dans leur commandement jusqu'au 1ᵉʳ septembre suivant (Delpit, *Documents français*, etc.,
p. 191, 192). Du 19 septembre 1373 au 20 juillet 1374, les comptes
du contrôleur de l'artillerie du château de Bordeaux mentionnent
plusieurs livraisons de munitions, notamment d'arcs, de gerbes de
flèches et de cordes, faites par Thomas de Felton, par Florimond,
seigneur de Lesparre, ainsi que par Robert Roux, maire de Bordeaux,
tant à Jean Cressewell, capitaine de Lusignan, qu'à Thomas Bran-
cestre, lieutenant du dit capitaine (*Arch. hist. de la Gironde*, XII, 329,
330, 337). Cressewell fut fait prisonnier par les Français un peu avant
le 24 juin 1374, puisque ce jour-là le duc de Berry, qui se trouvait à
Issoudun, donna l'ordre de payer 40 sous à Araby le chevaucheur « qui
estoit venu de Poitou dire les *novelles de la prise de Cressoelle* » (*Arch.
Nat.*, KK 252, fᵒ 21). La capture de cet audacieux partisan contribua sans nul doute à amener la reddition du château de Lusignan,
qui dut avoir lieu vers la fin de septembre 1374 au plus tard. Ce qui
est certain, c'est que, dès le 1ᵉʳ octobre suivant, Lyonnet de Penne-
vaire fut institué par Jean, duc de Berry, capitaine, châtelain et gardien du château de Lusignan (Redet, *Tables de Dom Fonteneau*, Poitiers, 1839, p. 305). D'après Thomas Walsingham, une des conditions
de la reddition aurait été la mise en liberté de Thomas de Percy,
sénéchal du Poitou, fait prisonnier à Soubise (*Hist. angl.*, p. 317).
La délivrance du prisonnier coïncida avec la livraison de la forteresse.
Conduit de Tours à Poitiers le 18 septembre 1374, Thomas de Percy
fut dirigé sur Cognac le 11 octobre suivant (KK 252, fᵒˢ 22, 31). Le
roman de *Mélusine*, par Jean d'Arras, contient de curieuses légendes
relatives à ce siège de Lusignan et surtout aux apparitions de la fée
Mélusine, qui passait pour avoir fondé ce château, à Cressewell (éd.
de 1854, p. 420-424). Il résulte d'un acte de donation daté de mars
1376 (n. st.) que le duc de Berry fit un vœu à saint Germain d'Auxerre
et une fondation en faveur de l'abbaye placée sous le vocable de ce
saint, pour obtenir la reddition d'une forteresse réputée imprenable
en raison de son origine féerique (*Arch. Nat.*, J 185, nᵒ 36 ; *Gall. Christ.*,
XII, col. 395).

1. Vienne, arr. Poitiers, c. Vivonne.
2. Jeanne Payen de Monpipeau.

Berry. En l'absence de Guichard d'Angle son mari, prisonnier en Espagne de D. Enrique, roi de Castille, elle prie le duc de la considérer comme une veuve restée sans défense et de ne point lui faire la guerre, promettant que de son côté elle s'abstiendra de tout acte d'hostilité. Le duc accueille favorablement sa supplique et transmet au connétable des ordres en conséquence. Du Guesclin et ses gens vont ensuite assiéger le château de Mortemer[1] que rend la dame du lieu, ainsi que toute sa terre et le château de Dienné[2]. Il ne reste plus en Poitou de garnisons anglaises qu'à Mortagne[3], à Merpins[4] et à la Tour de Broue[5]; la Roche-sur-Yon, que les Anglais occupent encore, est sur les marches et du ressort d'Anjou. P. 115 à 117, 312.

CHAPITRE C.

1373, *Fin d'avril, mai et juin.* EXPÉDITION DE LOUIS, DUC DE BOURBON, ET DE BERTRAND DU GUESCLIN EN BRETAGNE; DÉPART DE JEAN DE MONTFORT POUR L'ANGLETERRE; OCCUPATION DE RENNES, DE DINAN, DE SAINT-MALO, DE VANNES ET D'UN CERTAIN NOMBRE DE PLACES DE MOINDRE IMPORTANCE; PRISE D'HENNEBONT; SIÈGES DE LA ROCHE-SUR-YON, DE DERVAL ET DE BREST; OCCUPATION DE NANTES; GRANDS PRÉPARATIFS EN ANGLETERRE DES DUCS DE LANCASTRE ET DE BRETAGNE POUR ENVAHIR LA FRANCE A LA TÊTE D'UNE ARMÉE CONSIDÉRABLE; PRISE DE CONQ PAR L'ARMÉE FRANCO-BRETONNE. — *6 juillet.* TRAITÉ DE CAPITULATION DE BREST ET LEVÉE DU SIÈGE DE CETTE PLACE PAR LES FRANCO-BRETONS QUI VONT RENFORCER LES GENS D'ARMES CAMPÉS DEVANT DERVAL. — *Fin de juillet.* DÉBARQUEMENT A CALAIS DE L'ARMÉE RASSEMBLÉE PAR LES DUCS DE LANCASTRE ET DE BRETAGNE. — *Du 4 août au 8 septembre.* MARCHE ET OPÉRATIONS DE CETTE ARMÉE A TRAVERS L'ARTOIS, LA

1. Vienne, arr. Montmorillon, c. Lussac.
2. Vienne, arr. Poitiers, c. la Villedieu.
3. Mortagne-sur-Sèvre, Vendée, arr. la Roche-sur-Yon. Voyez le sommaire du tome VII de notre édition, p. LXXVII, note 2.
4. Charente, arr. et c. Cognac.
5. Froissart commet ici une erreur. La Tour de Broue avait *été* reprise par Bertrand du Guesclin et par Louis, duc de Bourbon, vers le milieu du mois d'août 1372. Voyez plus haut, p. XLI, note 2.

PICARDIE, LE VERMANDOIS ET LE SOISSONNAIS ; COMBAT DE RIBEMONT. — 9 *septembre.* COMBAT D'OULCHY. — 29 *septembre.* EXÉCUTION DEVANT DERVAL PAR LE DUC D'ANJOU DES OTAGES LIVRÉS NAGUÈRE AUX FRANCO-BRETONS EN VERTU DU TRAITÉ DE CAPITULATION DE CETTE PLACE, AUQUEL ROBERT KNOLLES A REFUSÉ DE SOUSCRIRE. — 10 *septembre.* ARRIVÉE A PARIS DU DUC D'ANJOU, DE DU GUESCLIN ET DE CLISSON, QUI ASSISTENT A UN GRAND CONSEIL DE GUERRE TENU PAR CHARLES V ET Y DONNENT LEUR AVIS. — (1375, 16 *avril.* MORT DU COMTE DE PEMBROKE, PRISONNIER DU ROI DE CASTILLE, LIVRÉ PAR LE DIT ROI A DU GUESCLIN EN PAYEMENT D'UNE SOMME DE 120 000 FRANCS DUE POUR LE COMTÉ DE SORIA RACHETÉ PAR D. ENRIQUE DE TRASTAMAR ; RACHAT PAR CE MÊME ROI DU COMTÉ D'AGREDA MOYENNANT LA CESSION D'UN AUTRE DE SES PRISONNIERS, GUICHARD D'ANGLE, A OLIVIER DE MAUNY.) — 1373, *du 11 au 26 septembre.* LES ANGLAIS EN CHAMPAGNE ; ARRIVÉE DES LÉGATS DU PAPE A TROYES ; ÉCHEC SUBI SOUS LES MURS DE CETTE VILLE PAR LES ENVAHISSEURS. — *Du 26 septembre au 25 décembre.* MARCHE PÉNIBLE ET MEURTRIÈRE DE L'ARMÉE DU DUC DE LANCASTRE A TRAVERS LA BOURGOGNE, LE NIVERNAIS, LE BOURBONNAIS, L'AUVERGNE, LE LIMOUSIN ET LE PÉRIGORD ; ARRIVÉE A BORDEAUX (§§ 723 à 748).

Un corps d'armée d'environ dix mille hommes à la solde du roi de France met le siège devant la forteresse de Bécherel[1] où les Anglais tiennent garnison. Noms des principaux seigneurs de Normandie et de Bretagne qui composent ce corps d'armée. Du Guesclin ayant reconquis presque entièrement le Poitou, va rejoindre à Poitiers les ducs de Berry, de Bourgogne et de Bourbon ; il donne congé à ses gens d'armes dont la plupart, surtout

---

1. Bécherel (Ille-et-Vilaine, arr. Montfort) est situé à 500 mètres à gauche de l'une des deux routes qui vont de Rennes à Dinan, près de la source de l'un des affluents de la Rance, à 175 mètres d'altitude ; c'est un des points les plus élevés de la péninsule armoricaine. Des hommes d'armes au service du roi de France assiégeaient déjà le château de Bécherel dans le courant du mois d'août 1371 (*Bibl. Nat., Collect. de Clairambault,* reg. 10, p. 559). Le 4 novembre suivant, Édouard III, dont les gens tenaient depuis longues années garnison à Bécherel, donna l'ordre de livrer cette place à Jean de Montfort, duc de Bretagne, en échange de Morlaix, de Brest et d'Hennebont (Rymer, III, 927) ; mais, le duc ayant déclaré, dans un acte daté de son château d'Auray le 25 février 1372, qu'il renonçait à toute réclamation ultérieure au sujet du château de Bécherel, il en faut conclure que les Anglais n'avaient pas cessé d'occuper ce château (*Ibid.,* 936).

les Bretons et les Normands, vont renforcer le siège de Bécherel. La garnison de cette place a pour capitaines deux chevaliers anglais, Jean Appert et Jean de Cornouaille. Les Anglais tiennent également la forteresse de Saint-Sauveur-le-Vicomte, en basse Normandie, dont le capitaine est, depuis la mort de Jean Chandos[1], Alain de Buxhull. Celui-ci a pour lieutenant Thomas de Catterton. Les trois ducs de Berry, de Bourgogne et de Bourbon, Bertrand du Guesclin et Olivier, seigneur de Clisson, quittent le Poitou et retournent à Paris, où le roi Charles V et le duc d'Anjou son frère les accueillent avec de grandes démonstrations de joie. Par l'entremise de Guillaume de Dormans et du comte de Saarbruck, une paix[2] est conclue entre Charles V et Charles, roi de Navarre, qui se tient alors à Cherbourg. Le connétable de France se rend à Caen au-devant du roi de Navarre et lui fait escorte jusqu'à Paris; Louis, duc d'Anjou, qui ne veut pas se rencontrer avec le Navarrais, va visiter sa terre de Guise en Thiérache. Charles le Mauvais passe une douzaine de jours à la cour du roi de France, qui comble son beau-frère d'attentions et de cadeaux. Le roi de Navarre consent à laisser auprès de Charles V ses deux fils

1. Après la mort de Jean Chandos, blessé mortellement à l'affaire du pont de Lussac le 1er janvier 1370 (Voy. tome VII de notre édition, p. LXXXVI, note 4), Édouard III avait confié la garde de Saint-Sauveur à Guillaume de Latimer (Delisle, *Hist. du château et des sires de Saint-Sauveur-le-Vicomte; Preuves*, p. 178, 179; Rymer, III, 900), qui choisit pour lieutenant Thomas de Catterton; mais, le 26 novembre suivant, il retira cette garde au successeur immédiat de Chandos pour la donner à Alain de Buxhull (Rymer, III, 903), confirmé dans cet office le 3 juin 1371 (*Ibid.*, 917). La capitainerie de Saint-Sauveur étant considérée à la fois comme un office militaire et comme une ferme exceptionnellement lucrative, Alain de Buxhull avait dû s'engager, pour jouir de cette ferme, à payer au roi d'Angleterre une rente annuelle de mille marcs d'argent (Delisle, *Hist. de Saint-Sauveur*, p. 177).

2. Froissart revient ici en arrière sur des faits qu'il a déjà racontés et qui remontent à l'année 1371. Les négociations s'ouvrirent directement entre les rois de France et de Navarre à Vernon du 25 au 29 mars de cette année, et le 24 mai suivant Charles le Mauvais se rendit à Paris, où il passa en fêtes la dernière semaine de ce mois (*Grandes Chroniques*, VI, 329-332; cf. t. VII de notre édition, sommaire, p. XCVI, notes 1 à 3). Le roi de Navarre se trouvait encore dans cette ville les 15 et 17 juin suivants (Secousse, *Preuves de l'hist. de Charles le Mauvais*, p. 318 à 321) et il y revint au mois de novembre (*Bibl. Nat., Quittances*, XIX, 1255), avant de regagner par terre son royaume de Navarre, où il fit sa rentrée vers le commencement de 1372.

Charles et Pierre[1], qui doivent partager l'éducation du dauphin
Charles, fils aîné du roi de France, et de Charles d'Albret, et
l'on verra qu'il eut lieu de se repentir par la suite de cette résolution. P. 117 à 120, 312.

Le roi de Navarre, après avoir visité le château, les tours et
les hautes murailles que Charles V fait construire au bois de Vincennes, prend congé du roi de France et se dirige vers Montpellier[2] dont la baronnie lui appartient. — Sur ces entrefaites,
David Bruce, roi d'Écosse, meurt dans une abbaye située près
d'Édimbourg, et on l'enterre auprès du roi Robert son père à
l'abbaye de Dunfermline; il a pour successeur son neveu Robert
Bruce, auparavant sénéchal d'Écosse. Robert manque de bravoure personnelle, mais il a onze beaux-fils, tous bons hommes
d'armes; Guillaume, comte de Douglas, et Archibald Douglas,
que David Bruce avait poursuivis de sa haine, rentrent en grâce
auprès du nouveau roi. Les trêves, conclues entre les deux
royaumes d'Angleterre et d'Écosse, doivent encore durer quatre
ans; les chevaliers et les écuyers des deux pays observent ces
trêves, mais les vilains de la frontière se font un jeu de les violer
et ne cessent de se combattre, de se piller les uns les autres.
P. 120 à 121, 312.

Édouard ne tarde pas à apprendre que le Poitou, la Saintonge
et le pays de la Rochelle sont perdus pour lui; il sait en outre
que les Français sont maîtres de la mer et que leur flotte, composée de cent vingt gros vaisseaux[4] et placée sous les ordres

1. Pierre de Navarre, comte de Mortain, second fils de Charles le
Mauvais, n'arriva à la cour du roi de France et n'y tint état qu'à
partir du 8 juillet 1376 (*Bibl. Nat.*, *Quittances*, XXII, 1771). Quant à
Charles, l'aîné des fils du Navarrais, le rédacteur des *Grandes Chroniques* dit qu'il se rendit auprès de Charles V, son oncle maternel, au
commencement de 1378 (VI, 432).

2. Charles le Mauvais, qui retournait de France en Navarre, fit son
entrée à Montpellier le samedi 20 mars 1372, veille des Rameaux ; il
était accompagné de Raymond de Baux, prince d'Orange, et de
Philippe de Savoisy (*Chronique romane de Montpellier dans Thalamus
Parvus*, Montpellier, 1836, p. 387).

3. David Bruce mourut le 22 février 1371 (*Art. de vérifier les dates*,
I, 845). Il est fait mention de la mort du roi d'Écosse dans un man-
dement d'Édouard III en date du 20 juin suivant (Rymer, III, 919).
Au mois de mai 1373, le roi d'Angleterre fit acheter en Flandre des
blocs de pierre de couleur noire destinés à l'érection du mausolée de
David Bruce (*Ibid.*, 980).

4. La prise du captal de Buch, dont les gens d'armes de Du Gu

d'Owen de Galles[1], de Radigo le Roux[2] amiral de D. Enrique, roi de Castille, de Jean de Rye[3] et de Jean de Vienne[4], menace les côtes d'Angleterre. Il se décide alors à envoyer en France un corps d'armée de deux mille hommes d'armes et de deux mille archers, dont il donne le commandement au comte de Salisbury[5],

et les marins castillans s'étaient disputé la capture l'année précédente à la suite de l'affaire de Soubise, avait amené un refroidissement entre les cours de France et de Castille depuis la fin d'août 1372, et D. Enrique avait rappelé sa flotte. Aussi, lorsque au printemps de l'année suivante des navires anglais vinrent menacer certains points des côtes de Normandie, Charles V ne put leur opposer que trois galées dont l'armement et la solde des équipages lui avaient coûté 5300 francs (Delisle, *Mandements de Charles V*, p. 500, n° 963).

1. Dans les premiers mois de 1373, Owen de Galles se trouvait en Saintonge, où Charles V et Jean, duc de Berry, l'avaient institué capitaine de la Tour de Broue (Voyez plus haut, p. LXIII, en note); et nous savons, d'un autre côté, que cet écuyer gallois, qui se prétendait de lignée princière, fut retenu le 9 juin de cette année avec 100 hommes d'armes de sa compagnie pour poursuivre les ennemis sous monseigneur de Bourgogne (*Ibid.*, p. 502, n° 965; *Bibl. Nat.*, *Decamps*, vol. 84, f° 173). Entre ces deux dates, il ne reste guère de temps pour une campagne sur mer, à moins que les 100 hommes d'armes d'Owen de Galles n'aient formé, ainsi que les 40 glaives de Jean de Vienne mentionnés plus bas, les équipages des trois galées armées vers la fin de mai et qui purent à la rigueur faire des courses en mer au cours des mois de juin et de juillet 1373. Toutefois l'effectif très considérable attribué à la flotte dont il s'agit donne lieu de croire que Froissart, ayant omis de mentionner Owen de Galles parmi les commandants de la flotte victorieuse devant la Rochelle le 23 juin 1372 (Voyez plus haut, p. xxv), commet ici la même confusion que Cabaret d'Orville (*La vie du bon duc Loys de Bourbon*, p. 45, 46), en rapportant à l'année 1373 des faits qui s'étaient passés un an auparavant.

2. Sur le véritable nom de cet amiral, voyez plus haut, p. xxv, note 4.

3. Le Comtois Jean de Rye, seigneur de Balançon (château de Thervay, Jura, arr. Dôle, c. Montmirey), fut un des principaux agents diplomatiques employés par Charles V auprès de D. Enrique, roi de Castille, dont la flotte et les équipages constituaient la principale force maritime du roi de France.

4. Par mandement daté du bois de Vincennes le 2 juin 1373, Charles V enjoignit à Cornevalois de payer, depuis le 24 mai précédent jusqu'à nouvel ordre, les gages de Jean de Vienne, chevalier, l'un de ses chambellans, et de 40 glaives de sa compagnie enrôlés pour surveiller les mouvements d'une flottille anglaise qui s'était montrée devant Harfleur en la fosse de Leure (Delisle, *Mandements de Charles V*, p. 501, n° 964).

5. Le 8 février 1373, Guillaume de Montagu, comte de Salisbury, s'engagea à servir pendant six mois le roi d'Angleterre sur mer avec

à Guillaume de Nevill[1] et à Philippe de Courtenay[2]. Ce corps
d'armée s'embarque en Cornouaille et se dirige vers la Bretagne,
dont le roi d'Angleterre veut attirer les barons dans son alliance.
Les Anglais débarquent à Saint-Malo de l'Ile, où ils trouvent à
l'ancre sept navires marchands de Castille[3]; ils brûlent ces navires,
massacrent les équipages et prennent possession de la ville de
Saint-Malo, dont ils ravagent et pillent les environs. Le bruit se
répand aussitôt en Bretagne que ces Anglais ont été attirés par le
duc et par Robert Knolles, et puisque Jean V livre ainsi son pays
à des étrangers, beaucoup d'habitants du duché estiment qu'il a
encouru la peine de déchéance. Aussi, chacun se met-il de lui-
même en bon état de défense, et l'on garnit d'artillerie ainsi que
de provisions les cités, les villes et les châteaux. Le duc de Bretagne se tient alors à Vannes, où sa présence inquiète plus qu'elle
ne rassure les habitants de la cité et du bourg. Quant à Robert
Knolles, après avoir entassé dans son château de Derval toute
sorte de provisions et d'artillerie, il en confie la garde à Hue
Browe et va renforcer la garnison du château de Brest, un des
plus forts du monde, que commande le seigneur de Nevill[4], d'Angleterre, débarqué à Saint-Mathieu l'année précédente. P. 121 à
123, 312, 313.

Les barons et les seigneurs de Bretagne invitent Charles V à

300 hommes d'armes et 300 archers; et le 16 de ce même mois, il fut
institué capitaine de la flotte ou armée des barges qui se disposait à
prendre la mer (Rymer, III, 971).

1. Troisième fils de Raoul de Nevill et d'Alice d'Audley.

2. A la date du 20 février 1373, Philippe de Courtenay remplissait
l'office d'amiral de la flotte anglaise vers les parties de l'ouest dans le
port de Dartmouth (Rymer, III, 971).

3. Un mandement d'Édouard III, adressé le 20 février 1373 à Philippe de Courtenay, est précisément relatif à la saisie de plusieurs
navires de Castille qui faisaient voile vers les parties de Flandre et
« de Sancto Maloro ».

4. Jean, seigneur de Nevill, fils aîné de Raoul de Nevill et d'Alice
d'Audley, sénéchal de l'hôtel du roi d'Angleterre, avait été envoyé en
Bretagne, vers la fin de juillet 1372, avec une compagnie de 300 hommes
d'armes et de 300 archers; il était porteur d'instructions qui lui confé-
raient dans le duché de Bretagne une autorité supérieure à celle du
duc lui-même (Rymer, III, 948, 960; dom Morice, *Preuves de l'hist.
de Bretagne*, II, col. 48). Froissart le désigne ainsi : « le seigneur de
Neuville, d'*Angleterre* », par opposition aux Neuville de France, famille
chevaleresque à laquelle appartenait Jean de Neuville, neveu du maréchal d'Audrehem.

envoyer un corps d'armée prendre possession du duché et à le confisquer pour crime de forfaiture avant que les Anglais aient eu le temps d'établir partout des garnisons. Le roi de France s'empresse de répondre à l'appel de ses partisans et charge Bertrand du Guesclin de diriger l'expédition. Le connétable réunit à Angers[1] un corps d'armée de quatre mille lances et de dix mille gens de pied[2] et chevauche vers la Bretagne. Louis, duc de Bourbon, Pierre, comte d'Alençon, Robert d'Alençon, comte du Perche, Béraud, comte dauphin d'Auvergne, Jean, comte de Boulogne, Bernard, comte de Ventadour, Bouchard, comte de Vendôme, Olivier, seigneur de Clisson, Jean, vicomte de Rohan, Jean, seigneur de Beaumanoir, Gui, seigneur de Rochefort, tous les barons de Bretagne en général font partie de ce corps d'armée. A la nouvelle de l'approche des Français, le duc de Bretagne, se voyant abandonné par ses propres sujets, quitte précipitamment Vannes et se rend au château d'Auray, où il passe six jours. Puis, laissant dans ce château la duchesse sa femme sous la garde d'un chevalier nommé Jean Austin[3], il gagne la forteresse de Saint-Mathieu dont la garnison refuse l'entrée au duc fugitif. Jean V, ne trouvant plus dans son duché un seul asile sûr, s'embarque à Conq[4] et cingle vers l'Angleterre. Débarqué en Cornouaille, il se rend à Windsor à la cour d'Édouard III. Il reçoit le meilleur accueil de ce prince, qui s'engage à ne conclure aucune paix avec son adversaire de France tant que Jean V n'aura point été réintégré dans son duché. Pendant son séjour en Angleterre, le duc

1. D'après Cabaret d'Orville (*La vie du bon duc Loys de Bourbon*, p. 42), la concentration des troupes destinées à l'expédition de Bretagne se fit à Angers et aux Ponts-de-Cé.

2. Cabaret d'Orville évalue l'effectif de l'armée de Bretagne à 2000 chevaliers et écuyers et à 800 hommes de trait. Ces chiffres sont beaucoup plus acceptables que ceux de Froissart.

3. Jean ou John Austyn, que Froissart appelle à la française Jean Augustin, servait encore en Bretagne au mois d'août 1376 ; il était alors avec Jean ou John Lakyngeth, mentionné plus loin comme capitaine de Conq, l'un des deux principaux gardiens du château de Brest (Rymer, III, 1062).

4. Le « Conq » de Froissart n'est pas Concarneau; c'est un écart de la commune actuelle de Beuzec-Conq (Finistère, arr. Quimper, c. Concarneau), tout au fond d'une anse qui communique avec la baie de La Forest ou de Fouesnant. D'après l'auteur du *Chronicon Briocense* (D. Morice, *Preuves de l'hist. de Bretagne*, II, 46), le duc de Bretagne ne s'embarqua pas pour l'Angleterre à Conq, mais à Brest. Cet embarquement se fit le jeudi 28 avril 1373.

institue Robert Knolles son lieutenant en Bretagne. P. 123 à 126,
313.

Le connétable de France et ses gens d'armes ne prennent point
le chemin de Nantes, mais celui de la bonne cité de Rennes[1] et
de la Bretagne bretonnante qui a toujours été plus attachée au
parti du comte de Montfort que la douce Bretagne. Ils occupent
successivement Rennes, Dinan[2] et Vannes, qui ouvrent leurs portes
sans résistance. Après s'être reposé quatre jours dans cette dernière ville, Du Guesclin va assiéger le château de Sucinio[3], défendu
par des Anglais à la solde du duc de Bretagne. Ce château est
emporté d'assaut après quatre jours de siège. Le connétable fait
passer la garnison au fil de l'épée et confie la garde de Sucinio à

1. Du Guesclin dut faire ses préparatifs pour l'expédition de Bretagne et se diriger vers ce pays par l'Anjou immédiatement après la
victoire de Chizé et la prise de Niort, qu'il faut dater, comme nous
croyons l'avoir établi plus haut, des 21 et 27 mars 1373 (Cf. p. LXII,
note 1). Dès la fin d'avril, le 29 de ce mois, le connétable de France
devait être arrivé en Bretagne, puisqué à cette date un chevaucheur du
duc de Berry se rendit dans cette province où il était chargé de
remettre à Bertrand des lettres de son maitre : « A Baudet de Choret,
chevaucheur de mon dit seigneur (le duc de Berry), pour faire ses
fraiz et despens en alent de Poiters en *Berthaigne porter lettres de par
monseigneur au connestable de France.* » (*Arch. Nat.*, KK 251, f° 94 v°).
La quittance de la somme allouée à ce chevaucheur pour l'accomplissement de son message est datée du 29 avril 1373. Le même chevaucheur fut renvoyé en Bretagne vers le connétable, le 13 mai suivant
(*Ibid.*, f° 95). Nous devons faire remarquer néanmoins que Louis, duc
de Bourbonnais, qui fut avec Du Guesclin le principal chef de
l'expédition de Bretagne n'avait pas encore quitté Paris à la date du
23 avril (*Arch. Nat.*, P 1362², n° 1107; Huillard-Bréholles, *Titres de
Bourbon*, I, 569). Le 19 mai 1373, il est certain que Du Guesclin se
trouvait à Rennes, où, sur le rapport de son cousin Hervé de Mauny,
seigneur de Torigni, il donna l'ordre de laisser les religieux de
Saint-Melaine de cette ville jouir de leurs droits d'usage dans la forêt
de Rennes (*Bibl. Nat.*, *ms. fr.* 22325, f° 105).
    2. Le 9 mai 1373, Jean, vicomte de Rohan, et Raoul, seigneur de
Montfort, donnèrent quittance de leurs gages à Dinan, et la date de
ces quittances nous donne lieu de conjecturer avec quelque vraisemblance le moment où le corps d'armée au service du roi de France, ou
du moins un détachement de cette armée, prit possession de cette ville
au nom de Charles V (D. Morice, *Preuves de l'hist. de Bretagne*, II,
col. 65).
    3. Cet ancien château des ducs de Bretagne, dont six tours subsis-
tent encore, est situé dans la presqu'île de Ruis, au sud du golfe du
Morbihan et à l'est de la baie de Quiberon, sur le territoire de la
commune de Sarzeau (Morbihan, arr. Vannes).

l'un de ses écuyers nommé Éven de Mailly. Il soumet à l'obéissance du roi de France Jugon[1], Coët-la-Forêt[2], la Roche-Derrien[3], Ploërmel, Josselin[4], le Faouet[5], Guingamp, Saint-Mathieu[6], Guérande[7], Quimperlé et Quimper-Corentin. Effrayés par ces succès et craignant que les flottes réunies de France et d'Espagne ne les attaquent par mer, le comte de Salisbury, Guillaume de Nevill et Philippe de Courtenay, qui se tiennent à Saint-Malo, abandonnent cette place après l'avoir brûlée et livrée au pillage, pour aller se mettre en sûreté dans le château de Brest, défendu par le seigneur

1. Côtes-du-Nord, arr. Dinan.

2. D'après M. Arthur de La Borderie, « Ghoy la Forest » de Froissart devrait être identifié avec un château de Coët, mot qui en breton signifie forêt, situé sur le territoire de la commune de Languidic (Morbihan, arr. Lorient, c. Hennebont), à trois lieues environ au nord-est d'Hennebont.

3. Côtes-du-Nord, arr. Lannion. Selon toute vraissemblance, Du Guesclin n'alla prendre possession de la Roche-Derrien et en général des places de la Bretagne septentrionale qu'après le traité de capitulation de Brest daté du 6 juillet; le 14 août, il était à la Roche-Derrien. Voyez plus loin, p. LXXXV, note 3.

4. Morbihan, arr. Ploërmel.

5. Morbihan, arr. Pontivy.

6. Voyez plus haut, p. LIX, note 1. Le 6 juillet, à la date du traité de capitulation de Brest, Saint-Mathieu ou Saint-Mahé n'avait pas cessé d'être aux mains des Anglais et des partisans de Montfort.

7. Loire-Inférieure, arr. Saint-Nazaire. L'ordre ou plutôt le désordre absolu de cette énumération prouve avec évidence, d'abord que Froissart était tout à fait ignorant en matière de géographie bretonne, ensuite que ce chroniqueur cite au hasard et pêle-mêle les forteresses ou lieux forts de cette province dont le nom lui était resté dans la mémoire, par conséquent que son témoignage, en ce qui concerne la marche suivie par Du Guesclin et son corps d'armée, ne mérite aucune confiance. Cabaret d'Orville ajoute aux places mentionnées ici Broons (Côtes-du-Nord, arr. Dinan), Tinténiac (Ille-et-Vilaine, arr. Saint-Malo), Fougères et Dinan (*La vie du bon duc Loys de Bourbon*, p. 42 à 44); et Guillaume de Saint-André (*Le livre du bon Jehan duc de Bretaigne*, dans Charrière, *Chronique rimée de B. du Guesclin*, II, 489), indique en outre Montmuran (château de la commune des Ifs, Ille-et-Vilaine, arr. Montfort, c. Bécherel) et Auray (Morbihan, arr. Lorient). L'auteur de la *Chronique des quatre premiers Valois* (p. 245) se borne à dire que toutes les villes et forteresses de Bretagne se rendirent, excepté Brest et Derval. Le rédacteur des *Grandes Chroniques de France* (VI, 335) se contente également de cet énoncé sommaire, avec cette différence toutefois qu'il excepte Auray, aussi bien que Brest et Derval, du nombre des forteresses bretonnes qui reconnurent l'autorité du roi de France. Ce dernier témoignage est à la fois le plus sommaire et le plus exact.

de Nevill et Robert Knolles. Dans le trajet de Saint-Malo à Brest,
ils mouillent pendant un jour à Hennebont[1] et jettent l'ancre dans
le havre de Brest au moment où Bertrand du Guesclin, qui croit
les surprendre, arrive devant Saint-Malo dont il prend possession
au nom du roi de France. Furieux d'avoir ainsi laissé échapper
ses adversaires, le connétable va mettre le siège devant les château et ville d'Hennebont, où le comte de Salisbury vient de
laisser en passant une garnison de cent vingt Anglais sous les
ordres d'un écuyer nommé Thomelin West[2]. P. 126 à 129,
313.

L'armée assiégeante est forte de vingt mille combattants. Avant
de monter à l'assaut, Du Guesclin s'avance jusqu'aux barrières
et prévient les habitants d'Hennebont qu'ils seront tous massacrés
jusqu'au dernier si un seul d'entre eux est trouvé les armes à la
main dans les rangs des combattants. Se voyant réduits à eux-
mêmes et se jugeant incapables de résister à des forces aussi considérables, les Anglais de la garnison sollicitent un sauf-conduit
pour venir jusqu'aux barrières parlementer avec les assiégeants.
A la faveur de ce sauf-conduit, Thomelin West et quatre de ses
compagnons ont une entrevue avec les chefs de l'armée assiégeante et s'engagent à livrer la ville et le château d'Hennebont
moyennant qu'ils auront la vie sauve et pourront se retirer à
Brest avec armes et bagages. Ce fut ainsi que, sans recourir à la
force des armes, le connétable réussit à s'emparer par ruse d'une

---

1. Morbihan, arr. Lorient, petit port sur la rivière de Blavet qui
communique avec la mer par les rades de Lorient et de Port-Louis.
En faisant mouiller à Hennebont une flotte qui cinglait de Saint-Malo
vers Brest, Froissart a montré ici une fois de plus sa complète ignorance au sujet de la situation réciproque de ces trois villes.

2. Thomelin étant un diminutif de Thomas, dont on usait volontiers
pour distinguer un fils de son père, lorsque celui-ci portait ce même
prénom, nous croyons pouvoir identifier le « Thomelin Wish » auquel le comte de Salisbury avait confié la garde d'Hennebont, avec
Thomas West, du comté de Southampton, mentionné dans des mandements d'Édouard III en date des 12 juin et 20 juillet 1373 comme
l'un des hommes d'armes chargés spécialement de pourvoir à la
défense des rivages de ce comté (Rymer, III, 945, 988). Le capitaine
d'une garnison anglaise, lorsqu'il était réduit à capituler comme ce fut
le cas de Thomas West à Hennebont, se voyait d'ordinaire imposer
l'obligation de ne pas porter les armes en France, du moins pendant
un temps déterminé. Si notre identification est fondée, la reddition
d'Hennebont à Du Guesclin serait antérieure au 12 juin et, selon toute
apparence, des derniers jours de mai 1373.

place dont il n'aurait pas échangé la possession contre une somme de cent mille francs. P. 129 à 131, 313.

Du Guesclin met une garnison dans le château d'Hennebont et se dirige vers Nantes et les bords de la Loire, réduisant sous l'obéissance du roi de France tous les endroits par où il passe. En même temps, Louis, duc d'Anjou[1], rassemble toutes ses forces en vue d'une expédition projetée contre la forteresse de la Roche-sur-Yon[2], située sur les marches de son duché et occupée par les Anglais. En apprenant ces nouvelles, le comte de Salisbury et les autres Anglais qui ont quitté Saint-Malo pour venir s'enfermer dans le château de Brest, laissant ce château sous la garde de Robert Knolles, se rembarquent sur leur flotte et cinglent vers Redon et Guérande. Dans le trajet d'Hennebont à Nantes, le connétable de France met le siège devant le château de Derval[3], appartenant à Robert Knolles, qui en a confié la garde à deux frères, ses cousins, Hue et Renier Browe[4]. A ce moment, mille

1. Quoi qu'en dise Froissart, Louis, duc d'Anjou, ne joua personnellement aucun rôle dans la campagne de Bretagne, du moins pendant les huit premiers mois de 1373. Tandis que Du Guesclin dirigeait les opérations contre les Anglais dans cette province, l'aîné des frères de Charles V guerroyait en Languedoc et, vers la fin de juin, entreprenait contre les places anglo-gasconnes du comté de Bigorre, notamment contre Mauvezin et Lourdes, cette expédition que le chroniqueur de Valenciennes, conséquent dans son erreur, a reculée d'une année en la reportant, comme nous le montrerons plus loin, au mois de juin 1374.

2. Le siège fut mis devant la Roche-sur-Yon presque aussitôt après la victoire de Chizé et la prise de Niort, non point, comme le raconte Froissart, par le duc d'Anjou, mais par Olivier, seigneur de Clisson. Le 1ᵉʳ mai 1373, Jean, duc de Berry, qui se trouvait alors à Poitiers, donna l'ordre d'allouer une somme de 40 sous au Roi de Berry, un de ses hérauts, pour porter un « message à monseigneur de Clisson à la Roche sur Yon » (*Arch. Nat.*, KK 251, fᵒ 94 vᵒ). Ce siège durait sans doute encore le 23 juillet suivant, puisque ce jour-là ce même duc fit partir de Niort l'un de ses chevaucheurs avec des lettres destinées « au sire de Clisson à la Roche sur Yon » (*Ibid.*, fᵒ 127). Parmi les assiégeants figuraient quelques-uns des plus grands seigneurs du Poitou, entre autres Guillaume Larchevesque, seigneur de Parthenay, vers lequel le duc de Berry envoya de Poitiers, le 18 mai, Guillaume Bonnet, l'un de ses chambellans (*Ibid.*, fᵒ 102 vᵒ).

3. Loire-Inférieure, arr. Châteaubriant, à la croisée des routes de Rennes à Nantes, de Château-Gontier et de Châteaubriant à Redon et à Vannes. Il ne reste aujourd'hui de l'ancien château de Derval, situé à 3 kil. au nord-est du bourg de ce nom, que la moitié du donjon coupé verticalement et haut de 28 mètres.

4. Par acte daté du palais de Westminster le 2 novembre 1374, des

hommes d'armes et quatre mille archers, sous les ordres de Jean
de Beuil, de Guillaume des Bordes, de Louis de Saint-Julien et
d'Éven Charuel, se détachent du corps d'armée de Du Guesclin
pour aller rejoindre le duc d'Anjou devant la Roche-sur-Yon. Un
autre détachement, composé de mille lances et commandé par
Olivier, seigneur de Clisson, Jean, vicomte de Rohan, les seigneurs de Léon, de Beaumanoir, de Rais, de Rieux, d'Avaugour,
de Malestroit, du Pont et de Rochefort, va mettre le siège devant
Brest[1] afin d'empêcher Robert Knolles de venir au secours de sa
forteresse de Derval. C'est ainsi que les partisans du roi de
France assiègent à la fois quatre places, les Normands Bécherel,
les Bretons Brest et Derval, les Poitevins et les Angevins la Roche-
sur-Yon. P. 131 à 134, 313.

Après avoir repoussé plusieurs assauts, les frères Browe, capitaines de Derval, voyant qu'ils ne peuvent informer Robert Knolles
de l'extrémité où ils sont réduits, proposent à Du Guesclin un
arrangement en vertu duquel ils s'engagent à rendre la place s'ils

lettres de sauf-conduit furent délivrées à Hugue ou Hue Browe, chevalier, qui se disposait à passer la mer pour le service du roi d'Angleterre en compagnie d'Edmond, comté de March (Rymer, III, 1014).

1. Plusieurs montres de gens d'armes reçues devant Brest, notamment celles de Jean de Beaumanoir et de Robert de Guitté, chevaliers,
maréchaux « de monseigneur le connestable de France » (Hay du
Chastelet, *Hist. de B. du Guesclin*, p. 382), celle de Jean Raguenel,
vicomte de Dinan, de Pierre, seigneur de Rostrenen, de Geffroi de
Kerimel, de Guillaume, châtelain de Beauvais, de Henri de Pledren,
de Thibaud de Rivière (D. Morice, *Preuves*, II, col. 64, 65 ; Hay de
Chastelet, *Hist. de B. du Guesclin*, p. 379–382), plusieurs montres,
disons-nous, établissent que le corps d'armée placé sous le commandement immédiat de Bertrand du Guesclin avait mis le siège devant
Brest dès le 1ᵉʳ juin 1373. Le 4 de ce mois, le connétable en personne
dirigeait les opérations du siège, puisque ce jour-là, par lettres données devant Brest, il confirma une donation antérieurement faite à
maître Jean le Barbu, conseiller de Jean de Montfort, de certains héri
tages situés dans l'évêché de Léon (*Arch. Nat.*, JJ 104, n° 234, fᵒ 99 vᵒ).
Le 23 juin, Henri de Pledren donna quittance de ses gages « au siège
devant Brest » (Hay du Chastelet, p. 382). Le 26 du même mois,
Du Guesclin continuait de diriger en personne les opérations du siège
et octroyait à Perrin Mottin, de la paroisse de Notre-Dame d'Am-
brières (Mayenne, arr. Mayenne) des lettres de grâce ou de rémission
« données devant Brest » (*Arch. Nat.*, JJ 105, n° 80, fᵒ 52). Enfin,
le 28 juin, Brumor de Laval, Pierre, seigneur de Rostrenen, Gilbert
de Combray, Henri de Pledren firent montre ou donnèrent quittance
« au siège devant Brest » (Dom Morice, *Preuves*, II, col. 66 ; *Bibl. Nat.*,
Collect. Clairambault, reg. 33, p. 2491).

ne sont pas secourus dans un délai de quarante jours. Le connétable de France prend l'avis du duc d'Anjou, qui lui conseille d'accepter cette proposition, à la condition que les assiégés livreront des otages; les frères Browe livrent donc deux chevaliers et deux écuyers que Bertrand envoie à la Roche-sur-Yon vers le duc d'Anjou. En attendant l'expiration de la trêve de quarante jours, Du Guesclin laisse devant Derval quatre mille combattants de Bretagne, de Limousin, d'Auvergne et de Bourgogne, et chevauche vers Nantes avec cinq cents lances. P. 134, 135, 313.

A la nouvelle de l'approche du connétable de France, les bourgeois de Nantes ferment devant lui les portes de leur ville et ne consentent à le recevoir qu'à des conditions déterminées. S'ils veulent rester Français et sont bien décidés à ne laisser pénétrer aucun Anglais dans leur cité, ils ne tiennent pas moins à garder le serment de fidélité qu'ils ont prêté à Jean V, duc de Bretagne, leur seigneur immédiat. Sous ces réserves dont il reconnaît la légitimité, Du Guesclin fait son entrée dans Nantes, où il passe huit jours; le neuvième jour, il quitte cette ville et va habiter un manoir du duc de Bretagne situé dans les environs, sur le bord de la Loire, où il se tient en communication constante avec le roi de France, ainsi qu'avec les chefs des divers corps d'armée qui prennent part aux opérations, et notamment avec le duc d'Anjou qui assiège la Roche-sur-Yon. P. 135, 136, 313.

Sur les instances du duc de Bretagne réfugié à la cour d'Angleterre, Édouard III met sur pied un corps d'armée de deux mille armures de fer et de quatre mille archers. Sous les ordres de Jean, duc de Lancastre, fils du roi anglais, et du duc Jean V, ce corps d'armée doit passer la mer, débarquer au havre de Calais, envahir la France par la Picardie, s'avancer entre Seine et Loire et finalement pénétrer en Normandie et en Bretagne afin de faire lever les sièges de Bécherel, de Saint-Sauveur-le-Vicomte, de Brest et de Derval. On a préparé longtemps à l'avance le matériel de l'expédition, les voitures de transport, les moulins à main pour moudre le blé et autres grains, ainsi que les fours portatifs pour cuire le pain[1]. Trois ans auparavant, le duc de

---

1. Plusieurs mandements d'Édouard III en date des 22 et 28 avril 1373 se rapportent aux préparatifs maritimes de l'expédition du duc de Lancastre (Rymer, III, 974, 977). Un autre mandement du roi d'Angleterre, adressé le 28 mai suivant à Adam Blakemore, maréchal de

Lancastre avait déjà projeté une expédition du même genre pour
laquelle les ducs de Gueldre et de Juliers avaient promis de lui
fournir douze cents lances l'année même où ils livrèrent bataille
au duc de Brabant ; mais la mort d'Édouard, duc de Gueldre, et
des embarras de tout genre survenus au duc de Juliers avaient
fait obstacle à l'accomplissement de ce projet. Le roi d'Angleterre
et le duc de Lancastre n'en avaient pas moins continué leurs préparatifs. Édouard III offrit alors de prendre à sa solde tous les
chevaliers de Flandre, de Brabant, de Hainaut et d'Allemagne
qui voudraient bien entrer à son service moyennant finance ; le
duc de Lancastre, de son côté, avait réussi par ce moyen à enrôler bien trois cents hommes d'armes écossais. Le rendez-vous
général avait été fixé à Calais, où tous les hommes d'armes étrangers, après avoir été payés de leurs gages pour six mois, devaient
attendre l'arrivée des ducs de Lancastre et de Bretagne ; et cette
attente fut longue, parce qu'il fallut beaucoup de temps pour
transporter de Douvres à Calais les provisions et le matériel de
l'expédition[1]. A la nouvelle de ces préparatifs, Charles V fait
presser les opérations en Bretagne et mettre en bon état de défense les places de Picardie qu'il sait devoir être exposées les
premières aux attaques de l'ennemi ; en même temps, il donne des
ordres pour que les habitants du plat pays transportent dans les
villes fermées ce qu'ils possèdent de plus précieux et pour que
l'on détruise tout ce qui pourrait tomber entre les mains des envahisseurs. — Les gens de Louis, duc d'Anjou, continuent d'assiéger la Roche-sur-Yon en l'absence de leur duc retourné à An-

Jean de Montfort, qui comptait alors des Anglais parmi les officiers de
sa maison, semble indiquer que l'objectif de l'expédition projetée, du
moins à cette date, était la Bretagne ; on y lit en effet les mots suivants : « quos (il s'agit des hommes d'armes de Jean de Montfort) in
obsequium nostrum, *in comitiva præfati ducis*, AD PARTES BRITANNIÆ *pro-
ficisci ordinavimus* » (Rymer, III, 981).

1. L'acte par lequel Édouard III institua Jean, duc de Lancastre,
roi de Castille et de Léon, son lieutenant spécial et capitaine général,
tant au royaume de France qu'en Aquitaine, avec les pleins pouvoirs
attachés à ces titres, est daté du palais de Westminster le 12 juin 1373.
Le 16 de ce mois, le roi d'Angleterre ordonna des prières publiques
par tout son royaume pour le succès de l'expédition (Rymer, III,
982, 983). Le 23, il décida que, dès le lendemain vendredi 24 juin,
jour de la fête de Saint-Jean-Baptiste, tous les hommes d'armes enrôlés
devraient être rendus dans leurs ports respectifs pour s'embarquer et
prendre immédiatement la mer (*Ibid.*, 987).

gers. Un chevalier anglais, nommé Robert Grenacre, capitaine de la garnison de cette forteresse, s'engage à la livrer à ces gens d'armes s'il n'est pas secouru dans le délai d'un mois, à la condition que lui et ses soudoyers auront la vie sauve et pourront, moyennant un sauf-conduit, se retirer à Bordeaux avec tout ce qui leur appartient. A l'expiration du terme fixé, Grenacre n'ayant reçu aucun secours, ouvre les portes de la Roche-sur-Yon aux gens du duc d'Anjou et s'achemine en compagnie de tous les siens vers Bordeaux. P. 137 à 139, 314.

Olivier, seigneur de Clisson, Jean, vicomte de Rohan, Gui, seigneur de Rochefort, et Jean, seigneur de Beaumanoir, se détachent un jour avec cinq cents lances du corps d'armée qui assiège Brest et vont attaquer Conq[1], petite forteresse située sur le bord de la mer, dont la garnison a pour capitaine un chevalier anglais de l'hôtel du duc de Bretagne nommé Jean Lakyngeth[2]. Ils emportent d'assaut cette forteresse et tuent tous les Anglais qu'ils y trouvent, à l'exception du capitaine et de six hommes d'armes qu'ils retiennent prisonniers[3]; et après avoir remis en état les fortifications de Conq et y avoir établi garnison, ils retournent au siège de Brest. P. 139, 140, 314.

L'expédition contre Conq ayant amené une diversion et rendu moins étroit le blocus de Brest, un messager envoyé par les frères Browe pour informer Robert Knolles de la situation critique où se trouvent réduits les défenseurs de son château de

---

1. Sur Conq, voyez plus haut p. LXXI, note 4. La forteresse de Conq fut assiégée et prise d'assaut par Du Guesclin en personne vers la fin de mai 1373. En effet, par lettres datées de Conq le 28 de ce mois, le duc de Molina, connétable de France, donna à son amé cousin et bachelier Jean de Juch les châtellenies et villes de Rosporden et de Fouesnant (Finistère, arr. Quimper), en l'évêché de Cornouaille, confisquées sur Robert Knolles, Anglais et ennemi du roi de France (*Arch. Nat.*, JJ 105, n° 26, f° 22 v°).

2. Jean Lakyngeth, chevalier, était trois ans plus tard, en 1376, l'un des deux principaux gardiens du château de Brest (Voyez plus haut, p. LXXI, note 3). D'après Cabaret d'Orville (p. 44), le capitaine de Conq était un écuyer anglais nommé Jennequin Pel. Cet écuyer est sans doute le même personnage que « Jehan Pil », écuyer, l'un des six otages livrés le 8 juillet 1373 à Du Guesclin en vertu de la capitulation de Brest (*Arch. Nat.*, J 642, n° 21).

3. Dans le traité de capitulation du château de Brest en date du 6 juillet 1373, Robert Knolles eut soin de stipuler que Jean Lakyngeth, prisonnier des Français, serait remis en liberté et échangé contre Hervé de Saint-Gouëno.

Derval, réussit à s'introduire un soir dans la place assiégée.
Knolles imagine alors de proposer aux assiégeants de leur rendre
Brest s'il ne reçoit pas de secours dans le délai d'un mois. Avant
de rien décider, Clisson et les autres grands seigneurs bretons
veulent avoir l'avis du connétable qui se tient alors près de
Nantes [1], et chargent le chevalier et les deux écuyers, porteurs
de la proposition du capitaine de Brest, d'aller moyennant un sauf-
conduit la soumettre à Bertrand du Guesclin. Celui-ci conseille de
l'accepter, à la condition toutefois que Robert Knolles livrera
de bons otages [2]. Les otages une fois livrés, Clisson et les autres
barons lèvent le siège de Brest et vont rejoindre le connétable
près de Nantes, en attendant le moment fixé pour la reddition de
Derval et de Brest. Quant à Knolles, il s'empresse de profiter de
la levée du siège pour se bouter dans son château de Derval [3], ce

1. Au moment où le traité de capitulation fut conclu, c'est-à-dire
le mercredi 6 juillet 1373, Du Guesclin ne se tenait point près de
Nantes; il était présent devant Brest, comme l'attestent les deux premières lignes de ce traité que nous transcrivons littéralement : « Saichent
touz que nous Jehan, seigneur de Neuville, Robert Kenole, sire de
Derval, et Thomas de Melleborne, à present tenanz la ville et chastel de
Brest, avons octroié, promis et accordé à nobles et puissanz seigneurs
le duc de Bourbon, *le connestable de France* et au viconte de Rohan,
estanz à presant davant le dit fort » (Voy. le texte de ce traité, p. CLX
à CLXIII). Clisson, au contraire, devait être alors, non devant Brest,
mais à la Roche-sur-Yon. En vertu du premier et principal article du
traité de capitulation du 6 juillet 1373, Jean, seigneur de Nevill, Robert Knolles et Thomas de Melbourne prenaient l'engagement de
rendre un mois plus tard, c'est-à-dire le 6 août suivant, les ville et
château de Brest ès mains du vicomte de Rohan, « en cas que le duc
ne vendra le derrain jour du dit mois de paiz ou si fort que il puisse
tenir les champs en place egal davant la dicte ville de Brest. » Semblable engagement fut pris pour la duchesse de Bretagne enfermée
dans Auray, avec cette réserve toutefois qu'il serait accordé huit jours
à la dite duchesse pour accorder ou refuser sa ratification, en ce qui
concernait la dite forteresse d'Auray.

2. Les six otages accordés au connétable de France, Jourdan d'Aulen,
chevalier, Robert Clifton, Jean Welelbort, Jean Pil, Jean Ambloy et
Jean Hecton, écuyers anglais, prêtèrent serment devant Brest le 8 juillet 1373 (*Arch. Nat.*, J 642, n° 21 ; Kervyn de Lettenhove, *OEuvres de
Froissart*, XVIII, 509, 510).

3. Si Robert Knolles avait tenu la conduite que lui prête ici Froissart, il aurait forfait à un engagement qu'il avait pris de la manière la
plus solennelle, car il avait promis, en vertu de l'un des articles du
traité du 6 juillet, de demeurer avec tous ses compagnons dans la place
de Brest jusqu'au 6 août suivant, en d'autres termes pendant un mois :
« Nous dessus nommez (Nevill, Knolles, Melbourne), avecques touz noz

qui éveille à juste titre la défiance de Du Guesclin, puisqu'il était convenu avec Hue Browe, capitaine de cette forteresse, que les Anglais ne pourraient lui porter secours qu'après avoir offert la bataille aux Français et les avoir vaincus. P. 140 à 142, 314.

Avant de quitter Brest, Robert Knolles fait savoir au comte de Salisbury[1], capitaine de la flotte anglaise alors ancrée dans le port de Guérande, la teneur du traité de capitulation ; aux termes de ce traité, il faut se mettre en mesure d'offrir la bataille aux

compaignons que nous avons à present, *demourrons un mois après le jour de ceste accordance jurée en la dicte ville et chastel de Brest.* » Au premier abord, une lettre close adressée au duc de Bourbon, à Du Guesclin et au vicomte de Rohan semblerait donner un démenti au chroniqueur, puisqu'elle est écrite au nom des trois capitaines anglais et qu'elle est datée de Brest le 4 août, à la veille de l'expiration de l'armistice. Quoique cette lettre ait été déjà publiée par M. Kervyn de Lettenhove (*Œuvres de Froissart*, XVIII, 510), nous croyons utile de la reproduire ici, parce que deux mots, fort importants pour indiquer le ton et préciser le sens de ce document, ont été mal lus par le premier éditeur : « Jouhan, sire de Neuville, Robert Kanoles, sire de Derval et de Rougé, et Thomas de Melborne. Vous (Kervyn : *à Lois*), sire duc de Bourbon, sire Bertram du Guesclin, conestable de France, Jouhan, viconte de Rohan, nous nous en merveillonx moult que vous nous avés enxin (Kervyn : *en rien*) rescript depuis que nous vous avons trois foiz rescript, vous certefiant les deffaux que vous nous avez faict contre l'acordance juré entre vous et nous et scellé de voz seaux. Sur quoy nous nous tenons quittes et delivres de toutes trette et promesse entre vous et nous. Si vous requerons, comme autreffoiz vous avons requis, de nous rendre noz ostages en la ville de Brest quitement sanz empechement. Escript à Brest, le judi quatriesme jour d'aoust, à houre de vespres, l'an mill tres cens sexante et treze. » (*Arch. Nat.*, J 642, n° 22). Quoique cette lettre close soit écrite au nom de Nevill, de Knolles et de Melbourne, elle n'est munie ni du sceau de Robert Knolles ni de celui de Thomas de Melbourne. Un seul sceau est plaqué sur le papier, celui de Jean de Nevill, seigneur de Raben. La légende de ce sceau est ainsi conçue : *Sigillum Johannis de Nevile, domini de Raben.*

L'absence des sceaux de Knolles et de Melbourne semble indiquer que ces deux personnages ne se trouvaient pas à Brest au moment où la lettre du 4 août a été rédigée. Cette circonstance tendrait donc à confirmer la version de Froissart.

1. Il est certain qu'à la date du 7 août 1373 Guillaume de Montagu, comte de Salisbury, qui s'intitule « lieutenant du roi d'Angleterre en Bretagne dans le voyage ordonné pour le siège du château de Brest », était venu mouiller avec sa flotte devant ce château, puisque, ce jour-là, lui et Jean, seigneur de Nevill, lieutenant du duc de Bretagne, firent mandement au contrôleur de l'artillerie du château de Bordeaux de livrer à Thomas de Melbourne, clerc trésorier de Jean de Montfort, 100 arcs, 200 gerbes de flèches et 200 cordes d'arc pour la défense du dit château de Brest (*Arch. hist. de la Gironde*, XII, 328).

Français dans le délai d'un mois si l'on ne veut être réduit, dès que ce délai sera expiré, à leur livrer la place de Brest. Le comte de Salisbury lève aussitôt l'ancre et vient mouiller en face des remparts de cette place. Ayant fait débarquer et mettre en ligne deux mille hommes d'armes et autant d'archers, il envoie prévenir Du Guesclin et Clisson qu'il les attend pour leur livrer bataille sous les murs de Brest, afin de dégager cette forteresse et de recouvrer les otages qui ont été livrés. Le connétable de France fait répondre au commandant de la flotte anglaise qu'il l'invite à marcher à sa rencontre. Le comte de Salisbury renvoie un héraut dire à Du Guesclin que lui et les siens sont des marins dépourvus de cavalerie, mais qu'ils ne demandent pas mieux que d'aller au-devant des Français si ceux-ci veulent leur prêter des chevaux. Le connétable, Clisson et les autres barons de France et de Bretagne, ayant réuni un corps d'armée de quatre mille lances et de quinze mille gens de pied, se décident à venir camper à la distance d'une journée de la forteresse de Brest, à la place même qu'occupaient les assiégeants au moment où le traité de capitulation avait été conclu; et sur le refus des Français de faire encore la moitié du chemin qui les sépare du corps d'armée anglais, le comte de Salisbury prétend qu'il leur a offert en vain la bataille et les somme[1] en conséquence de renvoyer les otages livrés par Robert Knolles. P. 142 à 146, 314.

Cela fait, les Anglais, après avoir ravitaillé le château de Brest et renforcé la garnison, se rembarquent, lèvent l'ancre et cinglent vers Saint-Mathieu; le défaut de cavalerie ne leur permet pas de marcher au secours de Derval et d'ailleurs Knolles leur a mandé qu'il n'a besoin de l'assistance de personne et se charge bien tout seul de tenir tête à ses adversaires. Le départ des Anglais rend inutile la prolongation de séjour des Français et des Bretons, qui se retirent emmenant avec eux les otages de Brest. Le connétable et les siens vont alors camper devant Derval pour tenir leur journée; mais Robert Knolles leur fait dire qu'ils n'ont que faire d'attendre la reddition du château, car il tient le traité de capitu-

---

1. Comme on l'a vu dans une des notes précédentes, cette sommation ne fut pas adressée par le comte de Salisbury, mais par les trois personnages qui avaient scellé le traité de capitulation du 6 juillet, à savoir : Jean, seigneur de Nevill, Robert Knolles et Thomas de Melbourne.

lation pour nul et non avenu, et la raison en est qu'il ne reconnaît pas à ses gens le droit de conclure un arrangement quelconque sans son assentiment. Grand est l'étonnement du connétable, du seigneur de Clisson, des barons de France et de Bretagne en recevant cette notification qu'ils se hâtent de transmettre au duc d'Anjou; celui-ci part aussitôt d'Angers et arrive devant Derval. P. 146, 147, 314.

Sur ces entrefaites, Jean, duc de Lancastre, et Jean V, duc de Bretagne, débarquent à Calais[1] avec une armée composée de trois mille hommes d'armes, de six mille archers et de deux mille autres combattants. Le connétable de cette armée est Édouard Spencer, et les maréchaux sont Thomas, comte de Warwick, et Guillaume, comte de Suffolk. Noms des principaux barons d'Angleterre qui prennent part à cette expédition. Nicolas de Tamworth est alors capitaine de la garnison de Calais. Les ducs de Lancastre et de Bretagne quittent cette ville un mercredi matin, passent devant Guines[2] où commande Jean de Harleston, devant Ardres[3] dont Jean, seigneur de Gommegnies, est capitaine, devant la Montoire[4] dont la garnison est placée sous les ordres d'un chevalier picard nommé Honnecourt; et, sans livrer assaut à cette dernière forteresse, ils se viennent loger sur les bords de' la belle rivière

---

1. Jean, dit de Gand, duc de Lancastre, et Jean de Montfort, duc de Bretagne, débarquèrent à Calais dans le courant du mois de juillet 1373 : « Adivit (dux Britanniæ) villam de Calaisio in eodem anno 1373, *mense Julii* » (Chronicon Briocense, dans *Hist. de Bretagne*, par dom Morice, Preuves, I, 47). — « Item, *en celuy mois de juillet* (1373), Jehan, duc de Lenclastre, fils du roy d'Angleterre, et Jehan, conte de Montfort.... vindrent d'Angleterre à Calais » (*Grandes Chroniques*, VI, 339). Dès le 27 de ce mois, la nouvelle du débarquement de l'armée anglaise sur le continent fut transmise par Philippe le Hardi, qui se trouvait alors à Amiens, à la duchesse sa femme restée en Bourgogne (Dom Plancher, *Hist. de Bourgogne*, III, 41; Preuves, xxxiii). Toutefois, le matin du 3 août suivant, Jean, duc de Lancastre, n'avait pas encore quitté Calais (Delpit, *Documents français en Angleterre*, p. 189). L'armée d'invasion dut s'ébranler ce jour-là même qui était, comme le dit Froissart, un mercredi, dans l'après-midi, puisqu'elle était déjà arrivée devant Roye lorsque Jean de Montfort, duc de Bretagne, vassal du roi de France, envoya à ce dernier des lettres de défi ou, comme nous dirions aujourd'hui, une déclaration de guerre qui fut remise à Charles V le 8 août (Hay du Chastelet, *Hist. de B. du Guesclin*, p. 452).

2. Guines en Calaisis, Pas-de-Calais, arr. Boulogne-sur-Mer.

3. Ardres en Calaisis, Pas-de-Calais, arr. Saint-Omer.

4. Hameau de Zutkerque, Pas-de-Calais, arr. Saint-Omer, c. Audruicq.

qui court à Ausques[1] et leurs lignes se développent sur une telle
largeur qu'elles s'étendent depuis Balinghem[2] jusqu'à l'abbaye de
Licques[3]. Le second jour, ils contournent la ville de Saint-Omer,
bien défendue par le vicomte de Meaux[4], et campent le soir sur
les hauteurs de Helfaut[5]. Le troisième jour, ils passent à côté de
Thérouanne[6] où les seigneurs de Sempy[7], de Brimeux[8], de Poix[9],

1. Auj. Nordausques (Pas-de-Calais, arr. Saint-Omer, c. Ardres). La
belle rivière dont parle Froissart est le Hem, qui, prenant ses diverses
sources à Escœuilles, à Surques, à Rehergues, à Haut-Loquin et à
Alquines, passe à Audrehem, à Tournehem et à Nordausques; à
Polincove (arr. Saint-Omer, c. Audruicq), le Hem ou Meulestroom se
divise en deux bras dont l'un se jette dans l'Aa près d'Holque, tandis
que l'autre va alimenter le canal de Calais à Saint-Omer.

2. Pas-de-Calais, arr. Saint-Omer, c. Ardres.

3. Pas-de-Calais, arr. Boulogne-sur-Mer, c. Guines. Abbaye de
Prémontrés au diocèse de Thérouanne. Cette abbaye était fortifiée et
défendue par une garnison dont Jean de Calonne, écuyer, était capitaine en 1375 (*Arch. Nat.*, JJ 106, n° 376, f° 96) et en 1382 (*Bibl.
Nat., Collection Clairambault*, reg. 24, p. 1743). Le 2 avril 1376, ce
même Jean de Calonne commandait aussi la garnison du fort d'Alquines (*Ibid.*, p. 1741). Au mois de mars 1375 (n. st.), Charles V octroya
des lettres de rémission à Jean de Calonne, fils de Jean, à Enguerran
Wik, à Etienne de Lambel, dit le Flamand, et à Jean Barbier, « pauvres compagnons de la garnison de l'abbaye de Licques », au sujet du
meurtre d'un valet qui, mangeant des harengs et les trouvant trop
maigres, avait proposé ironiquement de les faire cuire avec une chan-
delle de suif pour les rendre plus gras (*Arch. Nat.*, JJ 106, n° 376).

4. Robert de Béthune, vicomte de Meaux.

5. Le plateau de Helfaut est situé à 7 kil. au sud de Saint-Omer,
à moitié chemin de cette ville et de Thérouanne.

6. Pas-de-Calais, arr. Saint-Omer, c. Aire-sur-la-Lys. La Roque a
publié (*Hist. de la maison d'Harcourt*, addit. aux preuves, IV, 1466,
1467) les montres des gens d'armes reçus à Thérouanne du 1er janvier
au 24 avril 1373 pour servir ès parties de Picardie sous Hue de Châtillon, sire de Dampierre et de Rollaincourt, maître des arbalétriers
de France et capitaine général pour le roi ès parties de Picardie.

7. Le 1er mai 1373, Charles V octroya des lettres de quittance générale à Jean, seigneur de Sempy, chargé de la garde de Boulogne-sur-
Mer et du pays d'environ sur la frontière de Calais, du 1er avril 1368
au dernier avril 1372, et depuis lors capitaine du pays de Picardie
(*Arch. Nat.*, JJ 106, n° 166, f° 92).

8. Par actes datés de Thérouanne les 21 janvier 1373 (n. st.) et
26 août 1374, David de Poix, seigneur de Brimeux (Pas-de-Calais,
arr. Montreuil-sur-Mer, c. Campagne-lez-Hesdin), donna quittance de
ses gages ès guerres de Picardie (*Bibl. Nat., Collect. Clairambault*,
reg. 22, p. 1571, et reg. 87, p. 6831).

9. Jean, seigneur de Poix (Somme, arr. Amiens), donna quittance
de ses gages à Abbeville le 11 janvier 1370 (*Bibl. Nat., Collect. Clairambault*, reg. 87, p. 6833).

et Lionel d'Airaines [1] commandent une garnison de deux cents lances. Ils chevauchent en trois batailles, ne faisant pas plus de trois ou quatre lieues par jour, se logeant de haut jour, se retrouvant ensemble tous les soirs et chaque corps ou bataille ayant toujours soin de rester en contact avec les deux autres. Les maréchaux commandent le premier corps ; les deux ducs de Lancastre et de Bretagne, le second ; puis vient le charroi contenant les approvisionnements ; enfin, le connétable fait l'arrière-garde. Ces trois corps se rejoignent et aucun ne s'écarte de la voie qui lui a été assignée, de même qu'aucun chevalier ni écuyer ne se permet de rompre les rangs et de se séparer de sa compagnie sans en avoir reçu l'ordre des maréchaux. Aussitôt que le roi de France est informé de la marche en avant de cette armée d'invasion, il rappelle en France quelques-uns des chevaliers qui guerroient en Bretagne, notamment Olivier, seigneur de Clisson [2], Jean, vicomte de Rohan, Jean de Beuil, Guillaume des Bordes et Louis de Saint-Julien, car il veut faire poursuivre les Anglais. Le connétable Du Guesclin [3], Louis, duc de Bourbon, Pierre, comte d'Alen-

---

1. Le 1ᵉʳ mars 1376 (n. st.), Lionel d'Airaines, chevalier, donna quittance de ses gages desservis à la poursuite des routiers (*Bibl. Nat., Clairambault*, reg. 5, p. 239).

2. Les choses se passèrent en réalité d'une manière tout à fait contraire à ce que raconte ici Froissart. Le texte du traité de capitulation de Derval n'est malheureusement pas parvenu jusqu'à nous, mais nous savons par un mandement de Charles V que Clisson, et non Du Guesclin, avait arrêté les bases de ce traité avec les capitaines anglais (Voy p. xciii, note 1) Le chroniqueur ne se trompe pas moins lorsqu'il affirme qu'Olivier répondit à l'appel du roi de France plus tôt que Bertrand et rejoignit le premier le corps d'armée qui poursuivait les Anglais sous les ordres du duc de Bourgogne. Il résulte de l'Itinéraire de Philippe le Hardi en 1373, dressé d'après le registre B 1436 des Archives de la Côte-d'Or, dont nous devons la communication à l'obligeance de M. Ernest Petit, qu'Olivier, seigneur de Clisson, ne vint se joindre aux gens d'armes chargés de harceler l'armée du duc de Lancastre qu'à Sézanne (Marne, arr. Épernay), le mardi 13 septembre, plus d'un mois après le commencement des opérations. Jean de Beuil ne venait pas de Bretagne, mais du Languedoc.

3. Nous ne connaissons aucun acte de Du Guesclin daté du « siège devant Derval », comme on aurait dit alors en style de chancellerie. Depuis le 6 juillet, date du traité de capitulation de Brest et de la levée du siège de cette place, jusqu'à la fin d'août où Bertrand quitta la Bretagne pour se rendre à Paris d'abord et ensuite dans le corps d'armée du duc de Bourgogne, le connétable de France paraît avoir employé cet intervalle de deux mois environ à prendre possession d'un certain nombre de places de la partie septentrionale de la Bretagne, c'est-à-

çon, restent seuls auprès du duc d'Anjou jusqu'à ce que l'on en
ait fini avec ceux de Derval. Pendant que les seigneurs mandés
par Charles V font leurs préparatifs et se rendent de Bretagne en
France, les ducs de Lancastre et de Bretagne mettent au pillage
le pays qu'ils traversent sur une largeur de six lieues, faisant
main basse sur tout ce qu'ils trouvent et ne recourant à leurs

dire des évêchés de Tréguier, de Saint-Brieuc, de Saint-Malo et de
Rennes. Le 11 juillet, il était à Tréguier, où il fit une donation à
Guillaume de Kermartin, écuyer (Hay du Chastelet, *Hist. de Du Guesclin*, p. 383; D. Morice, *Preuves*, II, col. 76, 77), et où il confirma les
privilèges maritimes de l'église et de la ville (*Bibl. de l'École des Chartes*, VIII, 235). Le lendemain 12, il s'était transporté à Moncontour
(Moncontour-de-Bretagne, arr. Saint-Brieuc), d'où il a daté une donation faite à Alain de Guihemarrou de biens sis dans la châtellenie
d'Auray et confisqués sur Pierre de Guymarrou, partisan des Anglais
(*Arch. Nat.*, JJ 112, n° 158, f° 94). Le 28 juillet, il était rentré à
Rennes, d'où il était parti un peu après le 19 mai précédent, comme
l'atteste une charte datée de cette ville et par laquelle il manda à
Perrot Nepveu, receveur de l'ordinaire, à Alain du Bouais, receveur
de l'extraordinaire et des fouages de l'évêché, de ne plus faire obstacle au payement des ouvriers employés par les Frères Prêcheurs à la
construction d'une église dans les faubourgs de la dite ville (*Arch.
dép. d'Ille-et-Vilaine*, série H, carton 5, n° 2). Dans le courant du mois
d'août, sans doute dans les premiers jours de ce mois, c'est-à-dire à la
date fixée pour la reddition de Brest, le connétable de France était
revenu camper à peu de distance de cette place, puisque nous avons
des lettres de rémission ou de grâce émanées de Bertrand du Guesclin, duc de Molina, et datées « de Mout Relaix, ou mois d'aoust 1373 »;
Moutrelaix, c'est Morlaix, et ces lettres furent octroyées à un écuyer au
service du duc de Bourbon, nommé Guillaume de Mars, qui avait
rossé deux ou trois habitants de Cusset en Auvergne (*Arch. Nat.*,
JJ 104, n° 302, f° 126). Le 14 août, Bertrand passait à la Roche-Derrien (Côtes-du-Nord, arr. Lannion), où il enjoignit au capitaine de cette
place de maintenir les franchises de l'église, de la ville et de la ban-
lieue de Tréguier; ce capitaine était alors Bertrand de Saint-Pern
(*Bibl. de l'École des Chartes*, VIII, 237-239). Enfin, le 20 août, il était
pour la seconde fois de retour à Rennes. où il notifia la levée d'un
subside de 1 franc ou 20 sous par feu dans les cinq diocèses de Rennes,
de Dol, de Saint-Malo, de Saint-Brieuc et de Vannes, subside destiné
au payement des gens d'armes employés au siège de Derval, « *jaçoit
ce que l'en ait encommencie treitié avec les gens d'armes ou dit lieu*, pour
les garder qu'ils ne dommagent le peuple, celui treitié pendant, et
*pour paier certaine somme de chevance que l'en leur a accordé paier le
jour de la Saint Michiel prochaine*, et auxi *pour paier certaine somme à
messire Robert Richier pour cause de Becherel*. » (D. Morice, *Preuves*,
II, col. 77). Cette mesure fut, selon toute apparence, l'un des derniers
actes d'autorité exercés en Bretagne par Du Guesclin, qui était alors à
la veille de quitter le duché, puisqu'il dut arriver à Paris dans les
derniers jours d'août (Voy. p. xcii, note 2).

approvisionnements qu'à défaut de vivres pris sur le pays. P. 147 à 151, 314, 315.

Les Anglais passent devant Aire[1], allument partout l'incendie en traversant le comté de Saint-Pol[2] et livrent un assaut infructueux à la ville de Doullens[3]. Ils font halte à l'abbaye du Mont-Saint-Éloi[4], située à deux petites lieues d'Arras, et s'y reposent un jour et deux nuits; puis ils se dirigent vers Bray-sur-Somme[5]

1. Aire-sur-la-Lys, Pas-de-Calais, arr. Saint-Omer.

2. Saint-Pol-sur-Ternoise, chef-lieu d'arrondissement du Pas-de-Calais.

3. Le rédacteur des *Grandes Chroniques de France* (VI, 339) dit au contraire que les Anglais, venant de Hesdin, firent route par Doullens « sans l'assaillir », ensuite par Beauquesne (Somme, arr. et c. Doullens) et passèrent la Somme à Corbie (chef-lieu de canton de l'arr. d'Amiens, situé à 16 kil. à l'est de cette ville, sur la rive droite de la Somme). Un détachement de l'aile droite s'avança jusqu'au village de Sainte-Geneviève-en Caux (Seine-Inférieure, arr. Dieppe, c. Tôtes) et y mit le feu (Delisle, *Mandements de Charles V*, n° 1076, p. 558). Philippe, duc de Bourgogne, chargé par Charles V de pourvoir à la mise en bon état de défense d'Amiens, arriva dans cette ville le jeudi 14 juillet et y prolongea son séjour jusqu'au mardi 16 août. Le samedi 16, le surlendemain de son arrivée, il donna un grand dîner où assistèrent Jean, duc de Lorraine, Charles d'Artois, comte d'Eu, Valeran de Luxembourg, comte de Saint-Pol, plusieurs chevaliers ou écuyers et aussi quelques-uns des plus notables bourgeois d'Amiens. Le duc ne s'absenta de cette ville que les mercredi 20 et 27 juillet pour aller en partie de chasse à Bettencourt, chez messire Raoul de Renneval (*Itinéraire de Philippe le Hardi*, dressé et communiqué par M. Ernest Petit).

4. Pas-de-Calais, arr. Arras, c. Vimy, sur le bord de la route qui va de Thérouanne à Arras, à 9 kil. au nord de cette dernière ville. Il y avait au Mont-Saint-Éloi une abbaye de l'ordre de Saint-Augustin, près de laquelle campa l'aile gauche de l'armée anglaise, tandis que l'aile droite, après avoir traversé le comté de Saint-Pol, s'avançait dans la direction de Doullens.

5. Somme, arr. Péronne. Le 21 août 1373, les échevins, gouverneurs et conseil de la ville et cité de Reims, remirent à un messager, envoyé vers eux par leurs grands amis les habitants de Troyes, copie d'une lettre reçue la veille, où le capitaine de Nesle leur annonçait que les Anglais avaient passé la rivière de Somme le 19, que le duc de Lancastre était devant la ville de Bray, et le duc de Bretagne devant celle de Cappy (Somme, arr. Péronne, c. Bray), dont les habitants avaient converti leur clocher en tour fortifiée. Au moment du départ de ce messager, les Rémois ajoutèrent en post-scriptum qu'ils venaient d'être informés que les envahisseurs étaient logés à Roye (*Arch. mun. de Troyes*, série AA, 48° carton, 3° liasse; Boutiot, *Hist. de Troyes*, II, 234, 235). Une lettre de rémission octroyée en septembre 1373 à un clerc de Liège nommé Jean Anseaux, qui avait fait partie du « tinel

dont la garnison, composée de chevaliers et d'écuyers du pays[1], repousse victorieusement toutes leurs attaques ; à l'assaut de l'une des portes de cette forteresse, le Chanoine de Robersart[2] fait merveille d'armes et sauve la vie à l'un de ses écuyers. En quittant Bray, les envahisseurs se dirigent vers Saint-Quentin et entrent dans le beau et riche pays de Vermandois[3]. Guillaume des Bordes, envoyé par le roi de France à Saint-Quentin en qualité de capitaine, prête dix arbalétriers à Baudouin, seigneur de Bousies, qui se rend à Ribemont[4] pour aider Gilles, seigneur de

du duc de Lenclastre depuis Calais jusques à l'eaue de Somme », mentionne le passage des Anglais à Bray (*Arch. Nat.*, JJ 104, n. 350, f° 143 v°).

1. Les Anglais traversèrent l'Artois, la Picardie et le Vermandois depuis le 4 jusqu'au 31 août 1373. En décembre suivant, Charles V assigna 120 livres de rente annuelle à son amé et féal chevalier et conseiller Jean Barreau, maître des requêtes de son hôtel et gouverneur de son bailliage d'Amiens, « lequel Jean Barreau a servi en ceste année (1373) sous nostre très cher frère le duc de Bourgogne à la teste des arbalestriers de Picardie » (*Arch. Nat.*, JJ 105, n° 53, f° 37). Un espion de Charles V, Guyon Grassin, originaire de Poitiers, entré au service du duc de Lancastre pour surprendre les secrets des Anglais, se fit prendre par les Français assiégés dans le fort de Nesle (Somme, arr. Péronne) (*Arch. Nat.*, JJ 105, n° 42, f° 32). La ville de Roye (Somme, arr. Montdidier), qui avait alors commune, prévôté, siège royal, et qui était le chef-lieu de l'une des châtellenies du bailliage de Vermandois, fut à peu près complètement détruite (*Arch. Nat.*, JJ 105, n° 144, f° 83 ; JJ 112, n° 353, f° 175 v° et 176). Les Anglais y demeurèrent sept jours et ne purent s'emparer de l'église (*Grandes Chroniques*, VI, 339), qu'un sergent d'armes de Charles V, nommé Jean Charles, avait travaillé à fortifier pendant trois ans et où il sut se maintenir en repoussant les assauts répétés des Anglais. Le roi son maître le récompensa en le nommant, le 6 octobre suivant, capitaine du fort de Roye (Delisle, *Mandements*, p. 507, n° 981).

2. Thierry de Robersart, dit le Chanoine, seigneur d'Écaillon (Nord, arr. et c. Douai), attiré en Angleterre comme Eustache d'Auberchicourt et tant d'autres chevaliers du Hainaut par la reine Philippa.

3. Le 9 août 1373, Charles V donna l'ordre au bailli de Vermandois de prendre sans nul retard toutes les mesures que réclamait l'invasion des ennemis dont on était menacé (Varin, *Archives administratives de Reims*, III, 395).

4. Aisne, arr. Saint-Quentin. On voit par des lettres de rémission datées du 11 mai 1374 que les Anglais passèrent à Ribemont « environ la première semaine du mois de septembre dernièrement passé », après avoir mis le feu aux villages de Moy (Moy-de-l'Aisne, arr. Saint-Quentin) et d'Alaincourt (Aisne, arr. Saint-Quentin, c. Moy), et qu'ils furent poursuivis par Philippe, duc de Bourgogne, Bertrand du Guesclin, Jacques de Werchin, fils du sénéchal de Hainaut, Floridas de

Chin [1], dont il a épousé la fille, à garder cette forteresse. Arrivé à deux lieues de Saint-Quentin sur la route de Laon, Baudouin fait la rencontre de Jean de Beuil, qui va de la part de Charles V se mettre à la tête de la garnison de Laon. Ces deux chevaliers surprennent à une demi-lieue de Ribemont le charroi ainsi que les bagages de Hugh de Calverly ; et après avoir tué les valets qui les conduisent, ils s'emparent de ces bagages et les emportent dans Ribemont en guise de butin. Peu de temps avant leur arrivée, Gilles, seigneur de Chin, avait amené un renfort de soixante lances, et parmi les seigneurs de cette marche et de la vallée de l'Oise qui sont venus s'enfermer dans Ribemont, on distingue Jean de Fosseux [2], les seigneurs de Soize [3] et de Clary [4]. P. 151 à 153, 315.

Gilles, seigneur de Chin, capitaine de la garnison de Ribemont [5], apercevant dans un terrain défriché et nouvellement mis en labour un détachement d'une centaine d'hommes d'armes anglais, fait une sortie contre eux et les taille en pièces ; jeté deux fois à bas de son cheval dans la mêlée, il est relevé par un de ses

Moreuil, Floridas de Cramaille, Gontlart de Moy, fils du seigneur de Moy, chevaliers, et Alemant de Sissy (Aisne, arr. Saint-Quentin, c. Ribemont), écuyer (*Arch. Nat.*, JJ 105, n° 298, f° 159 v°). Il semblerait résulter de la mention faite dans cette pièce de la part prise à la défense du Vermandois par le connétable de France que celui-ci, dont un acte signale la présence à Paris en septembre, sans doute dans les premiers jours de ce mois, ne fit que traverser cette ville et courut rejoindre le duc de Bourgogne et Jean de Vienne, spécialement chargés de harceler les Anglais du duc de Lancastre et de leur donner la chasse. Outre Moy et Alaincourt, quatre autres villages de la même région, Remigny, Vendeuil, Essigny-le-Grand et « Royeglise », furent également la proie des flammes (Delisle, *Mandements de Charles V*, n°° 1092, 1093, p. 565, 566).

1. Chin fait aujourd'hui partie du royaume de Belgique (prov. Hainaut, arr. Tournai, c. Templeuve) et Bousies du département du Nord (arr. Avesnes, c. Landrecies).

2. En 1380, Gilles de Chin (*Bibl. Nat.*, *Collect. Clairambault*, reg. 32, p. 2351) et Jean, seigneur de Fosseux (*Ibid.*, reg. 49, p. 3649), servaient ès guerres de Picardie.

3. Aisne, arr. Laon, c. Rozoy-sur-Serre. Ce seigneur de Soize s'appelait Gérard.

4. Hugues, seigneur de Clary (Nord, arr. Cambrai).

5. Tant que les Anglais avaient occupé la Picardie et menacé Amiens, le duc de Bourgogne s'était tenu renfermé dans cette ville. Il en partit le mercredi 17 août pour harceler l'aile droite des Anglais qui avait envahi le Vermandois ; ce jour-là, il vint souper et gîter à Montdidier.

bâtards. Les Français vainqueurs rentrent dans Ribemont avec de nombreux prisonniers. Le soir même du jour où ce combat s'était livré, le gros de l'armée anglaise vient camper en vue de Ribemont. Le lendemain matin, les ducs de Lancastre et de Bretagne, sans rien tenter contre cette place, prennent le chemin de Laon. Dès qu'ils ont levé leur camp, quelques-uns des défenseurs de Ribemont qui ont pris part au combat de la veille, notamment Jean de Beuil, Gérard de Lor et le seigneur de Soize, sortent par une des poternes de la place, s'engagent dans un chemin détourné et vont renforcer la garnison de la montagne de Laon. P. 153 à 155, 315.

Les ducs de Lancastre et de Bretagne se reposent trois jours à Vaux-sous-Laon[1], dans un pays plantureux et où l'on trouve toute espèce de denrées, car on est à l'époque des vendanges, et les habitants des villages, pour se racheter de l'incendie, apportent à l'ennemi bœufs et moutons, barriques de vin et sacs de pain en abondance. Les Anglais n'ont qu'un désir, c'est d'en venir aux mains avec les Français ; mais Charles V, qui ne veut point s'exposer aux chances d'une bataille, se contente de faire harceler les envahisseurs par un corps d'armée de cinq ou six cents lances qui les serre de très près et ne leur permet pas de se déployer. Aussi, les trois cents hommes d'armes bretons et français qui tiennent garnison à Laon[2] laissent les Anglais camper tranquillement au-dessous d'eux à Vaux sans faire aucune sortie ni de jour ni de nuit pour les réveiller. Ce que voyant, les ducs et leurs gens s'acheminent vers Soissons[3] en suivant le cours des

---

1. Vaux est un faubourg de la ville de Laon.

2. Charles avait établi des garnisons non seulement à Laon, mais encore dans les petites places des environs, telles que Crépy-en-Laonnois (Aisne, arr. et c. Laon). Nous lisons dans une lettre de rémission datée de novembre 1373 que, « *environ la derreniere sepmaine du mois d'aoust derrain passée* », Gui, comte de Blois, le protecteur de Froissart, tenait garnison à Crépy, « pour le garder contre nos ennemis qui lors estoient sur le pays » (*Arch. Nat.*, JJ 104, n° 373, f° 152).

3. Les Anglais, dans leur marche de Laon à Soissons, passèrent à Vailly-sur-Aisne (*Grandes Chroniques*, VI, 340). Le 25 août 1373, les élus au Conseil de Châlons écrivirent à leurs bons amis de Troyes qu'ils avaient appris, grâce à des nouvelles reçues de Reims, que l'avant-garde des Anglais, après avoir passé l'Oise, développait ses lignes et lançait ses coureurs dans toute la région comprise entre Pont-l'Évêque (Oise, arr. Compiègne, c. Noyon) et Vailly (Aisne, arr. Soissons), se préparant à traverser l'Aisne pour continuer sa marche

rivières et en s'avançant toujours à travers les vallées les plus plantureuses. Les quatre cents hommes d'armes français qui ne cessent de surveiller et d'inquiéter les Anglais les serrent[1] parfois de si près que des conversations s'établissent entre les uns et les autres. Dialogue échangé entre Henri de Percy[2], l'un des plus grands barons de l'armée anglaise, et Aimeri, dit le bâtard de Namur, fils de Guillaume, comte de Namur[3], l'un des hommes d'armes à la solde du roi de France. Des deux côtés on épargne d'un commun accord la terre du seigneur de Coucy[4], alors absent de son pays et qui avait voulu rester neutre dans cette guerre à cause de son mariage avec Isabelle, l'une des filles du roi d'Angleterre. P. 155 à 157, 315.

Dans une escamourche qui a pour théâtre le village d'Oulchy[5], dans la marche de Soissons, cent vingt hommes d'armes français commandés par Jean de Vienne, Jean de Beuil[6] et Robert de Bé-

dans la direction de Reims et de Châlons (*Arch. mun. de Troyes*, série AA, 58ᵉ carton, 3ᵉ liasse ; Boutiot, *Hist. de Troyes*, II, 235). Mon très savant confrère, M. d'Arbois de Jubainville, a publié pour la première fois les deux lettres des habitants de Reims et de Châlons (*Voyage paléographique dans le département de l'Aube*, Troyes, 1855, p. 148 et 151). Le duc de Bourgogne, qui continuait de surveiller l'aile droite anglaise, se tint à Compiègne du jeudi 18 au samedi 20 août.

1. Parti de Compiègne le 20 au matin, le duc de Bourgogne vint souper et gîter à Ambleny (Aisne, arr. Soissons, c. Vic-sur-Aisne), le dimanche 21 et se tint à Soissons depuis le lundi 22 août jusqu'au vendredi 9 septembre (*Itinéraire de Philippe le Hardi*, par M. Ernest Petit.)

. 2. Henri, fils de Henri de Percy et de Marie de Lancastre, marié successivement à Marguerite Nevill et à Mathilde de Lucy, maréchal d'Angleterre en 1376, fut créé comte de Northumberland par Richard III en 1377. Il était le frère aîné de Thomas de Percy, sénéchal de Poitou, fait prisonnier à Soubise en 1372, et fut le père de Henri, surnommé Hotspur, immortalisé par Shakspeare, mort en 1403 ; le comte de Northumberland survécut quatre ans à son fils.

3. Guillaume, comte de Namur, quatrième fils de Jean Iᵉʳ et de Marie d'Artois, dont Robert de Namur, seigneur de Beaufort, l'un des protecteurs de Froissart, n'était que le sixième fils, touchait une pension de 1000 livres de rente annuelle sur le trésor du roi à Paris.

4. Enguerrand VII, seigneur de Coucy, servait alors en Italie à la solde du pape Grégoire XI.

5. Oulchy-le-Château, Aisne, arr. Soissons, sur la route et à peu près à moitié chemin de cette ville à Château-Thierry.

6. Dans le courant du mois de septembre, et sans doute dans les premiers jours de ce mois, Louis, duc d'Anjou, qui était de passage à Blois et qui arrivait du Périgord où il se trouvait encore à Limeuil (Dordogne, arr. Bergerac, c. Saint-Alvère) le 30 août précédent,

thune, vicomte de Meaux, surprennent à la pointe du jour les sentinelles de l'armée anglaise, et Gautier Hewet, l'un des plus
illustres vétérans de cette armée, se fait tuer en s'efforçant,
quoiqu'il fût à moitié désarmé, de repousser une attaque aussi
inopinée. Les Français vainqueurs dans cette rencontre ramènent
dans leur camp un certain nombre de prisonniers, tandis que les
Anglais, affligés de la perte d'un de leurs plus vaillants chevaliers,
se mettent en marche dans la direction de Reims en suivant le
cours de la Marne. P. 157, 158, 315, 316.

Pendant ce temps, Louis, duc d'Anjou, et Bertrand du Guesclin, connétable de France, se tiennent devant le château de Derval [1], et somment à plusieurs reprises Robert Knolles de leur

donna des ordres à Pierre Scatisse, trésorier de France à Toulouse,
pour le payement de la solde d'un corps d'armée, composé de 2000
hommes d'armes et de 500 arbalétriers, qu'il amenait du Languedoc à
marches forcées au secours du roi de France son frère contre le duc
de Lancastre (D. Vaissete, *Hist. de Languedoc*, IV, 352). Jean de Beuil,
sénéchal de Beaucaire et de Nîmes, devait être l'un des principaux
chefs de ces troupes de renfort. Aussi n'est-il pas sans intérêt de
remarquer le rôle prêté ici par Froissart à ce chevalier, parce qu'il y
a là un indice que le corps auxiliaire amené par le duc d'Anjou venait
d'entrer en ligne et de se joindre aux gens d'armes du duc de Bourgogne pour harceler les Anglais et leur donner la chasse. L'affaire
d'Oulchy eut lieu le vendredi 9 septembre, au matin. Sans parler
de Gautier ou Walter Hewet tué les armes à la main, les Anglais
ainsi surpris, qui formaient un petit détachement de 50 lances et de
20 archers, laissèrent entre les mains des vainqueurs 10 chevaliers de
grand état et 24 écuyers (*Grandes Chroniques*, VI, 340). Ce beau fait
d'armes ne contribua pas médiocrement à la haute fortune de Jean de
Vienne, qui fut pourvu le 27 décembre suivant de la charge d'amiral
de France, dont Aimeri, vicomte de Narbonne, avait été investi pendant quatre ans depuis le 28 décembre 1369 (*Jean de Vienne, amiral
de France*, par le marquis Terrier de Loray, Paris, 1878, p. 65).

1. Au moment du combat d'Oulchy, livré, comme on l'a vu ci-dessus,
le 9 septembre, ni Du Guesclin ni le duc d'Anjou ne se tenaient devant
le château de Derval. Arrivé à Paris depuis une dizaine de jours,
puisque ses deux maréchaux, Jean de Beaumanoir et Robert de Guitté,
avaient passé une revue à Saint-Cloud le 1er août précédent (Dom
Morice, *Preuves*, II, col. 64, 65), le connétable de France a daté de
Paris, *au mois de septembre*, des lettres de grâce ou de rémission qu'il
octroya à un écuyer du comté de Longueville nommé Wautier du
Mesnil, au sujet d'un homicide dont cet écuyer s'était rendu coupable
(*Arch. Nat.*, JJ 104, n° 310, f° 129). D'ailleurs un acte, postérieur à
l'événement de moins d'une année, nous montre Bertrand guerroyant
contre les Anglais dans le Vermandois dès la première semaine de
septembre (Voy. plus haut, p. LXXXVIII, note 4, et p. LXXXIX). Quant
au duc d'Anjou, qui venait d'arriver précipitamment du Languedoc

rendre ce château conformément au traité de capitulation conclu avec les frères Browe, lieutenants du dit Robert et naguère capitaines de la dite place. Knolles refuse obstinément d'obtempérer à ces sommations ; il prétend que les frères Browe ont agi sans son autorisation et qu'en conséquence l'arrangement dont ils ont pris l'initiative doit être considéré comme nul et non avenu. Irrité de ces refus, le duc d'Anjou menace de mettre à mort les quatre otages livrés par les Browe en garantie de l'accomplissement des engagements stipulés dans le traité de capitulation[1]. Robert Knolles répond que, dans ce cas, il fera périr un égal nombre de chevaliers français qui sont ses prisonniers. Le duc d'Anjou est tellement exaspéré par cette réponse, qu'il se décide à mettre sa menace à exécution. Il fait amener les quatre otages de Derval, deux chevaliers et deux écuyers, et les fait mettre à mort séance tenante. Robert Knolles, qui a vu l'exécution de ces otages des fenêtres de son château, donne aussitôt l'ordre d'attacher au sommet et à l'extérieur des remparts une longue table ; puis, il fait amener successivement sur cette table trois chevaliers et un écuyer, ses prisonniers, dont il avait refusé dix mille francs, et là un bourreau, après leur avoir tranché la tête, précipite ces cadavres mutilés et ces têtes coupées au fond des fossés de Derval. P. 158 à 160, 316.

Aussitôt après ces cruelles exécutions, le duc d'Anjou et le con-

par le Périgord, il ne se dirigea, selon toute apparence, vers l'Ánjou et la Bretagne qu'après avoir touché barre à Paris, où il prit les instructions du roi de France son frère, auquel il amenait les importants renforts dont il a été question plus haut. Comme le raconte Froissart, il dut aller ensuite devant le château de Derval, mais il n'y alla que pour prendre possession de cette place dont la reddition devait avoir lieu, aux termes du traité de capitulation, le 29 septembre seulement (Voy. la note suivante).

1. Un mandement de Charles V en date du 8 octobre 1373 établit que la reddition du château de Derval avait été fixée par le traité de capitulation au 29 septembre précédent ou à la Saint-Michel, et que Bureau, seigneur de la Rivière, premier chambellan du roi de France, avait été chargé de faire escorte au duc d'Anjou, avec une nombreuse compagnie de gens d'armes, de Blois à Derval, « pour l'accompagner à tenir *certaine journée que monseigneur de Cliçon avoit emprinse d'estre devant le chastel de Derval à ceste Saint Michel derniere passée, à laquelle journée ceux qui le tenoient le devoient rendre au roy.* » (Delisle, *Mandements de Charles V*, n° 984, p. 510). Les sanglantes exécutions dont parle Froissart eurent lieu sans doute, soit le soir du jour fixé pour la reddition, soit plutôt le lendemain, c'est-à-dire le 30 septembre 1373.

nétable, informés que les ducs de Lancastre et de Bretagne ont envahi le royaume et sont déjà arrivés śur les bords de la Marne, lèvent le siège de Deryal pour se rendre en toute hâte à Paris auprès du roi de France. Là, Charles V réunit en Conseil[1] ses trois frères, les ducs d'Anjou, de Berry et de Bourgogne, Bertrand du Guesclin son connétable et Olivier, seigneur de Clisson, qu'il a mandé tout exprès, pour inviter chacun à dire son avis sur la manière dont il convient de combattre les Anglais, car il y a des barons, des chevaliers et aussi des bonnes villes qui murmurent de ce que l'on reste sur la défensive et qui prétendent que c'est une honte pour la noblesse de France de laisser ainsi les Anglais

1. La mention de la présence à cette mémorable séance du duc d'Anjou, de Du Guesclin et de Clisson, ainsi que du rôle prépondérant qu'y jouèrent ces trois grands personnages, nous permet d'en déterminer la date au moins approximative. Elle ne put avoir lieu que dans le courant du mois de septembre, puisque aucun des trois orateurs qui y prirent la parole n'était arrivé à Paris avant cette date (Voy. ci-dessus, p. lxxxv, note 2, et p. xcii, note 2), et vraisemblablement vers la fin de la première quinzaine de ce mois, puisque, d'une part, Clisson rejoignit le corps d'armée du duc de Bourgogne à Sézanne le 13 septembre (Voy. p. lxxxv, note 2), et que, d'autre part, le duc d'Anjou ne put guère partir de Paris beaucoup après cette date pour se trouver devant Derval à la Saint-Michel (Voy. p. xcii, note 2, et p. xciii). Nous inclinerions à fixer au 10 septembre la tenue de ce grand Conseil de guerre, précisément au lendemain de l'affaire d'Oulchy, dont l'heureuse issue venait de relever le crédit des partisans d'une offensive plus énergique. La présence de Du Guesclin et de Clisson à Paris, à la date que nous indiquons, est d'autant plus probable que cette même journée du 10 septembre 1373 fut marquée par les faveurs dont Charles V gratifia un certain nombre de chevaliers ou écuyers bretons, tels que Guillaume, seigneur de Penhoet (Hay du Chastelet, p. 383), Sevestre Campson, capitaine de Morlaix (*Arch. Nat.*, J 621, n° 82), Maurice de Plusquellec (*Ibid.*, n° 79²), Hervé de Saint-Gouëno (*Ibid.*, n° 79³), enfin Olivier le Moine (*Ibid.*, n° 79). — Quant aux ducs de Bourgogne et de Berry, dont Froissart mentionne également la présence, sans indiquer du reste l'avis qu'ils n'auraient certainement pas manqué d'émettre s'ils avaient réellement assisté à ce grand Conseil, ils étaient absents de Paris l'un et l'autre et ne purent par conséquent être consultés, du moins de vive voix. Quoi qu'il en soit, ce que dit Froissart de l'intimité qui s'établit dès lors entre le duc d'Anjou et Du Guesclin est confirmé par les faits. Le 28 octobre suivant, le jour même où Louis, duc d'Anjou, qui regagnait son gouvernement de Languedoc par Avignon, était de passage à Gien sur Loire (D. Vaissete, *Hist. de Languedoc*, Toulouse, 1885, X, 1495), Charles V, inspiré sans doute par son connétable, institua l'aîné de ses frères son lieutenant général dans tout le duché de Bretagne (Hay du Chastelet, *Hist. de B. du Guesclin*, p. 453).

traverser le royaume tout à leur aise, sans marcher à leur rencontre et leur tenir tête. P. 160, 161, 316.

Du Guesclin, invité à parler le premier, conseille de ne livrer bataille aux Anglais que si l'on a sur eux l'avantage du nombre et de la position, et appelle en témoignage son compagnon d'armes le seigneur de Clisson, qui a été nourri dès l'enfance et a fait ses premières armes avec les envahisseurs. Celui-ci approuve le conseil du connétable et dit que, sans offrir le combat aux Anglais dont l'audace naturelle est encore accrue par une longue série de victoires, il faut se tenir prêt à profiter de toutes les fautes qu'ils pourront commettre; ce système de temporisation a trop bien réussi depuis un certain nombre d'années pour que l'on ne continue pas de le suivre. Charles V déclare se ranger à ces avis et veut désormais confier à Du Guesclin et à Clisson la défense de son royaume. Le duc d'Anjou donne son assentiment à cette résolution du roi et ajoute qu'il compte bien, avec l'aide de ces deux capitaines, expulser à bref délai les Anglais de l'Aquitaine et de la Haute Gascogne. Après ce conseil, Du Guesclin et Clisson, ayant réuni un corps d'armée de cinq cents lances, se dirigent vers Troyes à la poursuite des Anglais. Les deux ducs de Lancastre et de Bretagne venaient de passer devant Épernay[1] et Vertus[2], non sans avoir rançonné et fourragé tout le pays situé aux environs de ces deux villes, ainsi que la belle et riche vallée de la Marne; puis ils contournent Châlons[3] en Champagne, mais sans s'en

1. Des lettres de rémission, datées de novembre 1373, mentionnent le passage du duc de Lancastre et en particulier du connétable de son armée Édouard Spencer à Damery-sur-Marne (Marne, arr. et c. Épernay), où les deux ménestrels du dit connétable, originaires de la châtellenie d'Ypres, s'enfuirent en déserteurs du camp anglais avec leur valet (*Arch. Nat.*, JJ 105, n° 68, f° 44).

2. Marne, arr. Châlons-sur-Marne. Eustache des Champs, dit Morel, a décrit dans quelques-unes de ses poésies les ravages commis par les Anglais aux environs de Vertus, d'où il était originaire.

3. Le 18 octobre 1373, quelques-uns des hommes d'armes préposés à la défense de la Champagne, Béraud, comte dauphin d'Auvergne, Hugues de Melun, seigneur d'Antoing, Louis, seigneur de Sully et de Grez, Jacques Win, dit le Poursuivant d'Amours, furent passés en revue à Melun (La Roque, *Hist. de la maison d'Harcourt*, IV, 1452). Dès le 1ᵉʳ de ce mois, Jean, vicomte de Melun, comte de Tancarville, était à Pont-sur-Yonne (Yonne, arr. Sens) avec 50 hommes d'armes (*Ibid.*, 1431, 1432). C'est à ce dernier grand seigneur que Charles V donna en 1379, à titre viager, le château de Beaufort (auj. Montmorency, Aube, arr. Arcis-sur-Aube, c. Chavanges), confisqué sur Jean,

approcher de trop près, et prennent le chemin de Troyes. Au moment où ils arrivent sous les murs de cette cité, Du Guesclin, Clisson, les ducs de Bourgogne et de Bourbon sont déjà venus renforcer la garnison de cette place[1], dont l'effectif ne compte pas moins de douze cents lances. P. 161 à 164, 316.

Bertrand du Guesclin rend au roi de Castille la terre de Soria, rapportant bien dix mille francs de revenu annuel, dont il avait été gratifié en récompense de ses services, et le roi de Castille donne en échange au connétable de France Jean, comte de Pembroke, fait prisonnier par les Espagnols dans le combat naval livré devant la Rochelle[2]. Le comte s'engage à payer à Bertrand, par les mains des Lombards de Bruges, une rançon de cent vingt mille francs[3]; et cette somme ne doit être versée que le jour où

duc de Lancastre, qui le tenait du chef de sa femme (*Arch. de la Côte-d'Or*, série B, carton 3112).

1. De Sézanne, qu'il quitta pendant la nuit du mardi 13, le duc de Bourgogne vint dîner et camper à Saint-Just (Saint-Just-Sauvage, Marne, arr. Épernay, c. Anglure) et, pressé de couvrir Troyes devenu l'objectif de l'ennemi, fit une telle diligence qu'il arriva dans la capitale de la Champagne le jeudi soir 15 septembre. Il y resta onze jours du jeudi 15 au lundi 26; le mardi 20, il alla coucher à Juilly (Côte-d'Or, arr. et c. Semur), où la duchesse de Bourgogne vint à sa rencontre; mais il était de retour à Troyes dès le lendemain. Cette excursion matrimoniale du duc de Bourgogne nous est un indice que les Anglais passèrent devant Troyes, selon toute apparence, entre le mercredi 21 et le lundi 26 septembre. Cf. *Revue de Champagne et Brie*, VI, 1879, p. 58.

2. Jean de Hastings, comte de Pembroke, nommé lieutenant du roi d'Angleterre en la principauté d'Aquitaine le 20 avril 1372, avait été battu et fait prisonnier par la flotte de Castille à la bataille navale livrée devant la Rochelle le 23 juin suivant (Voy. plus haut, p. xxiii à xxvii).

3. Aux termes de « l'endenture » faite le 11 janvier 1375 (n. st.) entre Du Guesclin et le comte de Pembroke, le chiffre de la rançon s'élevait, non à 120 000, comme le dit Froissart, mais à 130 000 francs d'or du coin de France, payables : 50 000 francs avant la Purification ou le 2 février suivant, 10 000 francs six semaines après la rentrée du comte en Angleterre, et 70 000 en obligations munies des sceaux de cinq comtes et de cinq chevaliers anglais, lesquelles obligations seraient remboursables 35 000 francs à Noël ou le 25 décembre 1375, 35 000 francs le 24 juin ou à la Saint-Jean-Baptiste 1376. Il était convenu en outre que Jean de Hastings se pourrait armer et faire tout ce qui appartient à bon et loyal chevalier, aussitôt qu'il aurait payé les 10 000 francs pour lesquels il s'était personnellement obligé. A l'échéance du 2 février 1375, le comte de Pembroke n'ayant pu réunir tout l'argent dont il avait besoin pour faire son premier payement, Du Guesclin consentit d'autant plus facilement à accorder un délai à son prisonnier que

le prisonnier aurait été reconduit sain et sauf à Calais. Or, il arrive que le comte de Pembroke, au moment où il se rend d'Espagne dans cette ville en traversant la France à la faveur

l'évêque de Bayeux et le comte de Saarbruck furent bientôt appelés à se rendre à Bruges pour sceller chez un marchand lucquois nommé Fortiguerra le sac où l'on avait mis en dépôt, non seulement 23 135 nobles et demi et 2 gros valant 50 000 francs, mais encore deux obligations représentant une somme de 70 000 francs et revêtues de la garantie des cinq comtes et des cinq chevaliers anglais désignés dans l'endenture. Le comte de Pembroke était mort sur ces entrefaites, le lundi 16 avril 1375 ; et les gens du connétable avaient eu beau faire diligence, le malheureux prisonnier avait rendu le dernier soupir à Moreuil en Picardie (Somme, arr. Montdidier), et non à Arras, suivant la version de Froissart, avant d'avoir touché une terre anglaise. Sur l'ordre du duc de Lancastre, qui savait que le roi son père avait fait l'avance des sommes déposées chez Fortiguerra, la garnison anglaise de Guines avait refusé de prendre livraison d'un cadavre qui aurait coûté si cher, de telle sorte que les restes du comte auraient pu être abandonnés sur la voie publique si on ne les eût pas recueillis par pitié dans une abbaye située à deux lieues de Calais. Aussitôt qu'il fut informé du décès de son gendre, Édouard III n'eut rien de plus pressé que de se faire restituer par les échevins de Bruges ou plutôt de faire restituer à son fils le duc de Lancastre les sommes mises en dépôt chez Fortiguerra. Ce fut alors que le Breton Yves de Kerambars, procureur de Bertrand du Guesclin, adressa à ces mêmes échevins de Bruges, à l'appui des réclamations du connétable, un long mémoire conservé aux Archives Nationales dans un des registres du Trésor des Chartes (J 381, nº 16), mémoire dont M. Kervyn de Lettenhove a publié le texte en 1874 (*OEuvres de Froissart*, XVIII, 511-543). Le 20 juillet 1375, Charles V, prenant en considération l'appel interjeté par Du Guesclin contre la décision des échevins, fit ajourner ces derniers devant le Parlement de Paris. Les magistrats de Bruges n'ayant point comparu, furent condamnés par défaut, et le profit de ce défaut fut adjugé au connétable. Ce profit, purement de style, fut la seule satisfaction que Bertrand parvint à obtenir, quoique le procès en revendication qu'il avait intenté ait continué de figurer sur les rôles du Parlement pendant les années 1376 et 1377. La somme de 120 000 francs, chiffre de la rançon imposée par D. Enrique de Trastamar, roi de Castille, au comte de Pembroke, son prisonnier, avait été accepté par Du Guesclin en déduction du montant du produit de la vente de son duché de Molina et de son comté de Soria, rachetés par le dit roi de Castille. Comme le connétable n'avait fait cette vente que pour rester au service de Charles V, ce prince éprouva le besoin de dédommager, au moins dans une certaine mesure, son fidèle et loyal serviteur, auquel il donna, par acte daté de Paris, le lundi 30 mars 1377, une somme de 50 000 francs, exigible à raison de 5000 francs par mois jusqu'à parfait payement, en retour de quoi Bertrand lui transporta le 27 novembre suivant tout le droit qu'il pouvait avoir contre les échevins de Bruges (Hay du Chastelet, *Hist. de B. du Guesclin*, p. 454, 456, 457).

d'un sauf-conduit délivré par le connétable, est pris de maladie et meurt à Arras, et Du Guesclin perd ainsi tout à la fois son prisonnier et sa rançon[1]. Olivier de Mauny, neveu du connétable, gratifié naguère par le roi de Castille de la terre d'Agreda, d'un revenu annuel de quatre mille francs, échange aussi cette terre contre un autre prisonnier de D. Enrique nommé Guichard d'Angle[2], et pour obtenir la mise en liberté de ce chevalier ainsi que de Guillaume, neveu de Guichard, Édouard III consent à rendre le seigneur de Roye[3], qu'il garde comme otage en Angleterre. Ces deux échanges ont été la condition mise au mariage d'Olivier de Mauny[4] avec la fille du seigneur de Roye, qui doit hériter après la mort de son vieux père d'une fortune évaluée à trois mille francs de revenu annuel. Guichard d'Angle, admis au nombre des conseillers d'Édouard III, mande à sa femme et à ses enfants de venir le rejoindre en Angleterre, où il s'établit définitivement, et déclare renoncer à la possession de tous les fiefs qu'il tient en Poitou du duc de Berry, auquel il adresse des remerciements pour avoir daigné laisser en paix sa femme et ses enfants pendant son absence. P. 164 à 166, 316.

1. Jean de Hastings, comte de Pembroke, mourut à Moreuil le 16 avril 1375, et Du Guesclin fit de vains efforts, dans le cours des années 1375 et 1376, pour se faire payer la rançon de son prisonnier. Froissart connaissait tous ces faits lorsqu'il en a intercalé la mention dans son récit de l'expédition du duc de Lancastre en France pendant la seconde moitié de 1373. Par conséquent, la rédaction de cette dernière partie de son premier livre ne peut être antérieure à la fin de 1376 ou au commencement de 1377. La mention de la mort d'Édouard Spencer, décédé au mois de novembre 1375, que l'on trouvera un peu plus loin, vient encore confirmer l'exactitude de cette conclusion (Voy. p. ciii, note 2).

2. Guichard d'Angle, maréchal d'Aquitaine, avait été fait prisonnier ainsi que le comte de Pembroke dans la bataille navale livrée devant la Rochelle le 23 juin 1372 (Voy. plus haut, p. xxvi, xxvii).

3. Mathieu, seigneur de Roye et de Germigny, envoyé comme otage en Angleterre après le traité de Brétigny, n'avait pas encore recouvré sa liberté à la date du 5 novembre 1371 (Rymer, III, 928). Au mois d'octobre 1368, Charles V, voulant dédommager ce chevalier d'une captivité aussi longue et aussi onéreuse, avait fondé à Germigny (Marne, arr. Reims, c. Ville-en-Tardenois) une foire annuelle qui se tenait depuis la veille de Saint-Simon et Saint-Jude jusqu'au deuxième jour après la dite fête (*Arch. Nat.*, JJ 100, n° 165).

4. Ce ne fut pas Olivier de Mauny, ce fut Alain de Mauny, neveu à la mode de Bretagne de Du Guesclin, qui épousa en 1374 Marie de Roye, fille unique de Mathieu, seigneur de Roye, et de Iolande de Hangest (P. Anselme, *Hist. généal. de la maison de France*, VIII, 9, 10).

Sur ces entrefaites, le pape Grégoire XI envoie d'Avignon à Paris deux légats, l'archevêque de Ravenne et l'évêque de Carpentras, pour traiter de la paix entre les rois de France et d'Angleterre. Charles V et le duc d'Anjou invitent ces légats à se rendre à Troyes pour entamer des pourparlers, d'une part, avec le connétable et le seigneur de Clisson, d'autre part, avec les ducs de Lancastre et de Bretagne. Ces derniers viennent camper devant Troyes[1] trois jours après l'arrivée des deux légats dans cette ville. Les deux maréchaux de l'armée anglaise escarmouchent jusqu'aux barrières, tandis que le connétable, Édouard Spencer, fait merveille d'armes à la porte de Bourgogne[2]. Pendant ces escarmouches, les deux légats se rendent aux tentes des ducs de Lancastre et de Bretagne, auxquels ils exposent l'objet de leur mission. Les ducs font à ces légats un accueil courtois, mais

1. Les Anglais arrivèrent sans doute devant Troyes, comme nous l'avons dit plus haut, du 21 au 26 septembre. Un peu avant le 29 de ce mois, on les signalait portant des enseignes ou croix de drap rouge et des sachets pleins de soufre à Brienne et à Dienville (Aube, arr. Bar-sur-Aube, c. Brienne), dont les habitants étaient réduits à se cacher dans les bois (*Arch. Nat.*, JJ 105, n° 31, f° 24 v°). Ils passèrent la Seine à Gyé (Gyé-sur-Seine, Aube, arr. Bar-sur-Seine, c. Mussy-sur-Seine, au sud-est et en amont de Troyes), se dirigeant d'abord vers Sens. Il semble résulter de la narration de Cabaret d'Orville que l'un des corps de l'armée anglaise, sans doute l'aile droite, franchit l'Aube près de Plancy (Aube, arr. Arcis, c. Méry-sur-Seine), où plusieurs des hommes d'armes de l'entourage du duc de Bourbon tuèrent sept Anglais devant la *Barrière amoureuse* et taillèrent en pièces un détachement d'éclaireurs de l'avant-garde ennemie, en effectuant leur retour de Plancy à Troyes (*La chron. du bon duc Loys de Bourbon*, p. 50-52). D'après ce même chroniqueur, deux mille hommes d'armes renfermés dans Troyes opérèrent, sous les ordres de Louis, duc de Bourbon, et d'Olivier, seigneur de Clisson, une sortie où l'on tua 100 ennemis et où furent faits 120 prisonniers, notamment Jean Burleigh (*Ibid.*, p. 53).
2. Une lettre datée de Paris le 12 octobre 1373 et adressée par Pierre de Villiers-Herbisse (Aube, arr. et c. Arcis), confesseur de Charles V, évêque de Nevers, et par le célèbre avocat Jean des Marès, conseiller du roi, aux habitants de Troyes, mentionne « les grans dommages que les diz habitans et tout le pais de environ ont euz ou fait de la guerre » (D'Arbois, *Voyage paléographique*, p. 151, 152). Les faubourgs de la capitale de la Champagne eurent beaucoup à souffrir et, le 19 avril 1374, Charles V amortit 50 livres tournois de rente annuelle en faveur de la maison des Chartreux lez Troyes : « cum vix poterit dicta domus reparari, propter dampna et nonnulla gravamina per gentes nostras armorum in bonis suis illata, *dum dux Lancastrie, inimicus noster, cum suo exercitu per partes Campanie transitum faceret* » (*Arch. Nat.*, JJ 106, n° 397, f° 205 v°).

il leur est absolument interdit de s'immiscer dans des négociations de ce genre. P. 166 à 168, 316.

Il est, en effet, d'usage en Angleterre que les chefs d'une expédition, surtout lorsque cette expédition doit avoir lieu en France, prêtent serment : 1° de ne mettre bas les armes qu'après avoir achevé ce qu'ils ont entrepris; 2° de garder un secret inviolable sur leurs projets; 3° d'observer une discipline rigoureuse et de ne jamais laisser la désunion ni la révolte se mettre dans les rangs de leurs soldats. Les ducs de Lancastre et de Bretagne n'ont donc point qualité pour répondre aux propositions des légats ni même pour accorder une trêve ou une abstinence de guerre quelconque. Aussi continuent-ils, nonobstant les démarches de ces légats, de mettre le feu aux maisons isolées, aux villages et aux petits forts, de rançonner les habitants du plat pays et les abbayes[1]. Ils ne

1. Vers la fin de septembre 1373, le bailli du pays d'Auxois pour le duc de Bourgogne ordonna de faire rentrer les vivres dans les châteaux et d'enlever les fers des moulins par crainte des Anglais dont on signalait la présence à Pothières (Côte-d'Or, arr. et c. Châtillon-sur-Seine), à Pontaubert (Yonne, arr. etc. Avallon) et à Vaux (Arch. de la Côte-d'Or, B 2760; *Invent.*, I, 305). A cette même date, pendant la saison des vendanges, Bertrand du Guesclin et Philippe, duc de Bourgogne, donnèrent la chasse à l'un des détachements de l'armée du duc de Lancastre qui s'était avancé dans la direction de Joigny et de Sens, comme on le voit par une lettre de rémission octroyée en décembre 1373 à Jean Tenrieau, de Brion près de Joigny, où il est fait mention de « aucuns pillars suivans, *environ vendanges derrain passées*, les routes des gens d'armes *en la compaignie* de notre très cher et très amé frère *le duc de Bourgoigne* et de nostre amé et feal *connestable estans ou pais de Bourgoigne* pour contrester à l'entreprise de nos ennemis. » (*Arch. Nat.*, JJ 105, n° 95, f° 59). D'après Cabaret d'Orville, les Anglais se seraient avancés dans cette direction jusqu'aux faubourgs de Sens, où Olivier, seigneur de Clisson, les aurait fait tomber dans une embuscade, en aurait tué 600 et leur aurait ainsi infligé le plus grave échec de toute l'expédition (*La chronique du bon duc Loys de Bourbon*, p. 54, 55). Ce fut peut-être cet échec qui détermina le duc de Lancastre à rebrousser chemin, à remonter le cours de la Loire jusqu'à Marcigny pour gagner Bordeaux en traversant l'Auvergne et le Limousin. Voici, d'après l'*Itinéraire de Philippe le Hardi*, dressé par M. Petit, la route que suivit le duc de Bourgogne depuis Troyes jusqu'en Auvergne; comme le duc poursuivait Lancastre, cet itinéraire nous indique avec quelques jours seulement de retard la marche et les étapes successives des Anglais eux-mêmes. Le mardi 27 septembre, Philippe le Hardi, qui venait de quitter Troyes, dîna à Villemaur (Aube, arr. Troyes, c. Estissac) et coucha à Joigny; le lendemain 28, il alla dîner à Villemer (Yonne, arr. Joigny, c. Aillant), soupa et coucha à Auxerre, où il passa les deux derniers jours du mois de septembre. Il passa le 2 octobre à Druyes (Yonne, arr. Auxerre, c. Courson), le 3 à Varzy (Nièvre,

cessent pas non plus un seul instant de chevaucher en ordre de bataille. D'un autre côté, mille lances d'élite commandées par Du Guesclin, Clisson, les vicomtes de Rohan et de Meaux poursuivent les envahisseurs l'épée dans les reins et les serrent de si près qu'ils n'osent développer leurs lignes, car les Français se tiennent à portée et en mesure de profiter de la première occasion favorable qui s'offrira pour l'attaque. P. 168 à 170, 316, 317.

C'est ainsi que les ducs de Lancastre et de Bretagne traversent la France de part en part, offrant toujours la bataille, sans jamais trouver à qui parler. Les Français qui les poursuivent en les harcelant, tantôt sur leur aile droite, tantôt sur leur aile gauche, suivant la direction du cours des rivières, se logent presque tous les soirs à leur aise dans des forteresses ou de bonnes villes, tandis que les Anglais sont réduits à planter leurs tentes en rase campagne, où ils souffrent de la disette de vivres et, quand l'hiver est arrivé, de la rigueur du froid ; ils ont en outre à traverser des pays très pauvres tels que l'Auvergne [1], le Limou-

---

arr. Clamecy), du 4 au 6 à Prémery (Nièvre, arr. Cosne), du 7 au 9 à Decize (Nièvre, arr. Nevers) ; le 10, il fut réduit à coucher en rase campagne ; il passa le 11 et 12 octobre à Roanne, dans le comté de Forez, quelques jours après que les Anglais avaient effectué le passage de la Loire à Marcigny, un peu en aval de Roanne ; le 13, il alla coucher à Saint-Haon (Loire, arr. Roanne), le 14 à Cusset (Allier, arr. La Palisse), le 18 à Saint-Pourçain (Allier, arr. Gannat). Arrivé le dimanche 19 octobre à Souvigny (Allier, arr. Moulins), il y passa quatre jours dans la magnifique résidence du duc de Bourbon, frère de sa belle-sœur la reine de France. Revenu le 24 à Saint-Pourçain, il y prolongea son séjour jusqu'au dimanche 30 et n'arriva que le lundi 31 dernier jour d'octobre à Aigueperse, en Auvergne.

1. Arrivé à Aigueperse (Puy-de-Dôme, arr. Riom) le 31 octobre, le duc de Bourgogne passa les deux premiers jours de novembre dans cette localité, située sur le bord de l'ancienne voie romaine qui, contournant le massif du Puy de Dôme, conduisait de temps immémorial par la vallée de la Dordogne en Limousin et en Périgord. D'Aigueperse, Philippe le Hardi se rendit à Riom, où il passa également deux jours, le jeudi 3 et le vendredi 4 novembre. Le samedi 5, il vint souper et coucher à Clermont, où il séjourna jusqu'au mercredi 9. Renonçant à poursuivre plus loin l'armée anglaise, il revint le 10 coucher à Aigueperse, d'où il se dirigea vers Bourges en passant par Montagu en Combraille, Montluçon, Hérisson, Ainay-le-Château et Meillant ; le 16, il arriva dans la capitale du Berry, où il fut rejoint le 24 par la duchesse de Bourgogne, qui y tint compagnie à son mari jusqu'au 29, jour où l'on célébra dans la cathédrale de Sens un service solennel pour le repos de l'âme de la reine de Navarre, récemment décédée. Le vendredi 2 décembre suivant, le duc de Bour-

sin [1], le Rouergue [2], l'Agenais, où les plus grands seigneurs sont parfois cinq ou six jours sans manger de pain, car vers la fin de leur
chevauchée ils n'ont pas moins de trois mille lances à leur poursuite et n'osent fourrager les uns sans les autres. C'est dans ces

gogne était à Paris, où il rendit compte au roi son frère de tous les
incidents d'une campagne qui durait depuis quatre mois. En novembre
1373, plusieurs lettres de rémission retracent les ravages exercés par
les Anglais en Bourgogne, en Nivernais, en Berry et en Auvergne
(*Arch. Nat.*, JJ 105, n°° 288, 305; JJ 115, n° 104; KK 252, f° 25).

1. Le Limousin fut la seule province où le duc de Lancastre réussit
à s'emparer, pendant le cours de son expédition, de places de quelque
importance. Sans parler d'un chevalier nommé Pierre de Maumont,
dont Charles V donna les biens à Gui d'Aubusson, en mars 1374,
parce que le dit Pierre s'était rallié aux Anglais « pour le temps que
le duc de Lanclastre avecques sa compaignie a derrain chevauchié
par le pais de Lymozin » (*Arch. Nat.*, JJ 105, n° 204), lequel Pierre
de Maumont réussit à obtenir sa grâce dès le mois de juillet suivant
(*Ibid.*, n° 420), la ville de Tulle se rendit aux envahisseurs, comme on
le voit par des lettres de rémission datées du 15 mars 1374 (n. st.), où
on lit que « nostre ennemi le duc de Lencastre, comme il passast
derrain avecques ses gens par le pais de Lymosin, eust pris la cité de
Tuelle » (*Arch. Nat.*, JJ 105, n° 238, f° 131 v°; JJ 108, n° 27, f° 18).
Brives la Gaillarde suivit l'exemple de Tulle et ouvrit ses portes aux
Anglais que les Français poursuivaient (JJ 105, n° 491, f° 250 v°). Cette
dernière ville ne fut reprise que vers la fin du mois de juillet de
l'année suivante ; Louis, duc de Bourbon, l'emporta d'assaut (JJ 105,
n° 578, f° 290; JJ 106, n° 339, f° 179 v°). Ces opérations en Limousin,
où Bertrand du Guesclin, du côté des Français, et Bernard de la
Sale, du côté des Anglais, nous apparaissent dans les actes comme
ayant joué un rôle actif, durent avoir lieu, d'après Cabaret d'Orville,
assez bien renseigné sur cette fin de l'expédition du duc de Lancastre,
un peu avant Noël ou le 25 décembre (*La chronique du bon duc Loys de
Bourbon*, p. 55), en d'autres termes, pendant la seconde quinzaine de
novembre et les vingt premiers jours de décembre 1373. Cf. *Bulletin
de la Société archéologique de la Corrèze*, t. I (1878-1879), p. 130 et suiv.

2. Le Rouergue n'était pas sur le chemin du duc de Lancastre, qui
devait être pressé de rentrer directement à Bordeaux après avoir fait
campagne en Limousin dans une saison déjà rigoureuse. Il est plus
probable qu'après la prise de Tulle et de Brives les Anglais continuè-
rent de suivre la vallée de la Dordogne et se dirigèrent vers le Bordelais en passant par Sarlat, Limeuil, Lalinde et Bergerac. Tel est du
reste l'itinéraire que Guillaume de Saint-André fait suivre à Jean de
Montfort, duc de Bretagne, qui, s'étant séparé du gros de l'armée
anglaise à la suite d'une querelle avec le duc Lancastre au sujet du
payement de la solde des troupes et sans doute aussi au sujet de l'occupation du Limousin sur lequel Montfort élevait des prétentions,
avait pris les devants et, accompagné seulement de soixante Bretons
fidèles, s'était frayé à part un passage pour gagner Bordeaux (*Le livre
du bon duc Jehan de Bretaigne*, vers 2011 à 2361).

conditions défavorables qu'ils franchissent la Loire, l'Allier, la Dordogne, la Garonne ainsi que plusieurs autres grosses rivières qui descendent des montagnes d'Auvergne. Aussi, c'est à peine s'ils ont conservé le tiers de leur charroi lorsqu'ils arrivent à Bordeaux; ils ont laissé le reste en route, soit faute de chevaux pour le traîner, soit parce que l'on n'a pu le transporter à travers les défilés des montagnes. Comme ils ne rentrent à Bordeaux qu'après Noël[1], c'est-à-dire en plein hiver, plusieurs gentilshommes succombent en chemin à l'excès du froid ou des privations, et d'autres, tels que le connétable Édouard Spencer[2], y contractent le germe du mal qui doit les emporter plus tard. P. 170, 171.

CHAPITRE CI.

1373, 28 *octobre*-1374, 8 *janvier*. RETOUR DU DUC D'ANJOU A TOULOUSE PAR AVIGNON. — 1373, *juin et juillet*. TRAITÉ DE CAPITULATION DE BÉCHEREL. EXPÉDITION DU DUC D'ANJOU EN BIGORRE; REDDITION DE SAINT-SEVER; PRISE DE LOURDES. — 1374, *commencement d'avril*. JOURNÉE DE BATAILLE ASSIGNÉE PRÈS DE MOISSAC ENTRE LES DUCS D'ANJOU ET DE LANCASTRE; DÉFAUT A CE RENDEZ-VOUS DE LANCASTRE, QUI PART DE BORDEAUX ET RETOURNE EN ANGLETERRE. — 21 *mai*. EXPIRATION DE LA TRÊVE CONCLUE PAR DU GUESCLIN AVEC LE DUC DE LANCASTRE. — *Juin et juillet*. SOUMISSION DU VICOMTE DE CASTELBON. EXPÉDITION DE DU GUESCLIN ET DU DUC D'ANJOU, D'ABORD DANS LE BAS LANGUEDOC CONTRE LES COMPAGNIES, ENSUITE SUR LES CONFINS DE L'AGENAIS ET DU BOR-

1. Un acte d'Édouard III, daté du 8 janvier 1374, mentionne le retour à Bordeaux, ou du moins en Guyenne, du duc de Lancastre, « par ce que nous fumes certifiez qe nostre très cher fitz Johan, roi de Castille et de Leon, duc de Lancastre, liquel a esté grant piece ovesque pluseurs nobles seignours et grantz et autres gentz d'armes en sa compaignie assemblez en grant host es parties de France, *est de presente en nostre seignourie d'Aquitaigne* » (Delpit, *Documents français en Angleterre*, p. 190). Le duc de Lancastre mit fin à son expédition et rentra à Bordeaux dans les derniers jours de 1373 ou les premiers jours de 1374.

2. Édouard Spencer, l'un des protecteurs de Froissart, qui avait été chargé dans l'expédition du duc de Lancastre de l'office de connétable de l'armée, ne survécut pas deux ans à cette expédition; il mourut à Cardiff au mois de novembre 1375.

DELAIS CONTRE LES ANGLAIS ; SIÈGE ET PRISE DE LA RÉOLE, DE LANGON, DE SAINT-MACAIRE, DE SAINTE-BAZEILLE ET DES PLACES AVOISINANTES. — *2 octobre.* RETOUR DE DU GUESCLIN A PARIS ET DU DUC D'ANJOU A TOULOUSE. — *août et septembre.* SIÈGE DE SAINT-SAUVEUR-LE-VICOMTE ; REDDITION DE BÉCHEREL, DONT LA GARNISON VA RENFORCER CELLE DE SAINT-SAUVEUR. — 1375, *premiers mois.* DÉFAITE DES FRANÇAIS DANS UNE RENCONTRE ENTRE LICQUES ET TOURNEHEM ; CAPTURE DU COMTE DE SAINT-POL, EMMENÉ EN ANGLE-TERRE. — OUVERTURE DES NÉGOCIATIONS A BRUGES ENTRE LES AMBASSADEURS DE FRANCE ET D'ANGLETERRE. — RETOUR EN FRANCE DU DUC DE BRETAGNE ET DU COMTE DE CAMBRIDGE AVEC UN CORPS D'ARMÉE CONSIDÉRABLE ; DÉBARQUEMENT A SAINT-MATHIEU ; PRISE DE SAINT-POL DE LÉON ; SIÈGE DE SAINT-BRIEUC. — 21 *mai.* TRAITÉ DE CAPITULATION DE SAINT-SAUVEUR. — LEVÉE DU SIÈGE DE SAINT-BRIEUC PAR LES ANGLAIS, ET DU SIÈGE DU NOUVEAU FORT PAR LES FRANÇAIS, QUE LES ANGLAIS ACCOURUS DE SAINT-BRIEUC POURSUIVENT JUSQU'A QUIMPERLÉ OÙ ILS LES ASSIÈGENT. — 27 *juin.* TRÊVE D'UN AN ENTRE LES ROIS DE FRANCE ET D'ANGLETERRE CONCLUE A BRUGES ; LEVÉE DU SIÈGE DE QUIMPERLÉ. — 3 *juillet.* REDDITION DE SAINT-SAUVEUR AU ROI DE FRANCE (§§ 749 à 768).

Après cette grande chevauchée, le duc d'Anjou regagne Tou-louse[1] en compagnie du connétable de France[2] et donne rendez-

1. Parti de Gien-sur-Loire le 28 octobre 1373 (Voy. plus haut, p. xciv, note 1), Louis, duc d'Anjou, était à Lyon le 27 novembre, à Roquemaure (Gard, arr. Uzès) du 29 du même mois au 2 décembre, à Avignon du 2 au 12 de ce mois, à Nîmes (où il fêta le jour de Noël dans l'hôtel de Pierre Scatisse, trésorier de France) du 13 décembre au 2 janvier; il partit de Nîmes ce jour-là en compagnie de Pierre Scatisse pour se rendre à Toulouse, où il arriva le dimanche 8 jan-vier 1374 (Journal de Pierre Scatisse de 1369 à 1374, publié par Ménard, *Histoire de Nismes,* II; Preuves, p. 2-7).

2. Bertrand du Guesclin n'accompagna point le duc d'Anjou dans ce voyage; il employa les deux derniers mois de 1373 à donner la chasse aux Anglais du duc de Lancastre. Treize jours après l'arrivée du duc à Toulouse, le samedi 21 janvier 1374, Bertrand, devenu veuf par le décès de sa première femme Tiphaine Raguenel, morte peu après le 23 juillet de l'année précédente, se remaria à Rennes à Jeanne de Laval, dame de Tinténiac, fille de Jean de Laval, sire de Châtillon, et d'Isabeau, dame de Tinténiac, de Bécherel et de Romillé (Hay de Chas-telet, *Hist. de B. du Guesclin,* p. 250; P. Anselme, *Hist. généal.,* VI, 186). Le connétable passa en Bretagne et en basse Normandie, à Pontorson, avec sa jeune femme, la fin de janvier ainsi que les mois de février et

vous à ses gens d'armes pour le terme de Pâques de l'année suivante. Les légats du pape continuent de s'entremettre auprès des ducs d'Anjou et de Lancastre pour amener la conclusion d'un traité de paix entre les rois de France et d'Angleterre. Le duc d'Anjou passe tout l'hiver à faire des préparatifs en vue d'une expédition projetée dans la Haute Gascogne, où il veut contraindre tous les possesseurs de fiefs et d'arrière-fiefs à reconnaître la suzeraineté du roi de France dont le comte de Foix prétend que ses hommes ne relèvent en rien non plus que du roi d'Angleterre. P. 171, 172, 317.

Peu après Pâques, le duc d'Anjou réunit à Périgueux[1] une armée composée de dix mille hommes d'armes, dont mille étaient des Bretons, et de trente mille fantassins, dont quinze cents étaient des arbalétriers génois. Noms des principaux seigneurs enrôlés dans les rangs de cette armée. Le duc d'Anjou et le connétable de France inaugurent la campagne en mettant le siège devant l'abbaye de Saint-Sever[2]. L'abbé s'empresse de faire sa soumission et de livrer des otages que l'on envoie à Périgueux. Après quinze jours de siège, les Français emportent d'assaut le

de mars, et n'alla rejoindre le duc d'Anjou en Languedoc que dans le courant du mois d'avril. Une quittance d'une somme de 1000 francs qu'il délivra à Étienne de Montmejan, trésorier des guerres du roi de France et du duc d'Anjou, atteste sa présence à Toulouse le 25 avril 1374 (*Bibl. Nat.*, *Pièces Originales*, vol. 1433, dossier Du Guesclin).

1. Ce corps d'armée, dont Froissart exagère beaucoup l'effectif, ne fut pas formé à Périgueux, mais à Toulouse, et nous possédons les montres des principaux hommes d'armes enrôlés à cette occasion par le duc d'Anjou (D. Vaissete, *Hist. de Languedoc*, Toulouse, 1885, X, col. 1503-1509).

2. Auj. Saint-Sever-de-Rustan, Hautes-Pyrénées, arr. Tarbes, c. Rabastens, sur l'Arros, à 22 kil. au nord-est de Tarbes. Le cloître de l'abbaye bénédictine de Saint-Sever au diocèse de Tarbes subsistait en partie, quoique à moitié ruiné, il y a quelques années. « Les châteaux du Bigorre, écrivait en 1885 M. A. Molinier, étaient tenus par les Anglais au nom du captal de Buch, celui-ci ayant été gratifié de ce comté par le roi d'Angleterre et son fils le duc d'Aquitaine » (*Hist. de Languedoc*, IX, 843, note 1). Le consciencieux annotateur de dom Vaissete commet ici une petite erreur. Le 27 juin 1369, le prince de Galles avait en effet donné au captal le comté de Bigorre, et cette donation avait été confirmée par Édouard III le 20 avril de l'année suivante (Rymer, III, 890). Mais trois mois après la prise du captal de Buch à Soubise, le 20 novembre 1372, Édouard III avait donné la viguerie de Mauvezin en l'évêché de Tarbes et la terre de Maransin à Roger Bernard de Foix, vicomte de Castelbon et seigneur de Navailles (*Bibl. Nat.*, *Collect. de Bréquigny*, XXX, f° 134, 136).

château de Lourdes[1], et Pierre Arnaud de Béarn, capitaine de cette place pour le comte de Foix, se fait tuer en défendant la forteresse confiée à sa garde. La ville est livrée au pillage et les bonshommes que l'on y trouve sont massacrés ou mis à rançon. P. 172, 174, 317.

Après la prise de Lourdes, les gens d'armes du duc d'Anjou

1. Hautes-Pyrénées, arr. Argelès, à 19 kil. au sud-ouest de Tarbes. Quoi qu'en ait dit dom Vaissete, dont le principal annotateur de la nouvelle édition de l'*Histoire générale de Languedoc*, M. A. Molinier, a accepté sur ce point les conclusions (IX, 835, 843, note 1; X, 117), il n'y a point lieu de distinguer deux expéditions du duc d'Anjou contre les places anglo-gasconnes du comté de Bigorre, l'une qui se fit réellement du milieu de juin au 7 juillet 1373, l'autre que l'on aurait recommencée du 14 juin au 8 juillet de l'année suivante. Quant à l'expédition très réelle de 1373, trois actes vidimés dans les registres du Trésor des Chartes l'établissent avec la dernière évidence. Le premier de ces actes par lequel Louis, duc d'Anjou, donne au comte d'Armagnac la viguerie de Goudon en Bigorre (Hautes-Pyrénées, arr. Tarbes, c. Tournay) est daté « en nos tentes devant Mauvoisin », le 20 juin 1373 (*Arch. Nat.*, JJ 105, n° 55, f° 37 v°). Le second acte, par lequel ce même duc gratifie le dit comte d'une autre viguerie du comté de Bigorre, celle de Mauvezin, et aussi de la cité de Capvern, confisquées sur le vicomte de Castelbon rebelle, a été dressé « en nos tentes devant Lourdes », le dernier jour de juin, c'est-à-dire le 30 juin suivant (*Ibid.*, n° 73, f° 47). Enfin, la date d'une confirmation faite par le duc d'Anjou d'un acte antérieur est ainsi conçue : « in tentis nostris ante Lourdam, anno Domini millesimo trecentesimo septuagesimo tercio, mense junii » (*Ibid.*, JJ 149, n° 296, f° 148 v°). Dès 1867, un érudit du Bigorre, M. Curie-Seimbres, avait assigné sa véritable date à la campagne du duc d'Anjou en Bigorre; malheureusement, il s'est trompé à son tour en faisant assiéger Lourdes, au mois de juin 1373, par Du Guesclin qui guerroyait alors en Bretagne (*Mém. de la Soc. des Hautes-Pyrénées*, année 1867, p. 104, 105). Quoi qu'il en soit, il demeure certain que le siège de Mauvezin, puis de Lourdes, par le duc d'Anjou, pendant la seconde quinzaine de juin 1373, est établi par des actes et ne saurait être contesté, tandis que la prétendue expédition de ce même duc et de Du Guesclin contre Saint-Sever et Lourdes en 1374, soit du 8 juillet au 1ᵉʳ août, soit, comme le suppose M. A. Molinier, du 14 juin au 8 juillet, est en contradiction avec des documents authentiques, au moins en ce qui concerne le connétable de France. Froissart, ayant commis l'erreur de faire guerroyer le duc d'Anjou en Bretagne pendant la première moitié de 1373, a rapporté sans doute à l'année 1374 des faits de guerre qui s'étaient passés précisément un an auparavant et qu'il n'aurait pu, sans se contredire, mentionner à leur date véritable. L'erreur de dom Vaissete et des nouveaux éditeurs de l'*Histoire générale de Languedoc* est d'autant plus singulière qu'ils ont connu deux des pièces dont nous venons de donner l'analyse (*Hist. de Languedoc*, IX, 835, note 5).

ravagent les terres du vicomte de Castelbon[1], des seigneurs de Castelnau[2] et de Lescun[3], et mettent le siège devant le fort château de Sault[4], défendu par un homme d'armes du comté de Foix nommé Guillonet de Pau. Le comte de Foix prend l'engagement, par l'entremise de l'abbé de Saint-Sever et du seigneur de Marsan, tant en son nom qu'au nom de ses feudataires, de reconnaître soit la suzeraineté du roi de France, soit celle du roi d'Angleterre, selon que l'un ou l'autre des deux rois sera vainqueur à la journée assignée à la mi-août[5] devant Moissac. Sur les instances

1. Un peu avant le mois de juillet 1374, Roger Bernard de Foix, vicomte de Castelbon, entama des négociations avec le duc d'Anjou et fit présenter à celui-ci par son procureur des propositions d'accommodement dont nous possédons le texte publié pour la première fois en 1885 sous la date erronée de 1369 par M. A. Molinier (*Hist. de Languedoc*, X, col. 1420 et 1421); mais l'éditeur a reconnu qu'il faut faire descendre en 1374 la rédaction de ces propositions (*Ibid.*, IX, 843, note 2). Dans le courant du mois de juillet de cette année, ces négociations aboutirent à un traité conclu à Toulouse, dont Vaissete a publié le texte (*Ibid.*, X, col. 1482-1486). En dédommagement du château de Mauvezin en Bigorre dont il s'était emparé, le duc assigna au vicomte : 1° 500 livres de rente annuelle assises sur les château et châtellenie de Sauveterre de Bercodan en la sénéchaussée de Toulouse (Haute-Garonne, arr. Saint-Gaudens, c. Saint-Bertrand); 2° le droit de battre monnaie; 3° 1000 livres de rente à prendre sur la conquête à faire de la Guyenne; 4° le lieu de Bonnegarde en la sénéchaussée des Landes (Landes, arr. Saint-Sever, c. Amou); 5° la restitution d'une rente annuelle de 600 livres dont Géraude de Navailles, femme du vicomte, devait jouir sur la recette de Toulouse.

2. Raymond Bernard, seigneur de Castelnau-Tursan (Landes, arr. Saint-Sever, c. Geaune).

3. Basses-Pyrénées, arr. Oloron, c. Accous.

4. Sault-de-Navailles, Basses-Pyrénées, arr. et c. Orthez. Dans les propositions transmises par son procureur, le vicomte de Castelbon exprimait le vœu que le duc d'Anjou le chargeât de la garde de Sault avec 60 lances et de celle de Mauvezin avec 30 lances, mais le lieutenant du roi en Languedoc se garda bien de faire droit à ces deux demandes.

5. Cette journée n'était point assignée, du moins à l'origine, à la mi-août, mais au lendemain de Pâques, c'est-à-dire au lundi 3 avril 1374. Froissart a entraîné dans son erreur le judicieux dom Vaissete lui-même, ainsi que le très diligent annotateur de la nouvelle édition de l'*Histoire générale de Languedoc*, qui aurait dû peut-être prendre plus garde au passage suivant du journal de Pierre Scatisse publié en 1751 par Ménard : «... tout pour le grant besoing de finence que monseigneur avoit pour payer les gens d'armes qu'il avoit mandés estre devers lui à *lendemain de Pasques, pour la dite journée qu'il entendoit à tenir contre le duc de Lancastre sur les champs* » (*Hist. de Nismes*, II; Preuves, p. 6). Walsingham fixe cette journée au 10 avril 1374.

de l'archevêque de Ravenne et de l'évêque de Carpentras, légats[1] du pape Grégoire XI, le duc de Lancastre, qui se tient alors à Bordeaux avec le duc de Bretagne, envoie quatre de ses chevaliers à Périgueux vers le duc d'Anjou et le connétable de France. Tous ces pourparlers aboutissent à la conclusion d'une trêve[2] qui doit durer jusqu'au dernier jour du mois d'août. P. 174 à 176, 317.

Aussitôt après la conclusion de cette trêve, le duc de Lancastre[3] fait voile pour l'Angleterre en compagnie du duc de Bretagne, auquel il tarde de réunir une armée pour repasser dans son duché et faire lever le siège de Bécherel. Avant de quitter Bordeaux, le duc de Lancastre institue Thomas de Fel-

1. Les légats que Grégoire XI avait chargés de s'entremettre de la paix, vers le milieu de 1373, étaient Simon, cardinal, archevêque de Canterbury, et Jean de Dormans, chancelier de France, dit le cardinal de Beauvais (Rymer, III, 969, 970); mais ce dernier mourut le 7 novembre de cette année. En 1374, le pape confia la même mission à Pileus de Prata, archevêque de Ravenne, et à Guillaume de Lestrange, évêque de Carpentras.

2. Dom Vaissete a supposé que cette trêve ou suspension d'armes avait été conclue vers le 15 juin 1374 par l'entremise du comte de Foix et du vicomte de Castelbon (*Hist. de Languedoc*, IX, 843; X, 117). C'est une erreur. La trêve dont il s'agit est antérieure au 4 avril 1374, puisqu'il en est fait mention dans une « endenture » entre le duc de Lancastre et les deux capitaines anglais de Lusignan qui porte cette date : « pour cause de cestes trevez qe au present ont esté pris par mon dit seigneur de Castille (le duc de Lancastre) et ses adversaires de France » (Delpit, *Documents français en Angleterre*, p. 191). Antérieurement au 9 mars de cette année, Du Guesclin, qui se disposait à quitter la Bretagne pour se rendre en Languedoc, est mentionné comme ayant conclu de son côté un arrangement avec le duc de Lancastre (*Arch. Nat.*, X¹ᵃ 1470, f° 110 v°), lequel arrangement n'est autre sans doute que la trêve mal datée par dom Vaissete. D'après Thomas Walsingham, cette trêve, conclue à l'insu d'Edouard III, devait durer jusqu'au 20 mai 1374 (*Historia anglicana*, p. 316). D'après le rédacteur des *Grandes Chroniques de France* (VI, 343), elle avait été négociée par Bertrand du Guesclin, du côté des Français, par Robert, seigneur d'Aubeterre, et par Thierry, dit le Chanoine de Robersart, du côté des Anglais; elle prit fin le 21 mai 1374, le jour de la fête de la Pentecôte, et l'on voit que cette date finale est la même à un jour près que celle qui est donnée par Walsingham.

3. D'après le rédacteur des *Grandes Chroniques de France* (VI, 342), Jean, duc de Lancastre, quitta Bordeaux pour retourner en Angleterre dans le courant du mois d'avril 1374. Ce départ eut lieu sans doute peu de jours après le 4 avril, date de l'endenture qui fut passée à Bordeaux entre le duc et les deux capitaines anglais de Lusignan (Voy. plus haut, p. LXIII, note 1).

ton[1] grand sénéchal de cette ville et du Bordelais, en enjoignant aux barons de Gascogne d'obéir pendant son absence au dit Thomas comme à son lieutenant. Assiégés et bloqués depuis plus d'un an par les Français, Jean Appert et Jean de Cornouaille, capitaines de la garnison anglaise de Bécherel, lassés d'attendre en vain du secours et craignant de manquer de vivres, font proposer par un héraut de livrer cette forteresse s'ils ne reçoivent pas, dans le délai de la Toussaint, des renforts suffisants pour combattre les Français. Mouton de Blainville et Louis de Sancerre, maréchaux de France, qui commandent les assiégeants, après en avoir référé au roi de France, acceptent les ouvertures des assiégés, signent une trêve[2] qui doit durer jusqu'à la Toussaint et se font livrer des otages. Les capitaines de Bécherel profitent de cette trêve pour solliciter du roi d'Angleterre et du duc de Bretagne un envoi immédiat de secours. P. 176 à 178, 317, 318.

Trois jours avant la mi-août[3], Charles V et le duc d'Anjou

1. Thomas de Felton fut confirmé par Édouard III dans son office de sénéchal d'Aquitaine par un acte passé à Westminster le 6 mars 1374 (Rymer, III, 1000). Avant son départ de Bordeaux, Jean, duc de Lancastre, nomma lieutenants en Aquitaine pendant son absence, outre Thomas de Felton, Florimond, seigneur de Lesparre, et Robert Roux, maire de Bordeaux (Delpit, *Documents français en Angleterre*, p. 328).

2. Le 20 août 1373, Bertrand du Guesclin avait ordonné la levée d'un subside de 1 franc par feu dans les cinq diocèses de Rennes, de Dol, de Saint-Malo, de Saint-Brieuc et de Vannes, « pour paier certaine somme à messire Robert Richier à cause de Becherel » (Voy. p. LXXXV, note 3, et p. LXXXVI.). Cette phrase semblerait indiquer qu'à la date du mandement le château de Bécherel s'était déjà rendu aux Français par composition, c'est-à-dire moyennant le payement d'une somme déterminée.

3. A l'origine, comme nous l'avons établi plus haut, la journée sur les champs entre Montauban et Moissac, entre les rivières de Garonne et de Tarn, avait été fixée au lundi 3 avril 1374. Il est vrai que, trois semaines avant le terme convenu, le 17 mars, le duc d'Anjou dépêcha un docteur en lois et deux de ses chambellans auprès de Gaston Phœbus, comte de Foix, par l'intermédiaire duquel il négociait avec le duc de Lancastre, pour entamer des négociations sur de nouvelles bases et suspendre, continuer, proroger ou même au besoin faire tenir comme nulle et non avenue la journée primitivement fixée au 3 avril (Rymer, III, 1000). Si l'on admet la version de Froissart, ces nouveaux pourparlers auraient eu pour résultat de faire proroger la journée de Moissac du 3 avril au 15 août. Arrivé de Bretagne à Toulouse au plus tard le 25 avril 1374, Du Guesclin employa les mois de mai, de juin et de juillet à mettre en bon état de défense les places fortes du bas

réunissent à Moissac une armée de quinze mille hommes d'armes
et de trente mille fantassins. Au jour fixé, aucun Anglais ne se
présente pour tenir la journée contre les Français. Thomas de
Felton vient trouver le duc d'Anjou après la mi-août et prétend
que les ducs de Lancastre et de Bretagne ont toujours considéré
la trêve comme devant s'appliquer à la journée de Moissac[1].
Quoi qu'il en soit, suivant l'engagement pris, le comte de Foix[2],
les prélats, les barons et autres feudataires de son comté prêtent
serment de foi et hommage au roi de France entre les mains du
duc d'Anjou, qui renvoie au dit comte les otages gardés à Périgueux et retourne à Toulouse après avoir pris possession des
ville et château de Moissac[3]. P. 178 à 180, 318.

Languedoc et à donner la chasse aux Compagnies qui infestaient cette
région. Le 19 mai, il était à Narbonne, où il fut consulté par le duc
d'Anjou sur les mesures à prendre pour fortifier cette ville (*Hist. de
Languedoc*, X, note xxviii, p. 115), le 26 du même mois et le 2 juin à
Carcassonne, le 19 et le 20 juin à Montpellier; dès le 8 juillet, il était
de retour à Toulouse, où il se trouvait encore le 26 de ce mois (*Bibl.
Nat.*, *Pièces Originales*, vol. 1433, dossier Du Guesclin). Le 1er août suivant, il partit sans doute de Toulouse avec les ducs d'Anjou et de
Bourbon pour aller mettre le siège devant la Réole (Journal de Scatisse publié dans *Hist. de Nismes*, II; Preuves, p. 6). Dès le 4 août,
Louis, duc d'Anjou, était déjà arrivé à Agen, où il fit un cadeau à un
homme d'armes nommé Robert Sadot (*Hist. de Languedoc*, X, col. 1506),
et il est probable qu'à cette même date Du Guesclin se trouvait aussi
dans cette ville. Le 10 de ce mois, la présence du connétable de
France à Agen est attestée par une quittance qu'il y donna de ses gages
et de ceux de 100 hommes d'armes de sa compagnie, dont 12 chevaliers et entre autres son cousin Hervé de Mauny (Hay du Chastelet,
Hist. de B. du Guesclin, p. 384; dom Morice, *Preuves de l'histoire
de Bretagne*, II, col. 81). Dans aucun de ces documents il n'est question d'une prétendue journée de Moissac qui aurait été prorogée au
15 août.

1. La trêve, qui expira le 21 mai 1374, n'aurait pu s'appliquer à une
journée de Moissac prorogée au 15 août suivant.

2. Gaston Phœbus, comte de Foix, ne fit sa soumission définitive
au roi de France qu'en 1375.

3. Louis, duc d'Anjou, qui vers le 15 août 1374, à la date de la prétendue journée de Moissac prorogée, se trouvait à Agen ou près d'Agen,
et non à Périgueux, ne retourna pas alors à Toulouse, mais continua
sa marche vers la Réole. Il n'eut pas besoin de prendre possession de
la ville de Moissac, qui était redevenue française dès le 23 juillet 1370
(Voy. le tome VII de notre édition, sommaire, p. lxviii, note 2,
et p. lxix). Nous ignorons sur quoi se fonde dom Vaissete lorsqu'il
mentionne un siège de « la ville de Marziac, au diocèse d'Auch », vers
la fin de juin 1374, par le duc d'Anjou (*Hist. de Languedoc*, IX, 843).

Pendant la première quinzaine de septembre 1374, Louis, duc d'Anjou, part de Toulouse [1] avec un corps d'armée pour faire une chevauchée du côté de la Réole et d'Auberoche. L'abbé de Saint-Sever, le vicomte de Castelbon, les seigneurs de Castelnau, de Lescun et de Marsan font partie de cette expédition. La Réole [2], Langon [3],

1. On a vu par la note précédente que Louis, duc d'Anjou, accompagné de Louis, duc de Bourbon, et de Bertrand du Guesclin, avait quitté Toulouse dès le 1er août, non le 7 ou le 17 septembre, et qu'il était déjà arrivé à Agen le 4 de ce même mois d'août. Certains manuscrits assignent en effet à son départ de Toulouse, les uns la date du 7, d'autres celle du 17 septembre. On voit que ces deux dates sont inexactes.

2. Auj. chef-lieu d'arrondissement de la Gironde, sur la rive droite de la Garonne, à 51 kil. en amont et au sud-est de Bordeaux. La garnison de cette place était alors commandée par Hugh de Calverly, auquel Florimond, seigneur de Lesparre, et le maire de Bordeaux Robert Roux, lieutenants en Aquitaine pour le duc de Lancastre, avaient fait délivrer, dès le 4 août, des munitions, « ad redeundum ad villam Regule contra adventum ducis Andegavie » (*Arch. hist. de la Gironde*, XII, 338). Du 3 août au 21 septembre, Regnaut de Montléon, l'un des maîtres d'hôtel du duc de Berry, alla de Lusignan à la Réole et revint de cette ville à Poitiers par l'ordre de son maître qui l'avait chargé d'une mission auprès du duc d'Anjou au sujet de Thomas de Percy (*Arch. Nat.*, KK 252, f° 37). Dès le 21 août, la ville proprement dite se rendit « gracieusement et grandement » au duc d'Anjou (*Arch. Nat.*, JJ 107, n° 18; JJ 126, n° 104), qui, le 27 de ce mois, témoigna sa reconnaissance aux habitants en confirmant leurs privilèges (*Ordonn.*, VI, 105 à 108); le lendemain 28, le duc d'Anjou partit de la Réole après avoir fait promettre à la garnison anglaise qui tenait bon dans le château que, si elle n'était secourue avant le 8 septembre suivant, elle rendrait à cette date le dit château au roi de France (*Grandes Chroniques*, VI, 343). Du Guesclin fut sans doute chargé de continuer le blocus et de tenir la main à l'exécution de cette convention, car plusieurs des hommes d'armes de sa compagnie, tels que Colart d'Estouteville, seigneur de Torcy (*Bibl. Nat.*, *Titres scellés de Clairambault*, reg. 45, p. 3373), et l'arbalétrier génois Louis Doria, écuyer (*Ibid.*, reg. 41, p. 3071), furent payés de leur solde à la Réole le 4 septembre, et nous possédons une quittance du connétable de France datée également de la Réole le 11 du même mois (*Ibid.*, *Collect. des Pièces originales*, vol. 1433, dossier Du Guesclin). Le 15 septembre, le duc d'Anjou lui-même, après une chevauchée où il s'était fait rendre sans doute quelques-unes des petites places des environs de la Réole indiquées par Froissart, était de retour dans cette ville, où il fit remise de 10 000 francs d'or au duc de Bourbon sur les 30 000 stipulés en échange de la renonciation à ses prétentions sur le comté de Forez (Huillard-Bréholles, *Titres de la maison de Bourbon*, I, 573).

3. Gironde, arr. Bazas, sur la rive gauche de la Garonne, presque en face de Saint-Macaire.

Saint-Macaire [1], « Condon [2] », Sainte-Bazeille [3], « Prudaire [4] »,
« Mautlion [5] », « Dion [6] », « Sebillach [7] », Auberoche [8] et une
quarantaine de villes fermées ou de forts châteaux se rendent
aux Français. Pendant ce temps, les deux légats du Saint-
Siège, l'archevêque de Ravenne et l'évêque de Carpentras, de
retour à Saint-Omer, ne cessent de s'entremettre et d'envoyer
messages sur messages tant en France qu'en Angleterre pour faire
accepter une trêve par les belligérants. Édouard III, qui voit ses

1. Gironde, arr. la Réole, à l'ouest et en aval de cette ville, sur la
rive droite de la Garonne. Le 13 septembre 1374, Bertrand de Pomiers
était capitaine de la garnison anglaise de Saint-Macaire (*Arch. hist.
de la Gironde*, XII, 331).

2. Condom (Gers) est assez éloigné de cette région et avait fait sa
soumission au roi de France du 1ᵉʳ au 13 mai 1369. Cabaret d'Orville
(édit. Chazaud, p. 59, 60) désigne aussi Condom et ajoute à la liste de
Froissart le Port-Sainte-Marie (Lot-et-Garonne, arr. Agen), Penne-
d'Agenais (Lot-et-Garonne, arr. Villeneuve), Penne-d'Albigeois (Tarn,
arr. Gaillac, c. Vaour), Florence (Gironde, arr. Libourne, c. Poujols)
et Genas (écart de Pellegrue, Gironde, arr. la Réole).

3. Lot-et-Garonne, arr. et c. Marmande, sur la rive droite de la
Garonne, au sud-est et en amont de la Réole.

4. Ce nom de lieu, que l'on trouve écrit, tantôt « Prudaire », tantôt
« Praudaire », dans les divers manuscrits de Froissart, est inconnu.

5. Le 15 septembre 1373, Thomas de Felton, sénéchal d'Aquitaine,
donna l'ordre de délivrer 12 arcs, 12 gerbes de flèches et 24 cordes
d'arcs à Amanieu « de Balfada », chevalier, châtelain de Bourg et
gardien du château de Montléon dans la sénéchaussée de Saintonge
(*Arch. hist. de la Gironde*, XII, 320, 328). Le Montléon mentionné ici
est évidemment le « Mautlion » de Froissart, dont c'est affaire aux
érudits locaux de déterminer l'emplacement.

6. M. Kervyn de Lettenhove (*OEuvres de Froissart*, XXIV, 269)
propose d'identifier « Dion » avec le château de Dieu-la-Volt signalé
par M. Léo Drouyn dans la vallée du Drot, presque en face de Mon-
ségur (Gironde, arr. la Réole). « Dion » n'est peut-être qu'une mauvaise leçon pour Rioms (Gironde, arr. Bordeaux, c. Cadillac, sur la
rive droite de la Garonne, en aval de la Réole), forteresse où les
Anglais tenaient garnison en août et septembre 1374 (*Arch. hist. de la
Gironde*, XII, 338).

7. « Sebillach » désigne peut-être Savignac (Gironde, arr. Bazas,
c. Auros), sur la Bassanne, affluent de la rive gauche de la Garonne.

8. La forteresse d'Auberoche est aujourd'hui un simple lieu-dit de
la commune du Change (Dordogne, arr. Périgueux, c. Savignac-les-
Églises), sur la Haute-Vézère, à 15 kil. à l'est de Périgueux. Cabaret
d'Orville ne dit rien de cette prétendue expédition contre Auberoche
qui aurait obligé le duc d'Anjou à s'éloigner beaucoup de la vallée de
la Garonne, son centre d'opérations pendant toute cette campagne qui
ne dura que deux mois.

possessions au delà du détroit lui échapper les unes après les autres et qui éprouve une peine profonde de n'avoir pu secourir plus efficacement le duc de Bretagne chassé de ses États à cause de son attachement au parti anglais et menacé de perdre son héritage, se montre tout disposé à accueillir favorablement les ouvertures des deux prélats; il décide en conséquence que son fils le duc de Lancastre passera la mer et viendra à Calais pour s'aboucher avec les ambassadeurs du roi de France. Celui-ci, de son côté, finit par consentir à envoyer à Saint-Omer son frère Louis, duc d'Anjou, en lui donnant pour instructions de se laisser gouverner et conduire par les deux légats, et l'on arrête une entrevue pour la Toussaint suivante entre le duc de Lancastre, débarqué à Calais, et le duc d'Anjou, qui ne doit pas tarder à se rendre à Saint-Omer. Les barons de Bretagne, en particulier, se préoccupent vivement de ce qui doit être décidé dans cette entrevue au sujet de l'affaire de Bécherel. Pour se conformer aux ordres de Charles V, Louis, duc d'Anjou, Bertrand du Guesclin, connétable de France, et Olivier, seigneur de Clisson, s'éloignent du Rouergue [1], licencient leurs gens, ne retiennent à leur service que les Bretons et, sans retourner à Toulouse [2], reviennent en France. P. 180 à 182, 318.

Les places françaises des marches de Picardie sont alors pour-

---

1. Comment le duc d'Anjou et Du Guesclin auraient-ils pu s'éloigner du Rouergue, puisqu'ils venaient de faire campagne dans la vallée de la Garonne, vers les confins de l'Agenais et du Bordelais? Auberoche, la dernière place qu'ils auraient prise, si l'on admet la version du chroniqueur, est située en Périgord, non dans le Rouergue.

2. Quoi qu'en dise ici Froissart, le duc d'Anjou retourna certainement à Toulouse, où il était rentré dès le commencement d'octobre; il en partit le 8 en compagnie de la duchesse pour aller à Nîmes, où il séjourna jusqu'au 30 du même mois. De Nîmes, il se dirigea vers Villeneuve-lez-Avignon (*Ordonn.*, VI, 70, 71), où il donna, le lundi 27 novembre, à quinze cardinaux, ce somptueux dîner pour les apprêts duquel Pierre Scatisse, trésorier du duc, revint à Nîmes faire provision de sauvagines (Ménard, *Hist. de Nismes*, II; Preuves, p. 6, 7). Du Guesclin, au contraire, dut se rendre auprès de Charles V en toute hâte et par la voie la plus directe, ainsi que Froissart le raconte. Dès le 2 octobre 1374 il était arrivé à Paris, et donna ce jour-là à Jeannet d'Estouteville, frère de Colart d'Estouteville, seigneur de Torcy, varlet tranchant du roi, lesquels Colart et Jeaunet venaient de servir sous ses ordres devant la Réole, les biens confisqués de Guillaume de Briançon, justicié pour ses démérites par ordre du bailli de Rouen (*Arch. Nat.*, JJ 106, n° 49, f° 29 v°. Cf. *Revue hist.*, xxxv, 288-92).

vues de bonnes garnisons. La garnison d'Abbeville, entre autres, a pour capitaine Hue de Châtillon[1], maître des arbalétriers de France, débarqué récemment de Boulogne et ne respirant que le désir de la vengeance; car, pris en embuscade aux alentours d'Abbeville par Nicole de Louvain qui avait refusé de le prendre à rançon, il avait été réduit à se faire enlever sur les marches du Northumberland, où on le tenait en captivité, par un marinier de l'Écluse, qui l'avait ramené en Flandre. Rétabli dans son office de maître des arbalétriers aussitôt après son retour en France, il commande la garnison d'Abbeville, d'où il fait des chevauchées aux environs. Du côté des Français, Henri des Iles[2], Jean de Longvillers[3], Guillaume de Nesle, le Châtelain de Beauvais, capitaines de Dieppe, de Boulogne, de Montreuil-sur-Mer et de Rue, sont opposés à Jean de Burleigh, à Jean de Harleston, à Jean, seigneur de Gommegnies, capitaines anglais de Calais, de Guines et d'Ardres. A Calais, le lieutenant du capitaine est Walter Devereux. Un jour, Walter Devereux, Jean de Harleston et le seigneur de Gommegnies rassemblent de très grand matin environ cent soixante lances dans la bastille d'Ardres et partent en expédition du côté de Boulogne. Ce même jour, Jean de Longvillers, à la tête d'environ soixante lances, fait route en sens contraire dans la direction de Calais. A deux lieues de Boulogne, il rencontre la petite troupe conduite par le seigneur de Gommegnies. Les Anglais attaquent les Français et font quatorze prisonniers. Le reste se sauve et rentre à Boulogne. Sitôt qu'ils sont revenus de cette poursuite, les vainqueurs se disposent à regagner Ardres en ligne directe par le beau chemin vert, dit de Leulinghe, qui traverse le pays d'Alequine. Ce même jour aussi, Hue de Châtillon ou monseigneur le Maître, comme on a coutume de l'appeler, s'est mis en campagne, de son côté, à la tête de quatre cents lances. Chemin faisant, il est rejoint par le jeune comte de Saint-Pol, Waleran de Luxembourg, qui, revenu depuis quelques jours

1. A la date du 16 septembre 1373, au lendemain du passage en Vermandois de l'armée du duc de Lancastre, Hue ou Hugue de Châtillon, maître des arbalétriers de France, était à Saint-Quentin, où il donna l'ordre de faire payer les gages de Jean d'Audenfort, écuyer, capitaine du fort d'Audrehem (*Bibl. Nat., Collect. de Clairambault*, reg. 4, p. 161).

2. Henri, seigneur des Isles (*Clairambault*, reg. 62, p. 4767).

3. Jean de Longvillers, seigneur d'Engoudsent (auj. hameau de Beussent, Pas-de-Calais, arr. Montreuil-sur-Mer, c. Hucqueliers).

seulement de ses possessions de Lorraine à Saint-Pol, s'est remis
en route pour aller en pèlerinage à Notre-Dame de Boulogne.
Hue et Waleran, une fois réunis, ne sachant rien de la chevauchée des Anglais et, les croyant toujours enfermés dans Ardres,
vont courir jusque sous les fortifications de cette place et, après
avoir fait une démonstration devant les barrières, rebroussent
chemin et se dirigent vers Licques et vers Tournehem. P. 182 à
184, 318.

Un Anglais de la garnison d'Ardres sort de cette forteresse et
va à la dérobée prévenir le seigneur de Gommegnies, Walter Devereux et Jean de Harleston de la présence des Français dans ces
parages. Les trois chevaliers anglais marchent aussitôt à la ren
contre de leurs adversaires qu'on leur dit être arrivés entre Licques et Tournehem. Ceux-ci, de leur côté, sitôt qu'ils sont avisés
de la marche des Anglais, mettent trois cents lances en embuscade dans un petit bois près de Licques sous les ordres de Hue de
Châtillon, tandis que le comte de Saint-Pol continue de s'avancer
avec cent lances à la rencontre de l'ennemi. L'avant-garde anglaise ne se compose que d'une quinzaine de lances, et Jean de
Harleston, qui commande cette avant-garde, a reçu l'ordre de
faire semblant de fuir, aussitôt qu'il se trouvera en présence des
Français, et de regagner le plus vite possible la haie derrière
laquelle se tient le gros des forces anglaises. La feinte réussit, et
l'avant-garde française donne la chasse aux Anglais jusqu'à cette
haie où le combat s'engage. Le comte de Saint-Pol et ses gens ne
tardent pas à avoir le dessous. Le comte est fait prisonnier[1] par
un écuyer du duché de Gueldre ainsi que soixante autres, tant
chevaliers qu'écuyers, entre autres les seigneurs de Poix[2], de
Clary[3], Guillaume de Nesle, Charles de Châtillon, Lionel d'Airaines, Jean, seigneur de Chepoix[4], Guillaume, châtelain de Beau-

---

1. Cette rencontre dut avoir lieu vers la fin de janvier ou dans les
premiers jours de février 1375. Le 16 février, Édouard III donna
l'ordre à Alain de Buxhull, connétable de sa Tour de Londres, de préparer sans retard les chambres et salles nécessaires pour servir à l'habi-
tation de noble homme le comte de Saint-Pol de France, prisonnier de
son amé et féal chambrier Guillaume de Latymer (Rymer, III, 1024).
2. Jean, seigneur de Poix (*Clairambault*, reg. 87, p. 6833).
3. Hugues, seigneur de Clary (*Clairambault*, reg. 32, p. 2397).
4. Jean, seigneur de Chepoix (Oise, arr. Clermont, c. Breteuil), fit
montre à Reims le 3 mars 1376 et prit part à la poursuite des routiers
(*Clairambault*, reg. 103, p. 7983).

vais, les frères Henri et Jean des Isles et Gauvinet de Bailleul[1].
P. 184 à 187, 318.

Hue de Châtillon et les trois cents lances, qui se tenaient en
embuscade, surviennent au moment où le combat dure encore;
mais, au lieu de se porter au secours de leurs compagnons
d'armes, le seigneur de Châtillon et ses gens donnent de l'éperon
à leurs chevaux et s'éloignent précipitamment du champ de
bataille. Embarrassés du grand nombre de prisonniers qu'ils ont
faits, les Anglais ne s'acharnent point à la poursuite des fuyards
et rentrent le soir même à Ardres. Après souper, Jean, seigneur
de Gommegnies, achète le comte de Saint-Pol à l'écuyer qui
l'avait fait prisonnier au prix de dix mille francs. Le lendemain,
Jean de Harleston retourne à Guines et Walter Devereux à Calais.
A la nouvelle de ce succès, Édouard III, roi d'Angleterre, fait
venir auprès de lui au château de Windsor, où il se trouve alors,
le seigneur de Gommegnies, capitaine d'Ardres, qui amène le
comte de Saint-Pol son prisonnier et le donne au monarque anglais.
Le roi est bien aise de se faire livrer ce prisonnier pour deux
raisons : d'abord, parce qu'il garde rancune au comte Gui de
Luxembourg, père de Valeran, de ce qu'il s'était évadé d'Angleterre sans congé et n'avait rien négligé pour rallumer la guerre
entre ce pays et la France; ensuite, parce qu'il espère pouvoir
échanger le comte de Saint-Pol contre le captal de Buch détenu
dans la tour du Temple à Paris. En retour de la cession du comte,
le seigneur de Gommegnies reçoit du roi d'Angleterre un présent
de vingt mille francs. Le prisonnier est traité avec courtoisie. On
le laisse aller et venir dans l'intérieur du château de Windsor,
mais il ne peut franchir le seuil de la porte de ce château sans
le congé de ses gardiens. De retour à Ardres, le seigneur de
Gommegnies gratifie de nouvelles sommes d'argent l'écuyer
de Gueldre qui avait pris Valeran de Luxembourg, seigneur de
Ligny et comte de Saint-Pol. P. 187 à 192, 319.

Les rois de France et d'Angleterre concluent une trêve[2] qui

____

1. Vers 1375, Gauvinet ou Gauvainet, des seigneurs de Bailleul en
Artois (Pas-de-Calais, arr. Arras, c. Vimy), donna quittance de gages
pour services de guerre rendus à la frontière de Picardie (*Ibid.*, reg. 9,
p. 501).

2. Cette trêve, qui fut conclue à Bourbourg le 11 février 1375, ne
devait durer que jusqu'aux fêtes de Pâques; elle fut le prélude de
négociations qui s'échangèrent à Bruges pendant les mois de mai et

ne s'appliquait à l'origine qu'au pays situé entre Calais et la rivière de Somme; cette trêve ne fut point observée dans les anciennes marches, notamment en Normandie et en Bretagne. Louis, duc d'Anjou[1], arrive à Saint-Omer en compagnie de deux légats[2]. L'escorte du duc se compose d'environ mille lances de Bretons dont Bertrand du Guesclin, connétable de France, Olivier, seigneur de Clisson, Jean, vicomte de Rohan, Gui, comte de Laval[3],

de juin suivants. Le roi de France s'y fit représenter par son frère Philippe, duc de Bourgogne, et par Jean de la Grange, évêque d'Amiens, auxquels il avait délégué ses pleins pouvoirs par acte en date du 1er mars 1375 (Rymer, III, 1031; *Gr. Chr.*, VI, 344). Édouard III, de son côté, dès le 20 février précédent, avait choisi comme ses ambassadeurs Jean, duc de Lancastre, son fils, l'évêque de Londres, le comte de Salisbury, Jean Cobham, Frank de Hale et Arnaud Sauvage, chevaliers, Jean de Shepey et Simon de Multon, docteurs en droit (Rymer, III, 1024). Le résultat de ces négociations fut, d'abord un projet de trêves rédigé à Bruges le 26 mai et portant levée, sous certaines conditions, du siège mis par les Français depuis le milieu de 1374 devant Saint-Sauveur-le-Vicomte (*Ibid.*, 1038), ensuite un traité définitif arrêté le 27 juin, par lequel une trêve d'une année était conclue entre les parties belligérantes en même temps que les Anglais s'engageaient à remettre au roi de France, le 15 juin de l'année suivante, Saint-Sauveur-le-Vicomte moyennant le payement prealable opéré à Bruges d'une somme de 40 000 francs (*Ibid.*, 1031, 1034, 1035). C'est par une erreur évidente que Froissart semble avoir confondu ces négociations, tenues à Bruges pendant la première moitié de 1375, auxquelles le duc de Bourgogne présida seul, avec celles qui s'ouvrirent à Saint-Omer sous les auspices des deux ducs d'Anjou et de Bourgogne vers la fin de cette même année.

1. Le 25 octobre 1375, Charles V envoya de Senlis Charles de Poitiers, l'un de ses chambellans, vers Louis, comte de Flandre, en le chargeant de remettre au dit comte une lettre close où le roi de France invitait son vassal à rejoindre à Saint-Omer ses « très amez frères d'Anjou et de Bourgoigne, vostre filz, es traictiez encommenciez pour le bien de paix entre nous et nostre adversaire d'Angleterre » (Delisle, *Mandements de Charles V*, p. 610, 611, n° 1174a). Le 2 novembre suivant, Louis, duc d'Anjou, qui se rendait à Saint-Omer, était de passage à Guise, ville qui lui avait été apportée en dot par Marie de Bretagne, fille de Charles de Blois, sa femme (*Bibl. Nat.*, *Quittances*, XXI, n° 1706).

2. Ces deux légats étaient Pileus de Prata, archevêque de Ravenne, et Guillaume de Lestrange, d'abord évêque de Carpentras, promu à l'archevêché de Rouen à la fin de 1375. C'est également à l'instigation de ces deux légats que l'on avait entamé les premières négociations à Bruges dès les premiers mois de cette année.

3. Par acte daté de Bruges le 4 février 1376, Louis, duc d'Anjou, fit payer une somme de 400 francs à Gui, seigneur de Laval et de Châteaubriand, pour ses gages « en la compagnie de monseigneur le duc ou voyage de Bruges que mon dit seigneur y fist pour le traité de la paix » (*Arch. Nat.*, KK 245, f° 47).

les seigneurs de Beaumanoir et de Rochefort sont les chefs.
Ces gens d'armes, logés au plat pays aux environs de Bailleul et de la Croix en Flandre, touchent une solde avec laquelle
ils payent tout ce qu'ils prennent sans grever l'habitant; mais ils se
tiennent prêts à prendre l'offensive et n'ont qu'une médiocre confiance dans les Anglais. — Sur ces entrefaites, Jean de Vienne[1],

1. Dès la fin de 1372, Charles V avait arrêté le projet de reprendre
aux Anglais Saint-Sauveur-le-Vicomte ; l'usufruit de cette vicomté
fut promis dès lors à Louis de Harcourt, vicomte de Châtellerault, par
des traités passés les 20 novembre, 1er et 15 décembre de cette année
(Voy. plus haut, p. LV, note 1, et p. LVI). Le 27 décembre 1372, il
chargea Louis Thesart, évêque de Bayeux, Silvestre de la Cervelle,
évêque de Coutances, ses conseillers, maître Thomas Graffart, archidiacre d'Auge, l'un de ses secrétaires, Raoul Paynel, capitaine de Coutances, Jean Martel, capitaine de Falaise, les baillis de Caen et de
Cotentin, Raoul Campion, son receveur général en basse Normandie,
Robert Assire, vicomte d'Auge, Robert Aupois, maire de Falaise,
Nicolas le Prestrel, bourgeois de Saint-Lô, de lever dans la partie de
la Normandie située à l'ouest et au midi de la Seine une imposition
de 40 000 francs pour le recouvrement du château de Saint-Sauveur-
le-Vicomte occupé par les Anglais (Arch. Nat., K 49, n° 69; Delisle,
Hist. de Saint-Sauveur, 208 à 210). Toutefois, le siège de cette forteresse ne commença réellement que vers le milieu de 1374. Le 1er août
de cette année, Jean de Vienne, vice-amiral de la mer, fut chargé de
diriger les opérations avec le titre de capitaine général, et Milon de
Dormans, qui avait succédé sur le siège de Bayeux à Louis Thesart,
Silvestre de la Cervelle, évêque de Coutances, Jean le Mercier et le
Bègue de Fayel furent adjoints comme commissaires du roi à ce capitaine général, tant pour le seconder dans la direction des opérations que
pour présider à la levée des aides, à la confection des engins, au
recrutement, à l'armement, à l'approvisionnement et au payement de
la solde des troupes (Arch. Nat., K 50, n° 9 ; Delisle, Hist. de Saint-Sauveur, p. 212 à 215). Comme Jean de Vienne, mis à la tête des forces
assiégeantes, portait le titre de vice-amiral, Froissart, aussi peu familier avec la géographie de la Normandie qu'avec celle de la Bretagne,
a supposé que le château de Saint-Sauveur-le-Vicomte, situé à plusieurs lieues de la mer, pouvait être bloqué par une flotte. En réalité,
la rivière d'Ouve, qui fait communiquer ce château avec la baie des
Veys, n'est navigable que pour de simples barques, et ce fut surtout
pour enlever aux assiégés tout moyen de se ravitailler par cette voie
que Jean de Vienne fit construire, dès le début du siège, les bastilles
du Pont-d'Ouve (auj. écart de Saint-Côme-du-Mont, Manche, arr.
Saint-Lô, c. Carentan), de Beuzeville (Manche, arr. Valognes, c.
Sainte-Mère-Eglise, sur la rive droite de l'Ouve), de Pont-l'Abbé
(auj. écart de Picauville, Manche, arr. Valognes, sur la rive gauche
de l'Ouve) et de Pierrepont (auj. Saint-Sauveur de Pierrepont, Manche,
arr. Coutances, c. la Haye-du-Puits). En septembre et octobre 1374,
Milon de Dormans, évêque de Bayeux, se tenait en personne dans la
bastille de Beuzeville, tandis que le vice-amiral Jean de Vienne, blo-

amiral de France, met premièrement par mer le siège devant la forteresse de Saint-Sauveur-le-Vicomte, en basse Normandie. Owen de Galles et le seigneur de Rye prennent part à ce siège où la flotte de D. Enrique, roi de Castille, est commandée par Radigho de Rous. — Gui, comte de Blois, vient rejoindre à Saint-Omer Louis, duc d'Anjou, avec une suite de trente chevaux au lieu de treize seulement sur lesquels comptait le dit duc. Jean, duc de Lancastre, arrive de son côté à Calais et ne peut s'empêcher de témoigner sa surprise en voyant la marche de Saint-Omer occupée par un si grand nombre de gens d'armes bretons. Cependant les deux légats vont de l'un à l'autre duc pour les amener à une entente et les décider à conclure, sinon un traité de paix, au moins une prorogation de la trêve. — Le terme fixé dans le traité de capitulation de Bécherel pour la reddition de cette place approchant, Charles V écrit à Bertrand du Guesclin, connétable de France, et à Olivier, seigneur de Clisson, pour réclamer leur présence à cette journée à la tête de forces imposantes; car, si les Anglais tentent de faire lever le siège de Bécherel, le roi de France veut être en mesure de s'y opposer. Du Guesclin et Clisson prennent donc congé du duc d'Anjou et conduisent devant Bécherel, avant le jour fixé pour la reddition, plus de dix mille lances. Le bruit s'était répandu que le duc de Bretagne Jean de Montfort et le comte de Salisbury amenaient par mer aux assiégés un secours de dix mille hommes; mais ce secours, la garnison de Bécherel l'attendit en vain et se plaignit amèrement de ce qu'après une défense de quinze mois elle eût été ainsi abandonnée à ses seules forces. Aux termes du traité de capitulation, les assiégés rendent au jour convenu la place aux Français. Les deux capitaines de la garnison, Jean Appert et Jean de Cornouaille, s'éloignent de Bécherel avec armes et bagages; puis, à la faveur d'un sauf-conduit qui leur avait été délivré par Bertrand du Guesclin, connétable de France, ils vont renforcer la garnison anglaise de Saint-Sauveur-le-Vicomte. P. 190 à 192, 319.

Aussitôt après la prise de possession de Bécherel, le connétable de France[1], le seigneur de Clisson et les deux maréchaux de

quant d'un peu plus près la place assiégée, avait son quartier général à Pont-l'Abbé. Cf. Delisle, *Hist. de Saint-Sauveur*, p. 188, 189.

1. C'est par erreur que Froissart et aussi Jean de Noyal (Delisle, *Hist.*

France viennent mettre le siège devant le château de Saint-Sauveur-le-Vicomte dont on fait le blocus par terre et par mer. Thomas de Catterton, nommé capitaine de la garnison par Alain de Buxhull, a mis la forteresse en bon état de défense. Thomas Trevet, Jean de Burgh, Philippe Pickworth et les trois frères de Maulevrier sont au nombre des assiégés auxquels Jean Appert, Jean de Cornouaille et les compagnons partis de Bécherel ont apporté un si utile renfort. La garnison de Saint-Sauveur est encouragée à la résistance par l'espoir que le duc de Bretagne la viendra secourir par mer ou tout au moins qu'elle sera comprise dans la trêve qui se négocie entre Louis, duc d'Anjou, établi à Saint-Omer, et Jean, duc de Lancastre, débarqué à Calais. Cet espoir soutient les assiégés pendant tout le cours de l'hiver, où leurs remparts et même leurs habitations ont beaucoup à souffrir du jet des pierres énormes[1] lancées par les machines de guerre des Français. P. 192 à 194, 319.

Les négociations entamées entre les ducs d'Anjou et de Lancastre n'aboutissant, malgré l'entremise des deux légats, à aucun résultat par suite de la trop grande distance entre Saint-Omer et Calais, les deux princes conviennent d'une entrevue directe et personnelle qui doit avoir lieu à Bruges. Le duc de Bretagne,

---

de Saint-Sauveur; Preuves, p. 275) font honneur à Bertrand du Guesclin de l'expulsion des Anglais du château de Saint-Sauveur-le-Vicomte. Cette erreur était déjà accréditée en basse Normandie au commencement du xv° siècle, comme on le voit par une enquête faite à Valognes en 1423 (*Ibid.*, p. 340).

1. Trois habiles ingénieurs, Gérard de Figeac, Nicole de Billy et Bernard de Montferrat, servant sous le vice-amiral Jean de Vienne, le premier aux gages de 15 francs, les deux autres aux gages de 12 francs par mois, fabriquèrent pour le siège de Saint-Sauveur des canons plus puissants que ceux dont on s'était servi jusqu'alors. Un engin, dit le gros canon de Saint-Lô, parce que Girard de Figeac l'avait fait forger dans cette ville, lançait des pierres pesant cent livres (Delisle, *Hist. de Saint-Sauveur;* Preuves, p. 237, 238, 241). Un autre grand canon de fer, fabriqué dans la halle de Caen du 20 mars au 8 mai 1375 par quatre maîtres de forge travaillant sous la direction de Bernard de Montferrat, nécessita l'emploi de 885 livres de fer d'Auge, de 1200 livres de fer d'Espagne et de 200 livres d'acier (*Ibid.*, p. 186 à 190). Ces batteries de canons, établies sur le mont de la Place à Rauville (Manche, arr. Valognes, c. Saint-Sauveur), un peu à l'est du château de Saint-Sauveur, et aussi dans l'enceinte de l'abbaye que les assiégeants avaient convertie en bastille, firent pleuvoir sur le château, principalement du 10 au 21 mai 1375, date de la capitulation, une pluie de grosses pierres taillées en forme de boulets.

qui s'était rendu à Calais en compagnie du duc de Lancastre, retourne en Angleterre, où Édouard III met à sa disposition un corps expéditionnaire de deux mille hommes et de quatre mille archers pour l'aider à reconquérir son duché. Quelques-uns des plus grands seigneurs d'Angleterre font partie de ce corps d'armée, notamment Edmond, comte de Cambridge[1], Edmond de Mortimer, comte de March, Thomas Holland, fils aîné du premier lit de la princesse de Galles, depuis comte de Kent, et Édouard Spencer qui mourut au retour de cette expédition[2]. Les Anglais s'embarquent à Southampton et font voile vers Saint-Sauveur, où ils veulent attaquer les navires du roi de France ancrés devant cette place, mais ils sont poussés par les vents contraires sur les côtes de Bretagne et débarquent devant Saint-Mathieu. Ils s'emparent de cette place, dont ils passent la garnison au fil de l'épée. A cette nouvelle, le connétable, les barons de France, de Normandie et de Bretagne, qui bloquent étroitement Saint-Sauveur-le-Vicomte, détachent du gros de leurs forces une colonne de trois ou quatre cents lances, commandée par Olivier, seigneur de Clisson, Jean, vicomte de Rohan, Jean, seigneur de Beaumanoir, et Gui, seigneur de Laval, qui va tenir garnison à Lamballe pour faire frontière contre les Anglais. Ceux-ci, continuant leur marche en avant, prennent d'assaut Saint-Pol de Léon et viennent mettre le siège devant Saint-Brieuc. P. 194 à 196, 319.

Les Anglais, bloqués dans Saint-Sauveur-le-Vicomte, apprenant le débarquement en Bretagne de forces aussi considérables, ne doutent pas que le duc et le comte de Cambridge viennent bientôt à leur secours et forcent les Français à lever le siège. Le jet des machines de guerre des assiégeants incommode de plus en plus

1. Par acte daté du palais de Westminster le 24 novembre 1374, Édouard III institua Edmond, comte de Cambridge, et Jean, duc de Bretagne, comte de Montfort et de Richemond, ses lieutenants spéciaux et capitaines généraux dans le duché de Bretagne (Rymer, III, 1018, 1019). Les 16 et 24 décembre suivants, le roi d'Angleterre enjoignit à Hugh Tyrel, capitaine du château d'Auray, à Jean Devereux, capitaine du château de Brest, de recevoir en toute obéissance les ordres du duc de Bretagne et du comte de Cambridge, qui sont « ja à aler en Bretagne », et de leur livrer les dits châteaux à leur premier commandement (*Ibid.*, 1019, 1020).

2. A la fin de son récit de l'expédition du duc de Lancastre en France pendant la seconde moitié de 1373, Froissart avait déjà mentionné par avance le décès d'Édouard Spencer, l'un de ses protecteurs, qui mourut en novembre 1375 (Voy. plus haut, p. ciii, note 2).

la garnison. Une pierre, lancée par une de ces machines, fait un jour irruption dans une chambre où le capitaine Catterton est couché malade, enfonce le plancher de cette chambre et ne s'arrête qu'à l'étage inférieur[1]. Les assiégés se décident à demander une trêve, et pour l'obtenir Thomas Trevet et Jean de Burgh entrent en pourparlers avec le connétable de France[2] et le duc de Bourbon. On convient de cesser les hostilités de part et d'autre depuis la mi-carême jusqu'à Pâques, et si dans cet intervalle la forteresse de Saint-Sauveur n'est pas secourue par le duc de Bretagne en personne, elle sera livrée aux Français, auxquels seront remis de bons otages en garantie de cette reddition[3]. Sur ces entrefaites, les négociations se poursuivent à Bruges

1. Des détails aussi précis et aussi minutieux doivent émaner de quelqu'un qui se trouvait, à ce moment du siège, dans l'intérieur de la place. Il y a lieu par conséquent de supposer que Froissart a raconté le siège de Saint-Sauveur d'après la version de l'un des hommes d'armes anglais qui avaient concouru à la défense. Si l'on admet cette supposition, on s'explique plus aisément l'erreur assez grave que le chroniqueur de Valenciennes a commise en plaçant Bertrand du Guesclin à la tête des assiégeants. Ceux-ci avaient intérêt à annoncer soit la présence, soit la prochaine arrivée de Bertrand, à cause de la terreur que le nom seul du connétable de France inspirait à ses adversaires ; mais on n'a pu ajouter foi à ce faux bruit que dans les rangs des assiégés.

2. Pendant les derniers mois du siège de Saint-Sauveur, c'est-à-dire au printemps de 1375, Bertrand du Guesclin ne guerroyait point en basse Normandie, mais en Saintonge. Il assiégeait alors Cognac, qui se rendit le 1ᵉʳ juin (*Grandes Chroniques de France*, VI, 346).

3. Le traité de capitulation fut conclu le 21 mai 1375. Par ce traité Thomas Catterton, écuyer, capitaine de Saint-Sauveur-le-Vicomte, s'engageait à rendre cette place le 3 juillet suivant, si le roi d'Angleterre ne parvenait point dans l'intervalle à envoyer à la garnison des renforts suffisants pour obliger les Français à lever le siège, moyennant toutefois une somme de 40 000 francs d'or dont le payement lui fut solennellement garanti par Jean de Vienne, amiral de France, lieutenant du roi de France en Normandie, Milon de Dormans, qui venait d'être transféré du siège de Bayeux à celui de Beauvais, Silvestre de la Cervelle, évêque de Coutances, Guillaume Paynel, sire de Hambye, Guillaume du Fayel, dit le Bègue, Robert, seigneur de Pirou, Jean dit le Sénéchal d'Eu, Guillaume de Villiers, seigneur du Hommet, Jean de Blaisy, Jean le bâtard de Vernay, Raoul Tesson, Guillaume, seigneur de Magneville, Henri, seigneur de Colombières, Pierre Bardoul et Gui de Châtillon. Outre les 40 000 francs ainsi stipulés, il fut convenu que Thomas Catterton toucherait personnellement une somme de 12 000 francs, Thomas Trevet, une somme de 2000 francs et Hennequin Vallebreton, une somme de 1000 francs. Jean de Vienne dut promettre également de faire payer

entre les ducs d'Anjou et de Lancastre sans aboutir à aucun résultat, parce que les affaires de Bretagne et de Castille font obstacle à une entente. D'une part, en effet, le duc de Lancastre n'est disposé à consentir à un arrangement qu'à une condition, c'est que le duc de Bretagne rentre en possession de son duché tout entier, y compris la partie dont le roi de France s'est emparé et qu'il a réunie au domaine de sa Couronne. D'un autre côté, Charles V s'est engagé solennellement à ne conclure aucun traité de paix sans y faire comprendre D. Enrique de Trastamar, roi de Castille, son allié; et Jean, duc de Lancastre, qui se prétend héritier de Castille du chef de sa femme, fille de D. Pèdre, répugne à accepter une clause où l'on ne manquerait pas de voir une renonciation indirecte à ses prétentions. Les deux légats ne s'entremettent pas moins entre les négociateurs et ne désespèrent pas, malgré la gravité de ces difficultés, de les faire arriver à une entente. P. 196 à 199, 319.

En prévision d'une tentative faite par les Anglais débarqués en Bretagne pour débloquer Saint-Sauveur-le-Vicomte, Charles V fait renforcer le corps d'armée qui assiège cette forteresse[1]. Les

les rançons exigées de plusieurs hommes d'armes français, capturés par la garnison anglaise de Saint-Sauveur pendant le cours du siège. En retour, cette garnison livra huit otages en garantie de l'engagement qu'elle avait contracté de livrer la forteresse le 3 juillet. Ces huit otages étaient Thomas Trevet, Hochequin l'Inde, Jean de Burgh, Guillaume Maulevrier, Guillaume Chelleton, Janequin Noel, Willecoc Standon et Jean Hericié, que l'amiral Jean de Vienne interna, en les traitant avec les plus grands égards, dans les châteaux de Caen, de Falaise, de Rouen et de Vernon (Delisle, *Hist. de Saint-Sauveur*, p. 198 à 200; Preuves, p. 242 à 248).

1. Le 15 juin 1375, Charles V notifia aux maréchaux de France qu'afin d'être le plus fort à la journée de Saint-Sauveur, il avait fait faire semonce générale à toutes manières de gens d'armes et arbalétriers du royaume pour se rendre à la dite journée (La Roque, *Hist. de Harcourt*, IV, 1597). M. Léopold Delisle a publié en 1867, comme pièces justificatives à la suite de son *Histoire du château et des sires de Saint-Sauveur-le-Vicomte*, un certain nombre d'articles de comptabilité où l'on trouve les noms de beaucoup des hommes d'armes qui se réunirent dans le Cotentin à la fin du mois de juin 1375, sous les ordres des deux maréchaux de France Mouton de Blainville et Louis de Sancerre ainsi que du premier chambellan Bureau de la Rivière (*Hist. de Saint-Sauveur;* Preuves, p. 257, 265 à 277). Les milices communales fournirent leurs contingents, et la ville de Châlons-sur-Marne, par exemple, envoya douze arbalétriers à la journée de Saint-Sauveur (Boutaric, *Institutions militaires de la France*, p. 220, note 2).

assiégés envoient des messagers demander du secours à Jean de Montfort, duc de Bretagne, à Edmond, comte de Cambridge, et aux barons d'Angleterre campés devant Saint-Brieuc. Ces messagers arrivent au moment où les remparts de cette place sont déjà tellement minés que la résistance ne peut plus se prolonger au delà de quelques jours. Les assiégeants décident donc de ne répondre à l'appel de la garnison de Saint-Sauveur et de ne lui porter secours qu'après la reddition de Saint-Brieuc. P. 199 à 201, 319.

Jean Devereux[1], qui occupe l'île de Quimperlé[2], fortifie une motte située à environ deux lieues de cette ville, que l'on appelle le Nouveau Fort. La garnison de ce Nouveau Fort commet tant d'exactions et se livre à de tels désordres dans tout le pays d'alentour que les jeunes gens et les fillettes de Bretagne en font une chanson. Olivier, seigneur de Clisson, le vicomte de Rohan, les seigneurs de Laval et de Beaumanoir entreprennent de réprimer ces brigandages. Ils chevauchent à la tête d'environ deux cents lances vers le Nouveau Fort et livrent à la garnison de cette petite place un grand assaut qui se prolonge pendant trois jours; les assiégés réussissent à repousser cet assaut grâce surtout à leur bonne artillerie. P. 201 à 204, 319.

Le duc de Bretagne, le comte de Cambridge et les barons d'Angleterre qui assiègent Saint-Brieuc reçoivent en même temps la triple nouvelle : 1º de la perte d'une mine pratiquée par leurs gens sous les remparts de Saint-Brieuc et de la nécessité d'en refaire une nouvelle; 2º de la conclusion d'une trêve entre les ducs de Lancastre et d'Anjou, cette dernière nouvelle apportée de Bruges par le héraut Chandos, dépêché par Jean, duc de Lancastre, vers son frère Edmond, comte de Cambridge; 3º du siège mis devant le Nouveau Fort, dont Jean Devereux commande la garnison, par les seigneurs de Clisson, de Rohan, de Beaumanoir,

_____

1. A la fin de 1374 et au commencement de 1375, Jean Devereux était capitaine de Brest (Voy. plus haut, p. cxxi, note 1).

2. Quimperlé, aujourd'hui chef-lieu d'arrondissement du Finistère, est situé à une certaine distance de la mer. Ce qui explique jusqu'à un certain point l'expression d'île dont se sert Froissart, c'est que l'ancienne ville fortifiée de Quimperlé s'entassait sur une étroite langue de terre resserrée entre les deux rivières d'Ellé et d'Isole, à la pointe même où elles viennent confondre leurs eaux. Le périmètre de cette ancienne ville était seulement de six hectares formant un parallélo-gramme irrégulier dont chaque grande face avait pour fossé le lit de l'une de ces deux rivières.

de Laval et de Rochefort. Jean de Montfort, duc de Bretagne, dit qu'il aurait plus chère la prise de ces cinq chevaliers que de n'importe quelle ville ou cité de son duché. C'est pourquoi il lève aussitôt le siège de Saint-Brieuc pour marcher au secours de Jean Devereux et à la rescousse du Nouveau Fort. P. 204, 205, 320.

Avertis à temps, Clisson et les autres seigneurs de Bretagne qui sont venus mettre le siège devant le Nouveau Fort, se sentant très inférieurs en nombre à leurs adversaires, se sauvent de toute la vitesse de leurs chevaux dans la direction de Quimperlé. Trouvant les portes de cette ville tout ouvertes, ils s'y précipitent, puis ferment les barrières derrière eux pour interdire le passage aux Anglais qui n'ont pas cessé de les poursuivre. Le duc de Bretagne renonce à grand'peine à donner l'assaut et fait loger ses gens tout autour de Quimperlé. P. 205 à 217, 320.

Après deux jours qui se passent en assauts continuels, les assiégés envoient vers le duc de Bretagne un héraut chargé de négocier les conditions auxquelles ils seraient disposés à se rendre. Jean de Montfort exige qu'ils se rendent sans condition. Ils font alors proposer au duc de faire leur reddition au bout de quinze jours, si dans l'intervalle ils ne sont pas secourus. Les assiégeants se décident à accepter cette nouvelle proposition, à la condition toutefois que les quinze jours de répit demandés seront réduits à huit. P. 207 à 210, 320.

Le roi de France a cinq ou six coureurs à cheval qui vont et viennent jour et nuit de Paris en Bretagne et de Bretagne à Paris, et qui, du jour au lendemain, lui apportent des nouvelles de ce qui se passe à cent ou quatre-vingts lieues loin. De même, entre Bruges et Paris, il a organisé un service de messagers qui le tiennent au courant jour par jour de toutes les phases des négociations. Aussi, à peine est-il informé de l'affaire de Quimperlé qu'il mande en toute hâte au duc d'Anjou de conclure dans le plus bref délai possible et, coûte que coûte, une trêve avec les Anglais, trêve qui devra avoir son effet dans toute l'étendue du royaume de France. Par l'entremise des légats qu'il a réussi à mettre dans ses intérêts, le duc d'Anjou fait accepter cette trêve[1] qui doit

---

1. Cette trêve fut conclue à Bruges le 27 juin 1375 entre Jean, duc de Lancastre, qui s'intitule en outre roi de Castille et de Léon, traitant au nom d'Édouard III son père, et Philippe, duc de Bourgogne,

durer jusqu'au 1er mai 1376 ; et l'on fixe à Bruges pour la Toussaint suivante un rendez-vous entre les trois ducs d'Anjou, de
Lancastre et de Bretagne afin de poser les bases d'un accord
entre Charles V et Jean de Montfort au sujet de la succession du
duché. Les deux chevaliers anglais, chargés de notifier au duc de
Bretagne les clauses de l'arrangement intervenu entre les ducs de
Lancastre et d'Anjou, font une diligence telle qu'ils ne mettent
que cinq jours à parcourir la distance entre Bruges et Quimperlé.
Ils arrivent devant cette place la veille du jour où la reddition
doit avoir lieu. Le résultat immédiat des nouvelles apportées de
Bruges est de forcer les Anglais à lever le siège. Aussi, ces nouvelles comblent de joie les cinq seigneurs bretons qui s'étaient

investi des pleins pouvoirs de Charles V son frère ; elle devait durer
depuis le jour où elle avait été signée jusqu'au dernier jour de
juin 1376. Jean de Montfort, duc de Bretagne, y fut compris avec
cette réserve qu'il ne tiendrait sur pied que 200 hommes d'armes dans
le duché pour la garde de ses villes. La trève de Bruges stipulait :
1° la levée du siège de Saint-Sauveur-le-Vicomte, les bastilles construites
par les Français restant en l'état ; 2° la remise de Cognac entre les
mains du Saint-Père, qui rendrait cette place, à l'expiration de la trève,
à qui de droit ; 3° la mise en liberté de Jean de Grailly, captal de
Buch, fait prisonnier par les Français à Soubise, le 23 août 1372,
de Roger de Beaufort et de Jean de la Roche, neveu du dit Roger,
capturés par les Anglais à la prise de Limoges le 19 septembre 1370,
lesquels prisonniers on promettait de délivrer sous caution pendant
quatre mois afin de les mettre en mesure de payer leur rançon, à la
condition toutefois qu'il leur serait interdit de pénétrer en Guyenne ;
4° l'envoi à Bruges, le 15 septembre suivant, de personnes notables
munies des pleins pouvoirs des deux rois de France et d'Angleterre
pour traiter de la paix ; 5° l'annulation du traité de capitulation intervenu le 21 mai précédent entre Jean de Vienne, amiral de France, et
Thomas de Catterton, capitaine du château de Saint-Sauveur-le-
Vicomte, et la remise du dit château au roi de France, le 15 juin 1376,
moyennant le payement de 40 000 francs ; 6° le retour des négociateurs à Bruges, le 12 juin de l'année suivante, quinze jours avant l'expiration de la présente trève (Rymer, vol. III, pars II, p. 1032 à 1034).
Le duc de Bourgogne et les deux légats du pape étaient arrivés à
Bruges dès la fin de mars 1375. Le dimanche 25 de ce mois, Philippe
le Hardi donna dans cette ville un grand dîner diplomatique où il eut
pour convives l'archevêque de Ravenne (Pileus de Prata), l'évêque de
Carpentras (Guillaume de Lestrange), l'évêque d'Amiens (Jean de la
Grange), Jean, comte de Saarbruck, Hue de Châtillon, maître des
arbalétriers, messire Arnaud de Corbie, premier président du Parlement « et autres gens du roy estans à Bruges ainsi que plusieurs chevaliers, escuiers, bourghemaistres, officiers et bourgois de la dite
ville » (*Itinéraire de Philippe le Hardi*, dressé par M. Ernest Petit).

renfermés dans Quimperlé et par contre excitent au plus haut degré le mécontentement du duc de Bretagne, qui regagne Saint-Mathieu-Fin-de-Terre où la flotte anglo-bretonne était restée à l'ancre. P. 210 à 212, 320, 321.

La levée du siège de Quimperlé est suivie du licenciement de l'armée du duc de Bretagne. Les comtes de Cambridge, de March et le seigneur Spencer retournent en Angleterre. Le duc de Bretagne, après avoir fait visite à la duchesse au château d'Auray où il l'avait laissée plus d'un an auparavant, l'emmène avec lui au delà du détroit. Le duc de Lancastre, revenu de Bruges à Calais, prend le même chemin, tout en se réservant de revenir à Bruges à la Toussaint suivante. Quant au duc d'Anjou, il retourne à Saint-Omer, d'où il ne s'absente que pour passer quelque temps en Thiérache auprès de la duchesse sa femme, qui a reçu la terre de Guise en héritage. Seuls, les légats envoyés par le Saint-Siège en vue de la conclusion d'un traité de paix continuent de séjourner à Bruges. — Dans l'opinion des Anglais, la trêve de Bruges, qui a amené la levée du siège de Quimperlé, doit entraîner également celle du siège de Saint-Sauveur-le-Vicomte; mais les Français, qui ont forcé la garnison de cette dernière place à capituler et qui voient approcher le jour fixé pour la reddition, ne l'entendent pas ainsi[1] et n'ont pas réuni moins de dix mille lances devant la forteresse pour le cas où le duc de Bretagne viendrait, au jour marqué par le traité de capitulation, leur offrir la bataille pour les forcer à lever le siège. Ils menacent de faire mourir les otages qui leur ont été remis et, si on les réduit à emporter la place d'assaut, de ne faire quartier à personne. Ces menaces déci-

---

1. Le 27 juin 1375, le jour même où la trêve de Bruges fut conclue et signée, Jean, duc de Lancastre, expédia une dépêche à Thomas de Catterton pour inviter le capitaine de Saint-Sauveur à publier dans le Cotentin les articles de cette trêve qui concernaient la forteresse assiégée par les troupes du roi de France (*Ibid.*, 1034). Cette lettre arriva sans doute trop tard à destination, et c'est ainsi que la convention du 21 mai fut rigoureusement exécutée, quoiqu'elle eût été annulée par le traité du 27 juin. Le roi d'Angleterre protesta avec énergie et prétendit qu'on eût dû s'en tenir aux stipulations de la trêve de Bruges et les exécuter strictement. Le 2 août suivant, il donna pleins pouvoirs à Jean, évêque de Hereford, à Jean, sire de Cobham, à Henri Le Scrop, bannerets, à maître Jean Shepey, docteur en droit, pour poursuivre l'exécution de la clause de la trêve de Bruges relative à Saint-Sauveur (*Ibid.*, 1059); ces protestations n'aboutirent à aucun résultat, et la convention du 21 mai 1375 eut son plein effet.

dent Catterton et les gens d'armes placés sous ses ordres à effec-
tuer la reddition du château de Saint-Sauveur-le-Vicomte, dont
le connétable prend possession au nom du roi de France. Après
cette reddition, la garnison anglaise s'embarque[1] pour retourner
en Angleterre, tandis que les gens des compagnies se dirigent vers
la Bretagne et les bords de la Loire, en attendant que Charles V
leur transmette de nouveaux ordres. P. 212 à 214, 321.

1. Le 3 juillet 1375, la garnison anglaise évacua le château de Saint-
Sauveur et s'achemina vers le havre de Carteret, où Thomas de Catterton devait s'embarquer avec ses compagnons pour rentrer en
Angleterre (Delisle, *Hist. de Saint-Sauveur*; Preuves, p. 185, 263, 264).
On fit expédier des lettres de rémission aux Français mêlés à cette
garnison. Le mécontentement fut très vif en Angleterre, où Guillaume
de Latymer et Thomas de Catterton furent acusés de trahison (*Rotuli
parliament.*, II, 325). Charles V récompensa dignement tous ceux de
ses serviteurs qui avaient concouru à amener le recouvrement de cette
importante forteresse. Il concéda en usufruit les revenus de la baronnie de Saint-Sauveur à Bureau de la Rivière (*Ibid.*; Preuves, p. 297).
Le 15 juillet 1375, il autorisa Jean le Mercier, qui avait mené à bien
la partie financière de l'opération, à accepter une somme de six mille
francs qui lui était offerte en témoignage de reconnaissance par les
habitants de la basse Normandie (*Ibid.*; Preuves, p. 277, 279). Milon
de Dormans, le prélat guerrier et patriote, qui avait tenu garnison
dans la bastille de Beuzeville, fut promu à l'évêché de Beauvais, qui
lui conférait la dignité de pair de France et d'où sa famille tirait son
origine. Huguenin du Bois, capitaine de Bricquebec, fut gratifié d'un
don de 600 francs (*Ibid.*; Preuves, p. 219), et Henri de Colombières
reçut 200 francs pour remettre en bon état de défense son château de
la Haye-du-Puits (*Ibid.*; p. 288, 289). Comme nous l'avons fait remarquer plus haut (Voy. p. cxix, note 1), Froissart s'est trompé en rapportant à Du Guesclin l'honneur d'avoir mis le siège devant Saint-
Sauveur-le-Vicomte et d'avoir obtenu la reddition de cette place; cet
honneur appartient à Jean de Vienne. Au moment où l'on commença
le blocus, le connétable de France guerroyait en Languedoc avec
le duc d'Anjou, d'abord contre les Compagnies, ensuite contre la Réole
et les forteresses anglo-gasconnes situées sur les confins de l'Agenais
et du Bordelais. Nous ne retrouvons Bertrand en basse Normandie
qu'à la fin de décembre 1374. Le 14 de ce mois, le connétable, qui
s'intitule dès lors seigneur de Tinténiac, parce que la seigneurie de ce
nom venait de lui être apportée en dot par sa seconde femme Jeanne
de Laval, le connétable se trouvait à Pontorson, où il donna quittance
de 100 livres tournois au receveur d'Avranches (*Bibl. Nat.*, *Pièces
originales*, vol. 1433, dossier Du Guesclin). En supposant qu'il ait mis
à profit son séjour en basse Normandie pour prendre une part quelconque aux opérations commencées dès lors contre Saint-Sauveur-le-
Vicomte, il ne put faire devant le château ainsi assiégé qu'une simple
apparition.

CHAPITRE CII.

1375, *août et septembre.* GUERRE ENTRE ENGUERRAND VII, SEIGNEUR DE COUCY, ET LÉOPOLD II, DUC D'AUTRICHE, AU SUJET DE SEIGNEURIES SITUÉES EN ALSACE, DANS LE BRISGAU, L'ARGOVIE ET LE COMTÉ DE NYDAU ; MARCHE DES COMPAGNIES RASSEMBLÉES PAR LE DIT ENGUERRAND A TRAVERS LA CHAMPAGNE ORIENTALE, LE BARROIS, LE PAYS MESSIN, LA LORRAINE ET L'ALSACE. — 1375, *décembre*-1376, 12 *mars.* CONFÉRENCES DE BRUGES ; PROROGATION JUSQU'AU 1er AVRIL 1377 DES TRÊVES QUI DEVAIENT EXPIRER LE DERNIER JUIN 1376. — 1375, *octobre, novembre, décembre.* RAVAGES EXERCÉS PAR LES COMPAGNIES SUR LA RIVE GAUCHE DU RHIN, EN ALSACE ET EN SUISSE. — 1376, 13 *janvier.* CONCLUSION D'UN TRAITÉ DE PAIX AVEC LES DUCS D'AUTRICHE ET RETOUR FURTIF EN FRANCE DU SEIGNEUR DE COUCY. — 8 *juin.* MORT D'ÉDOUARD, PRINCE DE GALLES, SURNOMMÉ LE PRINCE NOIR. — *Septembre.* MORT DE JEAN DE GRAILLY, CAPTAL DE BUCH. — 1376, 20 *septembre*-1377, 17 *janvier.* DÉPART D'AVIGNON DU PAPE GRÉGOIRE XI ET ARRIVÉE A ROME. — 1377, *mars, avril et mai.* NOUVELLES CONFÉRENCES POUR LA PAIX ENTRE LES PLÉNIPOTENTIAIRES DU ROI DE FRANCE, QUI SE TIENNENT A MONTREUIL-SUR-MER ET A BOULOGNE, ET CEUX DU ROI D'ANGLETERRE ÉTABLIS A CALAIS. PRÉPARATIFS MARITIMES DES FRANÇAIS POUR FAIRE DES DESCENTES SUR LES CÔTES D'ANGLETERRE ET DES ANGLAIS POUR S'OPPOSER A CES DESCENTES. — 21 *juin.* MORT D'ÉDOUARD III. — 28 *juin.* DESCENTE DES FRANÇAIS A RYE ; PRISE ET PILLAGE DE CETTE VILLE. — 16 *juillet.* COURONNEMENT DE RICHARD II. — *Fin de juin et juillet.* COMBAT DE LEWES ; PRISE ET PILLAGE DE CETTE VILLE, DE FOLKESTONE, DE PORTSMOUTH, DE DARMOUTH ET DE PLYMOUTH. — 15 *août-septembre.* NOUVELLE CAMPAGNE MARITIME DES FRANÇAIS ; OCCUPATION DE L'ILE DE WIGHT ; DESCENTES A SOUTHAMPTON ET A WINCHELSEA ; INCENDIE DE POOLE. EXPÉDITION DU DUC DE BOURGOGNE SUR LES CONFINS DU BOULONNAIS ET DU CALAISIS ; PRISE D'ARDRES ET D'AUDRUICQ (§§ 769 à 788).

C'est au moment où les Compagnies, qui désolent depuis si longtemps la France, redoublent ainsi leurs ravages, qu'une occasion se présente d'en débarrasser le royaume. Cette occasion est offerte par les démêlés relatifs à la succession du duché d'Au-

triche. Enguerrand, seigneurde Coucy, revendique cette succession
du chef de sa mère, sœur germaine du dernier duc d'Autriche[1],
à l'encontre d'un autre prétendant qui s'est emparé du duché[2],
quoiqu'il ne soit que le cousin germain de son prédécesseur. Les
conseillers de Charles V sont d'avis que le seigneur de Coucy
entre en campagne pour faire valoir ses droits les armes à la main
en s'aidant des Compagnies qu'il devra emmener à cet effet hors
de France. Enguerrand était alors de retour depuis peu de temps
d'une expédition en Italie[3] où il avait combattu pendant plusieurs

1. Enguerrand VII, seigneur de Coucy, comte de Soissons, de
Marle et de Bedford, était par Catherine sa mère, mariée à Enguerrand VI, le petit-fils de Léopold Ier, dit le Glorieux, troisième fils
d'Albert de Habsbourg, duc d'Autriche de 1282 à 1308. Léopold Ier
mourut à Strasbourg le 28 février 1326. Catherine d'Autriche était,
non la sœur germaine, mais la nièce de Frédéric Ier le Beau, duc d'Autriche de 1308 à 1330, d'Albert II le Sage, frère puîné et successeur
de Frédéric le Beau, décédé le 23 juillet 1358 ; elle était par conséquent
la cousine germaine de Rodolphe IV l'Ingénieux, de Frédéric II,
d'Albert III et de Léopold II, fils et successeurs d'Albert II, dont le
second, Frédéric II, fut tué à la chasse le 10 décembre 1362 et dont
l'aîné, Rodolphe IV, mourut à Milan, à l'âge de 22 ans, le 27 juillet 1365.
2. Le seigneur de Coucy ne revendiquait pas le duché d'Autriche,
mais seulement des biens allodiaux situés dans l'Alsace, le Brisgau et
l'Argovie, qu'il prétendait avoir été assignés en dot à sa mère.
Albert III et Léopold II, contre lesquels Enguerrand VII prit les armes,
possédèrent par indivis le duché d'Autriche jusqu'en 1379 ; à cette
date, un partage définitif intervenu entre les deux frères assura l'Autriche tout entière et quelques villes de la Styrie à Albert III, tandis
que la Carinthie et le surplus de la Styrie échurent à Léopold II, qui
fut en outre mis en possession des biens de sa maison situés en Alsace,
en Souabe et en Suisse (*Art de vérifier les dates*, III, 573, 574 ; II, 721,
722 ; P. Anselme, *Hist. généal. de la maison de France*, VIII, 542-545).
Cf. l'Abrégé de la vie d'Enguerrand VII du nom, sire de Couci, avec
un détail de son expédition en Alsace et en Suisse, par le baron de
Zurlauben, dans *Histoire de l'Académie des inscriptions*, XXV, 168-186.
3. Avant de mettre son épée au service du Saint-Siège, vers la fin
de 1369, au moment où la lutte allait se rallumer entre Charles V et
Édouard III, le seigneur de Coucy, gendre du roi d'Angleterre, auquel
il répugnait de prendre parti, soit contre son suzerain, soit contre son
beau-père, avait déjà cherché et trouvé une diversion en déclarant la
guerre à Albert et à Léopold, ducs d'Autriche, ses cousins. Nous possédons aux Archives, dans le fonds de Montbéliard, un acte daté
du 10 novembre 1369, par lequel Enguerrand, seigneur de Coucy,
comte de Soissons et de Bedford, s'oblige à payer une somme
de 21 000 francs à Étienne, comte de Montbéliard et seigneur de
Montfaucon, lequel a promis de l'aider dans la guerre qu'il a déclarée
à Albert et à Léopold, ducs d'Autriche (*Arch. Nat.*, K 1752, n° 15).

années pour le Saint-Siège contre les Milanais, les Florentins et les Pisans. Deux des principaux conseillers de Charles V, Bureau de la Rivière et [Jean] le Mercier, profitent du séjour du seigneur de Coucy à Saint-Gobain [1] auprès de sa femme [2], fille d'Édouard III, pour lui faire des ouvertures. Il est convenu que, si Enguerrand consent à emmener en Autriche [3] les gens des Compagnies et particulièrement les Bretons [4], il sera défrayé d'une partie des dépenses

1. Aisne, arr. Laon, c. la Fère. La seigneurie de Nouvion, récemment achetée par Jean le Mercier, avoisinait les possessions du seigneur de Coucy.

2. En 1365, Enguerrand VII avait épousé Isabelle d'Angleterre, fille d'Édouard III et de Philippa de Hainaut, et l'année suivante il avait été créé comte de Bedford à l'occasion de ce mariage.

3. En disant qu'Enguerrand VII voulait emmener les Compagnies en Autriche, Froissart commet une erreur que la plupart des historiens de ce siècle ont reproduite, quoiqu'elle ait été solidement réfutée dès 1759 par le baron de Zurlauben (*Hist. de l'Acad. des inscriptions*, XXV, 174). L'objectif de l'expédition était, non le duché d'Autriche, mais l'Alsace et les cantons suisses de Brisgau, d'Argovie et de Thurgovie, c'est-à-dire les pays où se trouvaient les biens allodiaux revendiqués par le seigneur de Coucy.

4. Ces routiers, désignés souvent sous la qualification de « Bretons », sans doute parce que beaucoup d'entre eux étaient originaires de la province de Bretagne, occupaient surtout le comtat d'Avignon, le Lyonnais, le Forez et le comté de Bourgogne, du moins pendant la première moitié de 1375, à la veille de l'expédition dont le seigneur de Coucy prit le commandement. Plusieurs de ces aventuriers, après avoir été l'année précédente à la solde du duc d'Anjou, s'étaient ensuite laissé enrôler au service du Saint-Siège, et l'on remarquait parmi leurs chefs des hommes d'armes appartenant aux meilleures familles de Bretagne. Tels étaient, par exemple, Olivier du Guesclin, frère puîné de Bertrand, Geoffroi et Silvestre Budes, cousins de Bertrand et d'Olivier, Jean de Malestroit et Jean de Saint-Pol. Charles V et Louis, duc d'Anjou, mirent tout en œuvre pour empêcher les bandes bretonnes cantonnées sur la rive gauche de la Saône et du Rhône de repasser ces deux fleuves et de rentrer dans le royaume. Le 14 mars 1375 (n. st.), Jean de Saint-Pol, chevalier, et Colin du Breuil, écuyer, du duché de Bretagne, donnèrent quittance à Pierre le Saut, sergent d'armes du roi, maître des ports et receveur de la traite des blés en la sénéchaussée de Beaucaire et de Nîmes, d'une somme de 500 francs d'or qui leur avait été allouée par Louis, duc d'Anjou, moyennant l'engagement qu'ils avaient pris en leur nom et au nom de leurs compagnons : 1° de ne pas passer le Rhône pour venir au royaume sans mandement du roi ou du duc ; 2° de ne porter aucun dommage en la terre de l'Église, c'est-à-dire dans le Comtat d'Avignon ; 3° d'empêcher Olivier du Guesclin et ses compagnons de passer la dite rivière et de porter dommage au royaume ainsi qu'à la dite terre de l'Église (Hay du Chastelet, *Hist. de B. du Guesclin*, p. 386). Les comptes des ducs de

de l'expédition par le roi de France[1], qui lui assurera en outre un
libre passage à travers la Bourgogne, l'Alsace et même au delà du
Rhin. Les bandes dont on veut obtenir l'éloignement s'empressent
d'accepter les grandes sommes d'argent qu'on leur distribue au
nom du roi Charles[2]; mais on va voir que le seigneur de Coucy,
malgré cette distribution et ces avances, n'en put obtenir plus tard
aucun service. P. 214 à 216, 321.

Vers la Saint-Michel 1375[3], les Compagnies enrôlées pour

Bourgogne sont remplis de mentions relatives aux brigandages exercés
par ces Bretons en Dombes (*Arch. de la Côte-d'Or*, B 8254, 8767,
9296; *Invent.*, 111, 228, 299, 399) ainsi qu'en Bourgogne (*Ibid.*,
B 5255, 5311, 5619; *Invent.*, 11, 238, 245, 291), particulièrement vers
le milieu de l'année 1375. Ici, c'est un héraut de Philippe le Hardi
qui va de Dijon à Chalon « vers les capitaines des routes de gens
d'armes », pour leur présenter des lettres de la duchesse de Bourgogne. Là, c'est un messager qui accourt de Chalon à Dijon avertir le
duc que « Jean de Malestroit venoit en Bourgogne avec une grande
quantité de gens d'armes et le prier de s'opposer à cette invasion »
(*Ibid.*, 3575; Finot, *Recherches sur les incursions des Anglais*, Vesoul,
1874, p. 112, note 5). Ailleurs, Jean de Chatenay, écuyer, se rend de
Dijon à Jaucourt auprès de la duchesse de Bourgogne, pour lui « dire
nouvelles des routes de gens d'armes estans en Lyonnois, devers
lesquelles il avoit esté pourter lettres de creance du lieutenant de messire Olivier du Guesclin pardevers ma dite dame, de certaines choses
que le dit lieutenant li avoit enchargié » (*Ibid.*, B 4421; *Invent.*,
111, 114).

1. Par lettres patentes datées de Paris le 4 août 1374, Charles V
assigna une pension annuelle de six mille francs d'or au seigneur de
Coucy, qui donna quittance de la sixième partie de cette somme,
c'est-à-dire de mille francs, le 8 novembre suivant (P. Anselme, *Hist.
généal. de la maison de France*, VIII, 542).

2. La concentration de ces bandes dut avoir lieu vers le milieu
de 1375, sur les confins de la Champagne et des duché et comté de
Bourgogne. Des lettres de rémission octroyées en octobre 1375 à
Garnier, dit le Grangier, retracent une scène de pillage dont la sei-
gneurie d'Amance (Aube, arr. Bar-sur-Aube, c. Vendeuvre), appar-
tenant au doyen de Vendeuvre, avait été le théâtre « environ la
Saint Michel archange », c'est-à-dire vers le 29 septembre précédent
(*Arch. Nat.*, JJ 107, n° 278, f° 136). A Togny en Champagne (auj.
Togny-aux-Bœufs, Marne, arr. Châlons-sur-Marne, c. Écury-sur-
Coole), les habitants avaient été réduits à s'entasser dans des cachettes,
« pour doubte des gens d'armes qui lors passoient continuelment par
le pais pour aler en Autriche avec nostre amé et feal le seigneur de
Coucy » (*Ibid.*, n° 337, f° 167).

3. L'appel adressé par Enguerrand, seigneur de Coucy, comte de
Soissons et de Bedford, aux cités de Strasbourg, de Colmar et autres
cités impériales d'Alsace, contre Albert et Léopold, ses cousins, ducs
d'Autriche, est daté de Massevaux ou Masmunster (Haut-Rhin, arr.

l'expédition d'Autriche traversent la Lorraine en la ravageant, pillent villes et châteaux et obtiennent en or et argent des bourgeois de Metz[1] à peu près tout ce qu'elles demandent. Les principaux chevaliers, qui ont pris la direction de ces bandes, sont le seigneur de Coucy, Raoul de Coucy, oncle[2] de ce grand seigneur,

Belfort), le 24 septembre 1375. D'où il y a lieu de conclure que le gros des Compagnies, après avoir remonté le cours de la Moselle, depuis Metz jusqu'à la source de cette rivière, s'avança vers la rive gauche du Rhin, en suivant les petits cours d'eau qui descendent du Ballon d'Alsace et viennent grossir l'Ill près de Mulhouse. Le seigneur de Coucy écrit aux villes impériales d'Alsace qu'il vient revendiquer la succession de Léopold Ier, son aïeul, usurpée par Albert et Léopold ses cousins. Il déclare que Wenceslas, duc de Brabant, lieutenant de l'empereur, l'a assuré qu'il ne mettrait aucun obstacle à cette revendication. Il termine en réclamant la fidélité, l'amitié, le concours effectif des bourgeois des villes impériales d'Alsace, en s'engageant, de son côté, à ne rien entreprendre contre eux et à concentrer tous ses efforts contre les fauteurs de ceux qui détiennent injustement son héritage (Wencker, *Apparatus archivorum*, 216; analysé par Schoepflin, *Alsatia diplomatica*, II, 272).

1. Les Compagnies, s'étant répandues dans les duchés de Bar et de Lorraine avant d'entrer en Alsace, se firent payer par les bourgeois de Metz une indemnité de guerre de 34 000 francs. A cette condition, elles promirent d'épargner le territoire messin dans un rayon de trois lieues autour de cette ville. Quant à l'évêque de Metz Thierry, dont les domaines s'étendaient bien au delà du rayon ainsi épargné, il acheta la même faveur en payant une somme de 16 000 francs et en comblant de riches présents les principaux chefs de ces bandes (*Hist. de Metz*, Metz, 1775, II, 589). On voit par les registres de comptabilité du duché de Bar conservés aux archives de la Meuse que, dès la première quinzaine d'août 1375, Robert, duc de Bar, prit certaines mesures de précaution contre les bandes de Bretons et d'Anglais dont on lui avait annoncé la prochaine arrivée, en garnissant de bonnes troupes ses principales forteresses, notamment Saint-Mihiel, Gondrecourt, Foug et Lamothe en Bassigny. On y voit également que ces bandes, après avoir franchi la frontière du duché de Bar, traversèrent ce duché par le centre en passant par Revigny, vers le 28 août, et par Gondrecourt, dont quelques-uns de ces aventuriers occupèrent les faubourgs jusqu'au 12 septembre suivant (Servais, *Annales historiques du Barrois*, Bar-le-Duc, 1865, I, 302-304). On lit dans un des registres dont nous venons de parler que « li grant route des Bretons estoit ou paiix après la mixon l'an 75 avec le signour de Coucy ». L'irruption de ces bandes dans la plaine de Metz dut par conséquent avoir lieu vers la mi-septembre 1375. Un cadet de la maison ducale de Bar, Pierre de Bar, seigneur de Pierrefort (château situé à Martincourt, Meurthe-et-Moselle, arr. Toul, c. Domèvre), prit part à l'expédition du seigneur de Coucy.

2. Raoul de Coucy, seigneur de Montmirail (Marne, arr. Épernay), troisième fils de Guillaume, seigneur de Coucy, et d'Isabeau de Châtillon, frère puîné d'Enguerrand VI, était par suite l'oncle d'Enguerrand VII.

le vicomte de Meaux[1], les seigneurs de Vergy[2], de Roye[3], de Renneval[4], de Hangest[5] et Hue de Roucy[6]. Avant de donner passage aux Bretons et aux Bourguignons à travers leur pays, les seigneurs d'Alsace leur font promettre de s'abstenir des actes de déprédation dont ils sont coutumiers. Les capitaines en prennent l'engagement[7] et observent d'abord tant bien que mal cet engagement; mais par la suite ces bandes indisciplinées ne tinrent rien de ce qui avait été promis. — A la Toussaint de cette même année 1375, des conférences se tiennent à Bruges entre les ducs de Lancastre et de Bretagne, chargés des pleins pouvoirs du roi d'Angleterre, et les ducs d'Anjou et de Bourgogne, députés par le roi de France. A l'occasion de ces conférences, Louis, comte de Flandre, et Philippe, duc de Bourgogne, gendre du dit comte, donnent à Gand des joutes solennelles[8] en l'honneur des ducs

1. Par actes datés de Reims le 3 mars et de Vienne le 2 mai 1376, Robert de Béthune, vicomte de Meaux, donna quittance des gages qu'il avait desservis à la poursuite des Compagnies (*Bibl. Nat.*, collect. *Clairambault*, reg. 14, p. 917).

2. Jean, III du nom, dit le Grand, seigneur de Vergy, de Fouvent, de Champlitte et de Port-sur-Saône, mort le 25 mai 1418, revêtu des titres de sénéchal, de maréchal et de gouverneur du duché de Bourgogne.

3. Par acte daté de Reims le 1er mars 1376 (n. st.), Jean, seigneur de Roye, chevalier, donna quittance des gages qu'il avait desservis ès guerres de Champagne contre les Compagnies de routiers (*Ibid.*, reg. 97, p. 7543).

4. Raoul, seigneur de Renneval (Aisne, arr. Laon, c. Rozoy-sur-Serre).

5. Par acte daté de Reims le 1er mars 1376, Jean, seigneur de Hangest, donna quittance des gages qu'il avait desservis ès guerres de Champagne contre les Compagnies de routiers (*Ibid.*, reg. 57, p. 4355).

6. Hue ou Hugues de Roucy, seigneur de Pierrepont (Aisne, arr. Laon, c. Marle), troisième fils de Jean V, comte de Roucy, et de Marguerite de Baumez.

7. Enguerrand VII prend en effet cet engagement d'une manière formelle dans la lettre qu'il adressa de Massevaux ou Masmunster aux villes impériales d'Alsace le 24 septembre 1375 et dont nous avons donné plus haut l'analyse. Léopold II, duc d'Autriche, écrivit de son côté, aux bourgeois de Strasbourg, pour les inviter à lui prêter main-forte afin d'empêcher les Anglais, c'est ainsi qu'il désigne les bandes du seigneur de Coucy, de faire irruption sur la rive droite du Rhin. Cette dépêche de Léopold II est datée de Brisach le 12 octobre 1375 (Schoepflin, *Alsatia diplomatica*, II, 273). A propos de cette qualification d'Anglais, Thomas Holand, depuis comte de Kent, est le seul cité comme ayant pris part à cette expédition.

8. Le 1er novembre 1375, les grands personnages mentionnés ici par Froissart, et notamment le duc de Bourgogne, ne se trouvaient ni

d'Anjou, de Lancastre et de Bretagne. Le duc et la duchesse de Brabant, le duc Aubert de Bavière et sa femme, la duchesse de Bourgogne, assistent à ces joutes qui durent quatre jours et auxquelles prennent part cinquante chevaliers et cinquante écuyers. Les négociations entamées à Bruges immédiatement après ces joutes ne peuvent, malgré l'entremise des deux légats, aboutir à aucun résultat. Le roi d'Angleterre exige d'abord que les Français rendent tout ce qu'ils ont reconquis depuis l'ouverture des hostilités, ensuite qu'ils achèvent de payer la rançon stipulée par le traité de Brétigny et enfin qu'ils mettent en liberté le captal de Buch. Le roi de France, à l'inverse, réclame, outre la cession de Calais et la démolition des fortifications de cette place, la restitution de toutes les sommes versées tant par lui que par le roi Jean II son père pour l'acquittement de la dite rançon de Brétigny. Des réclamations aussi contradictoires rendent impossible toute entente. Toutefois, j'appris alors que ce furent principalement les deux questions de Bretagne et d'Espagne qui amenèrent la rupture des négociations. On proroge la trêve jusqu'au 1er avril 1376[1] Après quoi, les ducs se séparent pour retourner les uns en Angleterre, les autres en France. Les légats seuls restent à Bruges; il est vrai que l'on est convenu, avant de se séparer, de renvoyer dans cette ville des députés chargés de pleins pouvoirs pour la Toussaint suivante. P. 216 à 219, 321.

à Bruges ni à Gand. Les joutes dont il s'agit eurent lieu à Bruges dans les premiers jours d'avril de cette année (*Bibl. Nat., Coll. de Bourgogne*, t. LV, f° 28 v°).

1. Par actes datés de Bruges le 12 mars 1376, Jean, duc de Lancastre, Simon, archevêque de Canterbury, Edmond, comte de Cambridge, traitant au nom du roi d'Angleterre, Louis, duc d'Anjou et de Touraine, comte du Maine, Philippe, duc de Bourgogne, chargés des pleins pouvoirs du roi de France, prorogèrent jusqu'au 1er avril 1377 les trêves qui devaient expirer le dernier juin 1376 (Rymer, III, 1048). Ces trêves étaient celles que l'on avait conclues dans cette même ville de Bruges le 27 juin 1375 (*Ibid.*, 1031 à 1034). (Cf. plus haut, p. cxvi, note 2, et p. cxvii). La date du 1er avril 1376 donnée par Froissart n'en est pas moins exacte, parce qu'il s'agit de l'année 1376, ancien style, sur la date finale de laquelle le chroniqueur semble avoir partagé la méprise du rédacteur des *Grandes Chroniques* : « Mais il proroguèrent les trièves jusques au premier jour du mois d'avril mil trois cens septante six, et Pasques furent le sixiesme jour du dit mois, que l'en dit mil trois cens septante sept » (*Gr. Chron.*, VI, 347). En réalité, Pâques tomba en 1376 le 13 avril, en 1377 le 29 mars.

Arrivé en Alsace, le seigneur de Coucy défie le duc d'Autriche
et lui déclare la guerre. A la première nouvelle des projets hos-
tiles de ce grand seigneur et de la marche des Compagnies, les
gens de Léopold II brûlent et détruisent eux-mêmes bien trois
journées du pays que doivent traverser ces bandes. Accoutumés
aux grasses et riches campagnes de France, de Berry et de Bretagne, des bords de la Marne et de la Loire, les gens des Compagnies, trouvant partout sur leur chemin un territoire pauvre et
dévasté, manquant d'ailleurs de fourrage pour leurs chevaux,
veulent rebrousser chemin. Ils s'échelonnent sur la rive gauche
du Rhin et refusent de franchir ce fleuve sous prétexte qu'ils ne
le peuvent passer à gué et qu'ils n'ont point de bateaux pour y
établir un pont. A tous les reproches que leur adresse Enguerrand VII, ils répondent qu'il n'a qu'à leur donner l'exemple en
allant de l'avant et qu'ils le suivront[1]. Le duc d'Autriche, qui

1. Une curieuse série de lettres, adressées par le bourgmestre et le
Conseil de la ville de Bâle au bourgmestre et au Conseil de la ville de
Strasbourg, notamment à la date des 14 et 19 octobre, 25 novembre
et 15 décembre 1375, nous retrace tous les mouvements de ces bandes,
d'abord aux environs de Haguenau, ensuite au village de Roche, d'où
une bande venant de Lure sous les ordres de Jean de Vienne et d'Owen
de Galles menace Belfort, les progrès de ces mêmes bandes s'avançant
de Montbéliard et de Belfort contre Bâle, le combat de Marlen où une
troupe de braves paysans d'Alsace osa attaquer l'une de ces bandes et
se fit exterminer, le ravage des environs de Bâle, l'occupation et le
pillage de Wallenburg (gros bourg situé dans le canton de Bâle-Cam-
pagne), le passage à travers la montagne de Havenstein et le défilé de
la Clus, dans le canton de Soleure, la destruction de Wangen (sur la
rive droite de l'Aar, au nord-est du canton de Berne), l'investissement
de la ville de Buren (au sud-ouest de Wangen, sur la rive droite de
l'Aar, dans le canton de Berne) appartenant au comte de Nydau, et
enfin les trois échecs successifs que ces Compagnies subirent à Buttisholz,
à Sonns et à Fraubrunnen, entre Soleure et Berne. L'issue malheureuse
de ces deux derniers engagements, livrés les 25 et 26 décembre 1375,
s'ajoutant à la rigueur de la saison et à la disette croissante des vivres,
arrêta la marche en avant des bandes conduites par le seigneur de
Coucy et les décida à reprendre le chemin de l'Alsace (Trouillat,
Monuments de l'histoire de l'ancien évêché de Bâle, Porrentruy, 1861, IV,
347, note 1; baron de Zurlauben, *Hist. de l'Acad. des Inscriptions*,
XXV, 178-181). Le 25 décembre, une de ces bandes avait brûlé l'abbaye
de Fontaine-André, située dans le canton actuel de Neuchatel (Matile,
Monuments, p. 1012). Le 2 septembre 1376, Jean de Vienne, évêque
de Bâle, cousin de l'amiral Jean de Vienne, l'un des chefs des bandes
dévastatrices, fit don de 200 florins d'or à Jacques de Tavannes,
écuyer, pour le récompenser des services que le dit écuyer avait rendus
à l'église de Bâle, « especialment en defendre et garder leaulment

n'en redoute pas moins l'approche de ces bandes, fait offrir le comté de Ferrette[1] dont le revenu annuel est de vingt mille francs, au seigneur de Coucy qui repousse cette offre. P. 219 à 221, 321.

Le seigneur de Coucy, dans la crainte d'être trahi par les gens des Compagnies et livré au duc d'Autriche ou aux Allemands, se sauve pendant la nuit à la faveur d'un déguisement, escorté de deux de ses chevaliers seulement[2]. Un retour aussi précipité fait l'étonnement du roi de France, des ducs d'Anjou, de Berry et de Bourgogne, auxquels Enguerrand VII, qui était doué d'une éloquence naturelle, n'a pas de peine à faire approuver les motifs de ce retour. Après Pâques[3], le seigneur de Coucy obtient du roi de France l'autorisation d'aller passer quelque temps en Angleterre avec sa femme, fille d'Édouard III ; Charles V l'a chargé de rechercher les bases d'un arrangement entre les deux pays. P. 221 à 223, 321, 322.

Les Compagnies, ayant renoncé définitivement à envahir le

nostre ville du Byenne, adonc et quant les Compaignes, gens et servans du seignour de Couci, furent en Arguel et en la terre ai conte de Nydowe, contre les dictes Compaignes. » (Trouillat, *Monuments de Bâle*, IV, 366).

1. Ferrette ou Pfirt, ancien département du Haut-Rhin, arr. Altkirch, à 18 kil. au sud-est de cette ville. Le comté de Ferrette, qui comprenait les seigneuries d'Altkirch, de Thann, de Delle, de Rougemont et de Belfort, séparé au commencement du douzième siècle de celui de Montbéliard, passé en 1319 dans la maison d'Autriche, ne fut réuni à la France que par le traité de Westphalie en 1648.

2. L'acte par lequel Enguerrand VII, seigneur de Coucy, fit la paix avec son cousin Léopold II, duc d'Autriche, est daté de Wattwiller (anc. dép. du Haut-Rhin, à 5 kil. au N. E. de Thann), le 13 janvier 1376. L'endroit même où fut dressé cet acte diplomatique prouve que, suivant la version de Froissart, les Compagnies et leur chef, après avoir poussé des pointes jusqu'aux environs de Bienne, de Nydau, de Neuchatel et de Berne, avaient été forcées, vers la fin de décembre 1375, de rétrograder en Alsace. Pour arriver à un arrangement, Albert III et Léopold II, ducs d'Autriche, cédèrent au seigneur de Coucy, non pas le comté de Ferrette, dont l'offre aurait été repoussée, s'il en faut croire notre chroniqueur, mais un autre comté situé un peu plus au sud, celui de Nydau, qui comprenait la ville de Buren, et dont le seigneur de Coucy resta en possession pendant douze ans. Léopold II se reserva seulement le titre de protecteur des deux villes de Nydau et de Buren et le conserva jusqu'à sa mort sur le champ de bataille de Sempach, le 9 juillet 1386.

3. Comme nous l'avons fait remarquer dans une des notes précédentes, Pâques tomba en 1376 le 13 avril.

duché d'Autriche, refluent vers la France[1] qu'elles appellent leur
chambre. — Le seigneur de Coucy, pendant son séjour au delà du
détroit, rend successivement visite, d'abord au roi d'Angleterre
qui fait bon accueil à son gendre et à sa fille, ensuite à ses quatre
beaux-frères, Édouard, prince de Galles, gravement malade à
Londres, Jean, duc de Lancastre, Edmond, comte de Cambridge,
et Thomas, le plus jeune des quatre frères. Il va voir aussi son
neveu le jeune Richard, fils du prince de Galles, confié à la garde
et à la direction de Guichard d'Angle; puis il laisse en Angleterre
sa femme ainsi que sa fille cadette la damoiselle de Coucy et
revient en France. — Sur ces entrefaites, Édouard III, qui règne
depuis cinquante ans, célèbre son jubilé ou cinquantenaire[2] et fait
à cette occasion des largesses à ses chevaliers. Un peu avant la

1. Dès la seconde quinzaine de janvier 1376, les Compagnies commencèrent à refluer en France. Vers la fin de ce mois, des bandes
bretonnes se répandirent de nouveau dans le duché de Bar; le 24, un
détachement de ces routiers occupait les faubourgs de Lamarche, en
Bassigny. Au commencement de février, d'autres détachements en-
vahirent le Barrois, s'avancèrent jusqu'à Saint-Mihiel, se cantonnèrent
pendant plusieurs jours aux environs de cette forteresse, puis se dirigèrent vers le comté de Réthel, en menaçant la Champagne septentrionale et en particulier les comtés de Soissons, de Marle, ainsi que
la baronnie de Coucy (Servais, *Annales historiques du Barrois*, I, 311).
A la fin de février et dans les premiers jours de mars 1376, Charles V
fit faire à Reims un grand rassemblement de troupes pour repousser
ces bandes et leur donner la chasse. Parmi les hommes d'armes qui
prirent part à cette nouvelle campagne contre les Compagnies figurent
Enguerrand, seigneur de Coucy, naguères le chef de ces mêmes
bandes (*Bibl. Nat.*, collect. *Clairambault*, reg. 35, p. 2619), Guillaume
Guenaut, seigneur des Bordes (*Ibid.*, reg. 17, p. 1181), Philibert,
seigneur de Beaufremont (*Ibid.*, reg. 11, p. 649), Oger d'Anglure
(*Ibid.*, reg. 5, p. 185), Gilles de Boqueaux (*Ibid.*, reg. 18, p. 1), Jean
de Fauconnière (*Ibid.*, reg. 46, p. 3419 et reg. 49, p. 3713), Lionnel
d'Airaines (*Ibid.*, reg. 5, p. 239), enfin Robert de Béthune, vicomte
de Meaux, Jean, seigneur de Roye, Jean, seigneur de Hangest (Voy.
plus haut, p. cxxxiv, notes 1, 3, 5). Ces trois derniers chevaliers
étaient ainsi appelés à combattre leurs compagnons d'armes de la
veille, puisqu'ils avaient fait partie, s'il faut en croire Froissart, aussi
bien qu'Enguerrand VII lui-même, de l'expédition contre Léopold II,
duc d'Autriche. Louis de Sancerre, maréchal de France, partagea avec
Enguerrand VII et Guillaume des Bordes le commandement des
troupes ainsi rassemblées « en la poursuite de certaines routes de
gens d'armes qui par maniere de Compaignes sont venuz de nouvel
des parties d'Alemaigne » (*Bibl. Nat.*, *Clairambault*, reg. 5, p. 239).

2. Monté sur le trône d'Angleterre le 25 janvier 1327, Édouard III
célébra le cinquantième anniversaire de son avènement au commencement de 1377.

célébration de ce jubilé, le jour de la Trinité 1376[1], Édouard, prince de Galles, était mort au palais de Westminster lez Londres; après avoir embaumé ses restes et les avoir mis dans un cercueil de plomb, on les garda ainsi jusqu'à la fête Saint-Michel suivante, jour où on lui fit des obsèques solennelles dans l'abbaye de Westminster[2]. P. 223 à 225, 322.

Charles V, aussitôt qu'il est informé de la mort du prince de Galles, fait célébrer en la Sainte-Chapelle du Palais à Paris un service funèbre auquel assistent ses trois frères. — A la Toussaint, de nouvelles conférences se tiennent à Bruges entre Jean de Montagu, le seigneur de Cobham, l'évêque de Herford, le doyen de Saint-Paul de Londres, députés par le roi d'Angleterre, le comte de Saarbruck, le seigneur de Châtillon et Philibert de l'Espinasse, plénipotentiaires du roi de France; mais ces conférences n'aboutissent, malgré l'entremise des deux légats, à aucun résultat. L'échec de ces entrevues officielles n'empêche pas les deux Cours d'engager des négociations secrètes pendant le carême, et l'ouverture de ces négociations amène la prorogation de la trêve jusqu'au 1er mai. Les pourparlers ont lieu à Montreuil-sur-Mer, et les personnages qui y prennent part sont, du côté des Français, le seigneur de Coucy, Bureau de la Rivière, Nicolas Braque et Jean le Mercier; du côté des Anglais, Guichard d'Angle, Richard Stury et Geoffroi Chaucer[3]. Ces pourparlers sont relatifs à un projet de

1. Cette date est parfaitement exacte. Édouard, prince de Galles, mourut au palais de Westminster le 8 juin 1376, jour de la fête de la Sainte Trinité. Thomas Walsingham fait un pompeux éloge de ce prince qu'il compare à Hector (*Historia anglicana*, p. 321).

2. Le héraut Chandos a rapporté textuellement à la fin de sa *Chronique rimée du Prince Noir* l'épitaphe, composée de 28 vers français octosyllabiques, qu'on lit encore aujourd'hui sur le tombeau du Prince dans la cathédrale de Canterbury. Cf. *The black prince*, éd. Francisque Michel, London et Paris, 1883, p. 291, 292, vers 4277 à 4304.

3. Geoffroi Chaucer, le protégé de la favorite Alice Perers et l'ami de Froissart, valet pensionnaire du roi d'Angleterre en 1367 (Rymer, III, 829), écuyer de ce même roi qui le charge de négociations auprès du doge de Gênes en 1372 (*Ibid.*, 964, 966), contrôleur de la coutume des laines, des cuirs et des peaux au port de Londres et gratifié d'un pichet de vin à prendre tous les jours au dit port en 1374 (*Ibid.*, 1001, 1004), Chaucer ne figure dans aucune des députations officielles de 1376 et de 1377; mais il n'en saurait être autrement, puisque les négociations, auxquelles le malicieux observateur des mœurs anglaises de la fin du quatorzième siècle fut mêlé, devaient rester secrètes et n'ont point laissé sans doute d'autres traces écrites que des articles de comptabilité. Nous apprenons précisément par un de ces

mariage entre le jeune Richard, fils du prince de Galles, et Marie, fille du roi de France, et n'ont au reste d'autre résultat que de faire proroger la trêve un mois de plus. P. 225, 226, 322.

A la fête de Noël de l'année précédente (1376), dans un grand Parlement[1] tenu au palais de Westminster, en présence des prélats, des ducs, des comtes, des barons et des chevaliers d'Angleterre, Édouard III avait reconnu Richard, fils du prince de Galles, comme son héritier présomptif et l'avait associé à la Couronne ; tous les assistants et aussi les officiers des cités et bonnes villes, des ports et passages, avaient prêté serment de fidélité à ce jeune prince. Immédiatement après cette cérémonie, le vieux roi avait ressenti les premières atteintes de la maladie dont il devait bientôt mourir. P. 226, 227, 322.

Charles V délègue le seigneur de Coucy et Guillaume de Dormans, chancelier de France, pour prendre part aux conférences secrètes qui se doivent tenir à Montreuil-sur-Mer. Édouard III, de son côté, renvoie pour le même objet à Calais le comte de Salisbury, Guichard d'Angle, l'évêque de Herford et l'évêque de Saint-David, chancelier d'Angleterre[2]. Les deux légats du pape, l'archevêque de Ravenne et l'évêque de Carpentras, continuent de servir d'intermédiaires entre les ambassadeurs des deux nations. Outre la main d'une princesse de sang royal, les Français offrent d'abandonner aux Anglais douze cités du duché d'Aqui-

articles qu'un payement fut fait, le 17 février 1377, à Geoffroi Chaucer qu'Édouard III avait chargé d'une mission en Flandre : « Galfrido Chaucer, armigero regis, misso in nuncium in secretis negotiis domini regis versus partes Flandriæ. »

1. Le 26 janvier 1377, Édouard III, se trouvant malade à Haveryng, chargea son très cher petit-fils Richard, dit Richard de Bordeaux à cause du lieu de sa naissance, prince de Galles, duc de Cornouaille, comte de Chester, d'ouvrir en personne la session du Parlement (Rymer, III, 1070).

2. Par acte daté du palais de Westminster le 26 avril 1377, Édouard III donna pleins pouvoirs pour traiter avec les ambassadeurs du roi de France à Adam, évêque de Saint-David, son chancelier, à Jean, évêque de Hereford, à William de Montagu, comte de Salisbury, à Robert de Asheton son chambellan, à Guichard d'Angle, chevalier banneret, à Aubry de Weer, à Hugh de Segrave, chevaliers, à maître Walter Skirlawe, doyen de Saint-Martin le Grand de Londres et à maître Jean de Shepey, docteur en lois (Rymer, III, 1076). Un autre acte du 20 février précédent avait déjà investi des mêmes pouvoirs Jean, évêque de Hereford, Jean, seigneur de Cobham, de Kent, Jean de Montagu, chevaliers bannerets, et maître Jean Shepey, docteur en lois (*Ibid.*, 1073).

taine, mais à la condition que la forteresse de Calais sera abattue. On ne parvient point à s'entendre sur le choix d'une place neutre[1], située entre Montreuil et Calais, où se tiendraient les conférences, et cette circonstance détermine la rupture des négociations. Aussi, dès que la trêve est expirée, la guerre se rallume entre les deux pays. Le comte de Salisbury et Guichard d'Angle, à la tête de cent hommes d'armes et de deux cents archers, vont chercher le duc de Bretagne à Bruges, où il se tient auprès de son cousin le comte de Flandre, et le ramènent à Calais. P. 227, 228, 322.

Désespérant de ramener la paix entre les deux rois de France et d'Angleterre, le pape Grégoire XI déclare aux cardinaux qu'il veut partir d'Avignon pour aller tenir son siège à Rome. Les membres du sacré collège s'efforcent en vain de combattre cette résolution qui, selon eux, va mettre l'Église en grand trouble. Bon gré, mal gré, il leur faut s'embarquer avec le Saint-Père à Marseille[2], d'où ils vont toucher terre à Gênes. Là, ils se rembarquent sur leurs galées et arrivent à Rome où leur venue comble de joie les Romains et les habitants de la Romagne. Le retour du Saint-Siège à Rome occasionna depuis de grands troubles dans l'Église[3], comme il sera raconté ci-après, s'il m'est donné de conduire jusque-là cette histoire. P. 228, 229, 322.

---

1. « Et envoia assez tost après le roy de France ses messages à Bouloigne pour traictier, et les messages d'Angleterre furent à Calais, et furent les dites trièves proroguées de terme en terme jusques à la Nativité Saint Jehan Baptiste ensuivant qui fu mil trois cens septante sept dessus dit. Et aloient les deux arcevesques (les archevêques de Ravenne et de Rouen), messages du pape, de Bouloigne à Calais et de Calais à Bouloigne, en traictant entre les parties. » (*Grandes Chroniques*, VI, 347).

2. Le pape Grégoire XI partit d'Avignon le samedi 20 septembre 1376, laissant pour vicaires dans le Comtat les cardinaux de Sainte-Sabine et de Saint-Vital. Il se rendit à Marseille où il s'embarqua le jeudi 2 octobre. Débarqué à Corvetto le vendredi 5 décembre, il en partit le 16 du mois suivant, arriva le même jour à Ostie et fit son entrée à Rome le samedi 17 janvier 1377, jour de la fête Saint-Antoine (*Thalamus parvus*, p. 395). Le rédacteur de la chronique romane de Montpellier, d'après laquelle nous venons de résumer les principaux incidents du retour de Grégoire XI dans les États romains, a noté avec soin cette coïncidence de l'entrée du pape à Rome avec la fête de Saint-Antoine, parce que ce saint passait au moyen âge et passe encore aujourd'hui, du moins dans l'opinion de quelques dévots, pour faire retrouver les objets perdus.

3. Froissart n'a pu écrire cette phrase et n'a rédigé sans doute la fin de son premier livre, où on la trouve, que plusieurs années

Pendant que ces négociations se poursuivent à Bruges, le roi
de France fait de grands préparatifs maritimes pour porter le
ravage et l'incendie sur les côtes d'Angleterre. D. Ferrand Sanchez de Tovar commande la flotte envoyée par D. Enrique de
Trastamar, roi de Castille[1], au secours de Charles V son allié. La
flotte française proprement dite est sous les ordres de Jean de
Vienne, amiral de France, et de Jean de Rye, lesquels ont enrôlé
sous leurs bannières un certain nombre de chevaliers de Bourgogne, de Champagne et de Picardie. Les deux flottes réunies
explorent la mer et n'attendent que la déclaration de guerre pour
ouvrir les hostilités. Informé de cette situation, Jean, duc de
Lancastre, préposé au gouvernement du royaume au lieu et place
de son père Édouard III gravement malade, envoie Jean d'Arundel à Southampton avec deux cents hommes d'armes et trois cents
archers pour faire frontière contre les Français[2]. — A peine
arrivé de Bruges à Calais, Jean, duc de Bretagne, laisse dans

après 1377, au moment des premiers grands troubles occasionnés par
le schisme d'Avignon.

1. Le 20 janvier 1377 (n. st.), Charles V avait chargé Richard Frogier de se rendre du port de Harfleur en Castille, où le dit Frogier
avait mission de remettre à leurs destinataires trois paires de lettres
closes, les unes adressées au roi d'Espagne, les autres à l'évêque de
Léon, les troisièmes enfin à D. Pierre de Valesque' (D. Pero Fer-
randez de Velasco), grand chambellan de Castille. Étienne du Mous-
tier, huissier d'armes du roi, vice-amiral de la mer, fit payer une somme
de 70 francs à cet envoyé du roi (*Bibl. Nat.*, *Quittances*, XXII,
n° 1847).

2. Dès la première quinzaine de mars 1377, le Conseil du roi
d'Angleterre avait prescrit des mesures pour la mise en état de défense
de l'île de Wight (Rymer, III, 1073) et de la principauté de Galles
(*Ibid.*, 1075). Le 16 de ce mois, il fut enjoint à tous les vicomtes des
régions maritimes du royaume d'obliger tous les possesseurs de fiefs
situés sur le rivage de la mer à résider en armes sur ces fiefs à la tête
de tous leurs gens et de leurs vassaux également armés, afin d'être prêts
à repousser les Français qui faisaient alors des rassemblements formi-
dables d'hommes, de munitions et de vaisseaux pour opérer à bref
délai des descentes en Angleterre, pour anéantir et extirper la race
anglaise tout entière : « regnum nostrum et totam linguam anglicanam
destruere et delere » (*Ibid.*). Le 14 mai, on adressa la même injonction
aux abbés, aux prieurs, aux châtelains des environs de Darmouth et
de Plymouth auxquels on prescrivit de se tenir sur leurs gardes et que
l'on somma de se préparer à la résistance (*Ibid.*, 1078). Le 30 de ce
même mois, quelques semaines avant la mort d'Édouard III, on prit
toutes les dispositions pour mettre l'île de Wight, que l'on supposait
particulièrement menacée, à l'abri d'un coup de main (*Ibid.*, 1079).

cette dernière ville le comte de Salisbury ainsi que Guichard
d'Angle et repasse le détroit; puis il se rend, en passant par
Douvres et Londres, au petit manoir royal de Sheen, situé sur
la Tamise à cinq lieues anglaises de Londres. C'est dans ce manoir
que le roi d'Angleterre, dont l'état ne laisse plus aucun espoir,
est assisté à son lit de mort par Jean, duc de Lancastre, Edmond,
comte de Cambridge, Thomas, le plus jeune de ses fils, le comte
de March et la dame de Coucy sa fille. La veille de Saint-Jean-
Baptiste 1377, Édouard III rend le dernier soupir[1]. On rapporte
les restes du vieux roi à Londres où, après lui avoir fait de
magnifiques funérailles, on l'enterre à l'abbaye de Westminster[2]
à côté de Philippa de Hainaut sa femme. Il est pleuré par tous

1. Froissart et le rédacteur des *Grandes Chroniques* (VI, 348 fixent
par erreur la mort d'Édouard III à la veille de la Saint-Jean, c'est-à-
dire au mardi 23 juin 1377. En réalité, ce prince rendit le dernier
soupir au manoir de Sheen le dimanche 21 juin, dans la soirée,
comme on le voit par un article du compte de Richard de Beverley,
gardien de la garderobe du roi d'Angleterre, où on lit ces mots :
« a vigesimo quinto die novembris, anno regis Edwardi tertii, avi
regis hujus Ricardi, quinquagesimo finiente.... *usque ad vigesimum pri-
mum diem junii proxime sequentem quo pie idem avus obiit* » (Fragment
de compte signalé par M. Joseph Stevenson et publié par M. Kervyn
de Lettenhove dans *OEuvres de Froissart*, VIII, 423). C'est également
la date donnée par Thomas Walsingham (*Hist. anglicana*, p. 329) et
par un acte authentique dont Rymer a publié le texte (III, pars III et
IV, p. 60).
2. Après une messe de *Requiem* célébrée à l'église cathédrale de
Saint-Paul de Londres, le 4 juillet, en présence de Simon Sudbury,
archevêque de Canterbury, et d'Edmond, comte de Cambridge, les
restes mortels d'Édouard III, embaumés par Robert Chaundeler,
bourgeois de Londres, auquel on paya 21 livres pour cette opération,
furent inhumés le lendemain 5 dans l'église abbatiale de Saint-Pierre
de Westminster. Au-dessus du catafalque, le roi défunt était représenté
en cire, de grandeur naturelle, avec un sceptre, un globe et un
crucifix d'argent doré. Étienne Hadle, l'artiste qui avait façonné cette
image, reçut 22 livres 4 sous 11 deniers pour son travail. Lorsque l'on
transporta le cercueil de Sheen à Westminster, 1700 torches pour la
confection desquelles on avait employé 7511 livres de cire et qui
étaient portées par un égal nombre de pauvres mendiants vêtus de
noir, 15 grands cierges et 12 mortiers allumés éclairaient sur tout le
parcours la marche du cortège funèbre; et le jour de l'inhumation,
trois cents grosses torches, du poids de 1800 livres, brûlèrent pendant
toute la durée de la cérémonie autour du sarcophage, protégé par une
espèce de grille en forme de herse qui avait coûté 59 livres 16 sous
8 deniers. En résumé, un devis dressé à Westminster le 28 juin 1377,
fixa les frais des funérailles d'Édouard III à la somme, considérable
pour le temps, de 1447 livres.

ses sujets. Les grands du royaume sont d'avis de faire couronner
immédiatement comme roi son petit-fils le jeune Richard. Le
comte de Salisbury et Guichard d'Angle reviennent de Calais en
Angleterre, et l'on prend des mesures pour mettre en bon état de
défense tous les points faibles des côtes anglaises avant que la
nouvelle de la mort d'Édouard III ne se soit répandue au dehors.
P. 229 à 232, 322.

La veille de Saint-Pierre et Saint-Paul[1], les Français opèrent

1. En 1377, la fête de Saint-Pierre et Saint-Paul, qui se célèbre
le 29 juin, tomba un lundi. Par conséquent, d'après Froissart, la descente à Rye aurait eu lieu le dimanche 28 juin. D'après Thomas Walsingham (*Ypodigma Neustriæ*, ed. Riley, London, 1876, p. 327) et
d'après la chronique du religieux de Saint-Albans (*Chronicon Angliæ* (1328-1388), ed. Edward Maunde Thompson, London, 1874,
p. 151), cette descente des Français se fit le jour même de la fête
Saint-Pierre et Saint-Paul, c'est-à-dire le lundi 29 juin, au point
du jour, « in festo apostolorum Petri et Pauli, in aurora ». La flotte
française se composait, d'après le religieux de Saint-Albans, de 50 navires grands et petits montés par 5000 hommes. Ce religieux flétrit la
lâcheté des paysans des environs de Rye qui s'étaient enfermés dans
cette ville avec leurs biens meubles et qui, malgré l'intérêt personnel
qu'ils y avaient, ne surent défendre contre l'attaque de l'ennemi ni la
place où ils s'étaient réfugiés ni les richesses entassées derrière ses
remparts. Comme la trêve avec l'Angleterre expira le 24 juin 1377, la
flotte française ancrée à Harfleur dut mettre à la voile et cingler vers
les côtes d'Angleterre ce jour-là même. Composée selon toute apparence d'une cinquantaine de galées, 35 appartenant au roi de France
(*Grandes Chroniques*, VI, 347), 8 au roi de Castille et 5 au roi de Por-
tugal, cette flotte était commandée par les deux amiraux de France et
de Castille, Jean de Vienne et D. Ferrand Sanchez de Tomar, ayant
sous leurs ordres le Génois Renier Grimaldi et un certain nombre
d'hommes d'armes picards et normands, tels que Colard, seigneur de
Torcy (Seine-Inférieure, arr. Dieppe, c. Longueville), Jean, seigneur
de la Ferté (la Ferté-Fresnel, Orne, arr. Argentan), maréchal de Normandie, Guillaume dit le Châtelain de Beauvais, Guillaume et Jean le
Bigot; il y faut joindre un chevalier du comté de Bourgogne, compatriote et compagnon d'armes habituel de Jean de Vienne, Jean de
Rye (Jura, arr. Dôle, c. Chaumergy), dont un érudit contemporain,
originaire lui aussi de Franche-Comté, M. le marquis Terrier de Loray,
a défiguré le nom en l'appelant Jean de Roye (*Jean de Vienne, amiral
de France*, Paris, 1878, p. 105). Après la prise de Rye par les Français,
une altercation très violente surgit entre l'amiral Jean de Vienne, qui
donna l'ordre de mettre le feu à cette place, et le seigneur de Torcy,
qui aurait voulu que l'on essayât de s'y maintenir et d'y tenir garnison
pour le roi de France (*Chronique des quatre premiers Valois*, p. 263).
Les pièces relatives à l'armement de la flotte qui fit campagne en juillet 1377 ont été publiées par M. de Loray (*Jean de Vienne*, p. xxii à
xxxi).

une descente à Rye[1], port situé dans le comté de [Sussex], vers
les marches du comté de Kent, dont la population se compose
de pêcheurs et de mariniers; ils mettent cette ville au pillage et
la brûlent; puis ils se rembarquent et cinglent vers Southampton,
mais sans faire encore de ce côté une nouvelle descente. Les nouvelles en arrivent à Londres le 8 juillet, le jour même où l'on
couronne[2] en cette ville, dans la chapelle de Westminster, le jeune
Richard II, alors âgé de onze ans. A l'occasion de son couronnement, le nouveau roi crée neuf chevaliers et cinq comtes dont
voici les noms : Thomas, oncle de Richard, créé comte de Buckingham[3]; Henri, seigneur de Percy, promu comte de Northumberland; Thomas Holand, frère utérin du roi[4], nommé comte de
Kent; Guichard d'Angle, le gouverneur du jeune roi, qui devient
comte de Huntingdon; enfin Thomas, seigneur de Mowbray,
élevé à la dignité de comte de Nottingham. Aussitôt après cette
cérémonie du couronnement, les deux frères Edmond, comte de
Cambridge, et Thomas, comte de Buckingham, oncles du roi,
vont faire frontière à Douvres[5] avec quatre cents hommes d'armes

1. Rye est une petite ville, non du comté d'Essex vers les marches
du comté de Kent, comme on le lit dans Froissart, mais du comté de
Sussex, l'un des Cinq Ports, à 13 kil. au N.-E. de Winchelsea, à
l'embouchure d'une petite rivière appelée la Rother. La plupart des
habitants de Rye sont, de nos jours comme au temps de Froissart, des
mariniers qui se livrent surtout à la pêche du hareng.

2. Le couronnement de Richard II à Westminster n'eut pas lieu
le 8, comme le dit Froissart, mais le jeudi 16 juillet. Thomas Walsingham a raconté avec le plus grand détail le cérémonial qui fut
déployé à cette occasion (*Historia anglicana*, p. 332 à 338).

3. Thomas de Woodstock, sixième fils d'Édouard III et de Philippa de Hainaut; il devint plus tard duc de Gloucester. En 1377, il
était après Jean de Gand, duc de Lancastre, et Edmond, comte de
Cambridge, plus tard duc d'York, le troisième par ordre de primo-
géniture des oncles survivants de Richard II. Celui-ci assigna en
outre au plus jeune de ses oncles une rente annuelle de mille marcs
sur le trésor royal. Jean, duc de Lancastre, avait le titre de sénéchal,
Thomas, comte de Buckingham, celui de connétable, Henri Percy,
comte de Northumberland, celui de maréchal d'Angleterre. Thomas
avait été institué connétable le 22 juin, le lendemain même de la mort
d'Édouard III.

4. Fils de Thomas Holand et de Jeanne de Kent, Thomas Holand
était le frère utérin de Richard II, parce que sa mère, après la mort
de son premier mari, avait épousé en secondes noces Édouard, prince
de Galles, dont elle avait eu Richard, dit de Bordeaux.

5. Par acte daté de Westminster le 30 juin 1377, le jeune roi
Richard II, informé que la flotte ennemie avait pris la mer, chargea

et six cents archers, tandis que Guillaume, comte de Salisbury[1],
et Jean de Montagu, frère du dit comte, sont préposés à la garde
du port de Poole[2] à la tête de deux cents hommes d'armes et de
trois cents archers. Jean d'Arundel est chargé de la défense de
Southampton. Les Français débarquent dans l'île de Wight[3],
pillent et brûlent les villes de Portsmouth[4], de Darmouth, de

spécialement son très cher oncle Edmond, comte de Cambridge,
connétable du château royal de Douvres, Guillaume Latymer, Jean de
Cobham de Kent, Jean de Clynton et Étienne de Valence de mettre
dans le meilleur état possible de défense les côtes du comté de Kent
(Rymer, éd. de 1740, t. III, pars III et IV, p. 61).

1. Par un autre acte daté de Westminster le 2 juillet 1377, Richard II, ayant reçu la nouvelle que ses ennemis de France avaient
déjà opéré des descentes à main armée sur certains points des côtes
de son royaume, confia à son amé et féal Guillaume, comte de Salisbury, le soin de mettre en état de défense, par tous les moyens qui
seraient en son pouvoir, les rivages des comtés de Southampton et de
Dorset (*Ibid.*, p. 62). Des mesures spéciales furent prises pour empêcher la flotte ennemie de remonter le cours de la Tamise; d'où l'on
peut conclure qu'à la date du 7 juillet, où ces mesures furent pres-
crites, on craignit un instant quelque tentative des Français contre la
ville de Londres.

2. Port du comté de Dorset, situé sur une baie de la Manche, à
32 kil. à l'est de Dorchester et à 60 kil. au S.-O. de Winchester.

3. Froissart confond ici, selon son habitude, deux campagnes
navales tout à fait distinctes, quoique les mêmes navires, placés sous
la direction du même chef, l'amiral Jean de Vienne, y aient pris part.
La première campagne, commencée le 24 juin, signalée par la prise
de Rye, de Rottingdean, de Lewes, par le sac de Folkestone, de
Portsmouth, de Darmouth et de Plymouth, se termina au commencement du mois d'août suivant. Débarqué à Harfleur, l'amiral Jean de
Vienne, dont une quittance en date du 8 août 1377 atteste la présence à Paris à cette date (*Jean de Vienne;* pièces justificatives,
p. XXVIII), ne dut reprendre la mer que vers le milieu de ce mois; et
ce fut alors seulement qu'il opéra une descente dans l'île de Wight.
Cette descente, suivie de l'occupation de cette île presque tout entière, sauf le château de Carelsbrook défendu par Hugh Tyrel, eut
lieu le 21 août 1377 : « Galli eodem anno (1377), vicesimo primo die
mensis augusti, insulam, ut ita dicam, incapiabilem, de Wyght,
capiunt, minus virtute quam astu. » (Thoma Walsingham, *Historia
anglicana*, p. 340, 341.)

4. Port situé dans l'île de Portsey et dépendant du Hampshire.
Après la prise de Rye le 28 juin, Froissart aurait dû mentionner l'occupation de Rottingdean, à l'ouest de Winchelsea, le combat de
Lewes, qui se livra dans les premiers jours de juillet, le sac de Folkestone fixé par un chroniqueur contemporain au 20 de ce mois. Les
opérations contre Portsmouth, Darmouth et Plymouth sont certainement postérieures à ces faits et notamment au combat de Lewes, que
notre chroniqueur raconte presque en dernier lieu, quoiqu'il ait suivi

Plymouth et de Weymouth. Ils essayent de prendre terre à Southampton, mais ils sont repoussés après un petit engagement par Jean d'Arundel et forcés de regagner leurs vaisseaux. Une autre tentative de débarquement près de Poole n'est pas plus heureuse; elle échoue grâce aux mesures prises par Guillaume, comte de Salisbury, et par Jean de Montagu, son frère, qui se transportent à cheval sur tous les points menacés de cette partie des côtes d'Angleterre et réussissent ainsi à empêcher tout débarquement des Français. P. 232 à 234, 323.

Jean de Vienne et Jean de Rye opèrent une descente près de Lewes[1], bon gros village sur mer où se trouve un riche prieuré. Les habitants des environs ont cherché un refuge dans cette place défendue par le prieur et par deux chevaliers, Thomas Cheyne et Jean Fallesley[2]. Un combat très disputé se livre sur la grande place, devant l'église. La supériorité du nombre finit par assurer la victoire aux Français, qui tuent deux cents Anglais et font les deux chevaliers prisonniers ainsi que le prieur. Après avoir pillé et détruit la ville de Lewes, les vainqueurs se rembarquent à la marée montante sur leurs navires chargés de butin et apprennent par leurs prisonniers la mort d'Édouard III[3] et le couronnement

immédiatement la prise de Rye et précédé, au moins d'une vingtaine de jours, les démonstrations de la flotte française contre les ports du Hampshire et du Devonshire (Terrier de Loray, *Jean de Vienne, amiral de France*, p. 108, 109).

1. Lewes, petite ville du comté de Sussex, n'est pas sur le bord de la mer, mais sur la rivière d'Ouse, à l'embouchure de laquelle se trouve New Haven, qui sert de port à Lewes.

2. Thomas Walsingham cite également ces deux chevaliers comme ayant été faits prisonniers avec le prieur de Lewes à la défense de cette place : « Eodem anno (1377), Gallici intraverunt ad villam de Rottyngdene prope villam de Lewes, ubi obviavit eis prior de Lewes cum parva manu, et superveniente copia Gallorum captus est ductusque ad naves eorum cum duobus militibus qui sibi adhæserunt, videlicet domino Johanne de Fallesley et domino Thoma Cheyne et uno armigero cujus nomen erat Johannes Brokas. » (*Historia anglicana*, p. 342.)

3. Si les vainqueurs de Lewes furent informés pour la première fois de la mort d'Édouard III par les prisonniers faits dans cette rencontre, il en faut conclure que Froissart s'est trompé en plaçant cette affaire à la fin de la campagne de l'amiral de France. Comme cette mort avait eu lieu le 21 juin, les compagnons d'armes de Jean de Vienne, faisant tous les jours des descentes en terre anglaise à partir du 18 de ce mois, n'ont pas dû rester dans l'ignorance d'un événement aussi considérable plus tard que le commencement de juillet, et

de Richard II. Jean de Vienne s'empresse d'envoyer un de ses chevaliers et trois écuyers porter ces nouvelles au roi de France. Ces quatre messagers traversent le détroit sur une grosse barge espagnole, abordent au Crotoy, passent à côté d'Abbeville sans y entrer, chevauchent vers Amiens et arrivent à Paris, où ils trouvent Charles V entouré des ducs de Berry, de Bourgogne et de Bourbon. Aussitôt qu'il est informé de la mort de son « frère » d'Angleterre, Charles fait célébrer à la Sainte Chapelle à Paris un service funèbre aussi solennel que si Édouard III eût été son cousin germain. P. 234 à 237, 323.

Après cette descente à Lewes, la flotte française et espagnole cingle vers Douvres. La garnison de cette place, composée de quatre cents lances et de huit cents archers sous les ordres des comtes de Cambridge et de Buckingham, oncles du roi, a résolu de ne point s'opposer au débarquement des Français qu'elle attend de pied ferme, rangée en bon ordre sur le rivage. Frappé de cette belle contenance, Jean de Vienne renonce à attaquer Douvres[1] et vient mouiller devant les remparts de Calais un jour que Hugh de Calverly, gouverneur de cette forteresse, est allé chevaucher devant Saint-Omer en compagnie de Jean de Harleston et de Jean, seigneur de Gommegnies, capitaines de Guines et d'Ardres (Guillaume de Gommegnies, fils aîné du seigneur de Gommegnies, fut armé chevalier au cours de cette chevauchée). Hugh de Calverly, trouvant à son retour les navires ennemis ancrés devant Calais, se prépare à soutenir un siège et à repousser

telle est en effet la date qu'il nous paraît vraisemblable d'attribuer au combat de Lewes. D'ailleurs, comme l'a fait justement remarquer M. Terrier de Loray, le chroniqueur Cabaret d'Orville dit que ce combat fut livré immédiatement après la prise de Rye, et le voisinage de ces deux localités s'ajoute aux autres considérations pour donner beaucoup de vraisemblance à cette assertion.

1. Cette démonstration contre Douvres termina la seconde campagne navale de Jean de Vienne, celle qui, commencée vers le milieu du mois d'août, signalée par l'occupation et la dévastation de l'île de Wight, l'attaque de Southampton et de Winchelsea, l'incendie de Poole, se termina devant Calais le 10 septembre environ. Par acte daté de Westminster le 4 de ce mois, Richard II demanda des prières publiques à Simon, archevêque de Canterbury, en faveur de son royaume envahi sur plusieurs points par les Français, « qualiter inimici nostri Franciæ et alii quamplures nos et regnum nostrum Angliæ, in primordiis regiminis nostri, pluribus locis sæpius invaserunt. » (Rymer, III, pars III et IV, p. 69.)

un assaut qu'il croit inévitable; mais après huit jours de mouillage la flotte franco-espagnole est réduite par le mauvais temps à lever l'ancre sans avoir rien fait, pour chercher un abri dans le havre de Harfleur. P. 237, 238, 323.

On a vu plus haut comment Jean de Grailly, captal de Buch, fut pris devant Soubise en Poitou par le corps d'armée d'Owen de Galles et de Radigo de Rojas, amené captif à Paris et enfermé dans la tour du Temple. Maintes fois le roi d'Angleterre, en échange de la mise en liberté du captal, avait offert de rendre le comte de Saint-Pol et trois ou quatre autres prisonniers dont il eût pu tirer une rançon de plus de cent mille francs, mais le roi de France avait toujours repoussé ces offres. Il était bien décidé à ne délivrer son prisonnier qu'à une condition, c'est que Jean de Grailly embrasserait le parti français, auquel cas il promettait de lui donner de grandes terres, de beaux revenus et de le marier aussi hautement que richement. Le captal, de son côté, refusait de se prêter au marché qu'on lui proposait et disait qu'en ne consentant pas à le mettre à finance on ne lui faisait pas le droit d'armes. Il ajoutait que le roi d'Angleterre son maître s'était mieux conduit en semblable occurrence envers Bertrand du Guesclin et les plus nobles du royaume de France. Pierre d'Auvilliers, l'écuyer qui avait fait Jean de Grailly prisonnier et qui avait cédé sa prise en échange d'une somme de douze cents francs, partageait le mécontentement du captal et en arrivait à regretter d'avoir livré ce grand seigneur au roi de France. Pour couper court à toutes ces difficultés, Enguerrand, seigneur de Coucy, conseille à Charles V de mettre en liberté Jean de Grailly, à la condition que celui-ci jurera de ne point prendre les armes à l'avenir contre le royaume de France. Mis en demeure d'être délivré sous cette condition, le captal de Buch demande du temps pour réfléchir; mais il succombe, sur ces entrefaites, à une maladie de langueur qui le minait depuis le commencement de sa captivité et l'empêchait de boire et de manger[1]. Charles V lui fait faire de magnifiques obsèques, non seulement comme à un vaillant chevalier, mais encore comme à un grand seigneur issu de la lignée des comtes de Foix et apparenté à la maison de France. P. 239 à 241, 323.

1. D'après l'auteur de la *Chronique des quatre premiers Valois* (p. 259), Jean de Grailly, captal de Buch, mourut à Paris, au château du Louvre, vers le mois de septembre 1376.

Pendant que la flotte franco-espagnole, placée sous les ordres
de Jean de Vienne, opère des descentes et porte le ravage sur les
côtes d'Angleterre, Hugh de Calverly, Jean de Harleston, Jean,
seigneur de Gommegnies, capitaines de Calais, de Guines et d'Ardres, ravagent de leur côté la marche de Saint-Omer, les environs
de Thérouanne, les comtés de Saint-Pol, d'Artois et de Boulogne,
faisant main basse sur tout ce que l'on n'a pas eu la précaution
de mettre en sûreté dans l'intérieur de quelque forteresse. Des
trois places fortes occupées dans cette région par les Anglais,
Calais, Guines et Ardres, cette dernière est la plus facile à prendre
parce que le seigneur de Gommegnies[1], qui en est le capitaine,
n'a pas eu soin de la munir d'artillerie. A l'instigation de
quelques-uns de ses conseillers, Charles V fait secrètement des
préparatifs considérables pour s'emparer de cette place. Philippe,
duc de Bourgogne, mis à la tête de l'expédition, convoque à
Troyes[1] les gens d'armes de ses duché et comté de Bourgogne,

1. Jean, seigneur de Gommegnies, avait été institué capitaine
d'Ardres en vertu d'une « endenture » intervenue et signée à Calais
le 1er décembre 1369 entre Jean, duc de Lancastre, sénéchal d'Angleterre, alors lieutenant en ces parties de France, et le dit seigneur
de Gommegnies. Il avait sous ses ordres une garnison composée de
100 hommes d'armes et de 200 archers. Ces 100 hommes d'armes se
décomposaient en 1 chevalier à bannière qui était le capitaine, 10 chevaliers bacheliers et 89 écuyers (Rymer, III, 882). La solde de cette
garnison était payée avec beaucoup d'irrégularité, surtout pendant
les dernières années du règne d'Édouard III. Un mandement de
Charles V, en date du 17 juin 1375, nous révèle à ce sujet un fait
curieux; il y est fait injonction aux habitants de Soissons, de Saint-
Quentin, de Chauny et de Nesle de contribuer pour leur quote-part à
la rançon d'un nommé Henri de la Voulte, l'un des deux bourgeois
envoyés en Angleterre par la ville de Compiègne comme otages du
traité de Brétigny. Or, cette rançon, fixée à 800 francs d'or, était exi-
gée sous peine de mort par le seigneur de Gommegnies, capitaine
d'Ardres, auquel le roi d'Angleterre avait livré, à défaut d'espèces
sonnantes, Henri de la Voulte, pour en faire argent (Delisle, *Mandements de Charles V*, p. 588, 589, n° 1135).

2. Le duc de Bourgogne se trouvait à Troyes le lundi 24 août 1377,
occupé sans doute, comme le dit Froissart, à faire ses préparatifs et à
rassembler ses forces. Le 9 septembre suivant, un acte de la duchesse
daté de Dijon (Dom Plancher, *Hist. de Bourgogne*, III, Preuves,
p. xlv) établit que Philippe le Hardi était à cette date absent de son
duché (*Ibid.*, Preuves, p. xli). Mais, dès le 26 du même mois, le duc,
déjà de retour de son expédition en Artois et dans le Boulonnais, fit
son entrée à Auxerre, où la ville lui présenta, à titre d'offrande et de
bienvenue, une queue de vin (Lebeuf, *Hist. d'Auxerre*, éd Challe, III,

tandis que le roi donne à Paris rendez-vous aux hommes d'armes de la Bretagne et de l'Ile de France et mande à Arras ceux du Vermandois et de l'Artois; ces détachements font leur jonction à Paris; puis, une fois réunis, ils se dirigent, pendant la dernière semaine du mois d'août, vers Arras et de là vers Saint-Omer. L'effectif de ces troupes d'élite s'élève à deux mille cinq cents lances[1]. Un samedi, ce corps d'armée, campé à Saint-Omer et dans les environs de cette ville, s'ébranle en bon ordre et vient mettre le siège devant Ardres. Noms des principaux bannerets de Bourgogne, de Bretagne, de Normandie, de l'Ile de France, du Vermandois, de l'Artois, qui composent ce corps d'armée. Logés sous de simples abris de feuillage ou même sur la terre nue, les assiégeants font dresser et appareiller leurs canons, qui lancent des carreaux pesant deux cents livres. P. 241 à 244, 323, 234.

Jean, seigneur de Gommegnies, capitaine d'Ardres, compte parmi ses compagnons d'armes[2] plusieurs chevaliers originaires

---

263). Dom Plancher a publié la liste des chevaliers et écuyers, la plupart bourguignons, qui prirent part à l'expédition de Philippe le Hardi dans le Boulonnais et le Calaisis pendant les trois premières semaines de septembre 1377, en rapportant par erreur cette expédition au mois d'août précédent (*Hist. de Bourgogne*, III, 564, note IX). Voici les principaux noms qui figurent sur cette liste : « Thibaud de Neufchastel, chevalier banneret, avec un chevalier bachelier et dix escuyers. Regnaud de Trie. Charles de Chambly. Raoul de Chennevieres. Lancelot de Loris. Robin de Maule. Guyot de la Tour. Jean de Seignelay. Guillaume de Vonecq. Jehan de Conflans. Simonet des Exceps. Jehan Angenault de l'Isle. Michaut des Potests. Guillaume Guenaut. Pierre de Voiserie. Jehan de Crux. Jehan de Tintrey. Breton de la Bretonniere. Jehan de Musigny. Thevenin Durée. Le bastart de Chappes. Henri Petitjehan. Guyot de Chambly. Aymart de Marcilly. Bertrand Guay. Auson de Centens. Mahiet de Pommalin. Guillaume le Gras. Erard, seigneur de Crux. Mahiet de Montmorency. Jehan de Digoinne. Jehan de Beaumont. Macé de la Roche Jehan de Chennevieres. Thomas de Voudenay. Thomas Perlesdits. Jehan de Saint Omer. Perrenot de Rouvres. Tous chevaliers et escuyers. »

1. Les arbalétriers qui tenaient garnison pour le roi de France à Honfleur, à Harfleur et à Montivilliers prirent part à cette chevauchée du duc de Bourgogne, dont le résultat fut la reddition d'Ardres, d'Audruicq et de quelques autres petites places occupées par les Anglais aux environs de Calais. Par acte daté de Paris le 23 septembre 1377, Charles V fit indemniser les conducteurs de dix voitures, attelées chacune de deux chevaux, qui avaient transporté devant Ardres et Audruicq les armures, arbalètes, harnois et autres habillements de guerre des dits arbalétriers (Delisle, *Mandements de Charles V*, p. 738, 739, n° 1460).

2. Les compagnons de la garnison anglaise d'Ardres comptaient

du Hainaut et notamment Eustache, seigneur de Vertain, Pierre, frère d'Eustache, Jacques du Sart. Mathieu, seigneur de Hangest, brave chevalier du Vermandois, un jour qu'il a poussé sa chevauchée jusqu'aux barrières d'Ardres, somme les Hainuyers de la garnison à la solde du roi d'Angleterre de rendre cette forteresse au duc de Bourgogne. Deux de ceux-ci, les frères Ireux et Hutin du Lay, refusent, tant en leur nom qu'au nom de leurs compagnons d'armes, de se rendre à cette sommation. Le seigneur de Hangest leur déclare alors que, si la place est emportée de vive force, nul de ses défenseurs ne sera pris à merci. P. 244, 245, 324.

Raoul, seigneur de Renneval, cousin germain du seigneur de Gommegnies, pénètre à la faveur d'un sauf-conduit dans l'enceinte de la forteresse et renouvelle à son cousin la déclaration déjà faite par le seigneur de Hangest; il y met tant d'insistance qu'il décide le capitaine d'Ardres à venir parler au duc de Bourgogne et au seigneur de Clisson. Une fois revenu au milieu de ses compagnons d'armes, le seigneur de Gommegnies leur expose la situation et les consulte sur le parti à prendre. Ceux-ci, après lui avoir reproché sa négligence et le manque d'artillerie de la forteresse confiée à sa garde, sont d'avis de se rendre. Aux termes de cette reddition, les habitants d'Ardres conservent leurs biens et ont la vie sauve[1]. Gauvinet de Bailleul conduit jusqu'à Calais les quatre chevaliers du Hainaut mentionnés ci-dessus ainsi que leurs soudoyers, tandis que le seigneur de Clisson et les maréchaux de France prennent possession d'Ardres. P. 245 à 247, 324.

aussi dans leurs rangs quelques Français. Au mois de février 1376, Charles V octroya des lettres de rémission à un pauvre valet nommé Hennequin Brice, dit le Barbier, originaire de Houlle (Pas-de-Calais, arr. et c. Saint-Omer), âgé de 18 ans, qui avait demeuré pendant trois ou quatre ans au service des Anglais d'Ardres (*Arch. Nat.*, JJ 108, n° 164, f° 99).

1. La forteresse d'Ardres se rendit à Philippe, duc de Bourgogne, le 7 septembre 1377, après trois jours de siège (*Grandes Chroniques*, VI, 356). Par acte daté de Melun le 22 septembre 1377, Charles V fit mettre une somme de 500 francs à la disposition de son amé et féal chevalier et chambellan Guillaume Guenaut, seigneur des Bordes, institué capitaine d'Ardres, « pour mettre et convertir en certaines reparacions neccessaires en la forteresce d'Ardres, laquelle forteresce a esté rendue nouvellement à nostre obeissance. » (Delisle, *Mandements de Charles V*, p. 737, n° 1457.)

Un détachement français de quatre cents lances se fait rendre le petit fort de La Planque. Un autre détachement de douze cents combattants occupe un beau et fort château du comté de Guines nommé Balinghem[1], et ensuite un autre petit lieu fort appelé La Haie. Après plusieurs assauts qui durent depuis le mercredi jusqu'au dimanche et où les assiégeants font jouer sept canons, le château d'Audruicq[2], assis sur une motte, entouré de fossés profonds remplis d'eau et défendu par les trois frères de Maulevrier, se rend au duc de Bourgogne. La perte de toutes ces forteresses plonge dans la désolation les Anglais de Calais, qui commencent à tenir en suspicion le seigneur de Gommegnies, naguère capitaine d'Ardres, au sujet de la reddition de cette place. Hugh de Calverly, capitaine de Calais, suggère à ce seigneur de passer en Angleterre pour exposer sa conduite au conseil du roi et se justifier auprès du duc de Lancastre. P. 247 à 250, 324.

Conformément à cet avis, Jean, seigneur de Gommegnies, après avoir donné congé à son fils Guillaume, à Eustache, seigneur de Vertain, à Pierre, frère d'Eustache, à Jacques du Sart et en général à tous ses compagnons d'armes du Hainaut, traverse le détroit. Il trouve auprès des habitants de Londres un assez mauvais accueil, mais le duc de Lancastre ne fait nulle difficulté d'agréer ses excuses, persuadé qu'il est qu'un aussi vaillant chevalier n'a reçu ni or ni argent pour la reddition d'Ardres. P. 250, 251, 324.

Philippe, duc de Bourgogne, termine cette honorable et heureuse chevauchée sur les marches de Picardie en instituant des capitaines dans chacun des châteaux de la frontière d'Artois et de Saint-Omer dont il s'est emparé. Le vicomte de Meaux et le seigneur de Sempy, entre autres, placés par le duc à la tête de la garnison de la ville d'Ardres[3], font mettre aussitôt cette forteresse

---

1. Pas-de-Calais, arr. Saint-Omer, c. Ardres.

2. Pas-de-Calais, arr. Saint-Omer. Le château d'Audruicq ne fut pas emporté de vive force; la garnison anglaise qui occupait ce château ne consentit à l'évacuer que moyennant le payement d'une somme assez considérable. Le 22 septembre 1377, Charles V, qui se trouvait alors à Melun, ordonna d'allouer sur les comptes de François Chanteprime une somme de 2000 francs d'or, qu'il avait fait « baillier et delivrer à nos ennemis qui n'a gaires tenoient le chastel d'Audruic es parties de Picardie. » (Delisle, *Mandements de Charles V*, p. 737, n° 1456.)

3. Si Robert de Béthune, vicomte de Meaux, et Jean, seigneur de Sempy, furent placés à la tête de la garnison d'Ardres, ce ne put être

en bon état de défense. Le roi de France, de son côté, très satis-
fait des résultats de cette expédition, envoie l'ordre aux habitants
de Saint-Omer d'approvisionner Ardres de toute espèce de vivres
en très grande abondance[1]. Une fois ces mesures prises, le duc
de Bourgogne donne congé à ses hommes d'armes et revient en
France près du roi son frère. Seuls, le seigneur de Clisson et les
Bretons, auxquels se joint Jacques de Werchin, sénéchal de
Hainaut, restent sous les armes sans se disperser et regagnent
leur province à marches forcées parce qu'ils ont appris qu'un
écuyer anglais, nommé Janequin, dit Clerc[2], vient de débarquer
en Bretagne et tient étroitement bloquée la forteresse de Brest
devant laquelle il a fait construire des bastilles. — Vers ce même
temps, Louis, duc d'Anjou, et Bertrand du Guesclin, connétable
de France, opéraient en la marche de Bordeaux[3] un grand rassemblement de troupes. Ce rassemblement avait été provoqué par
une rencontre qui devait avoir lieu au jour convenu entre les
Français et les Anglo-Gascons, rencontre dont je me propose de
parler plus en détail lorsque j'en serai mieux informé. P. 251,
252, 324.

que sous le commandement supérieur de Guillaume Guenaut, seigneur
des Bordes, institué le 22 septembre 1377 capitaine de cette place.
Voy. plus haut, p. CLII, note 1.

1. Charles V fit réparer la plupart des forteresses de cette région et
notamment celle du Crotoy, comme on le voit par des lettres de
rémission octroyées en octobre 1377 aux maçons employés « es euvres
de nostre chastel de Crotoy sur la mer » (*Arch. Nat.*, JJ 111, n° 236).

2. Le Janequin, dit Clerc, mentionné dans ce passage de Froissart,
doit sans doute être identifié avec Jean Clerk, de Southampton, qui
fut chargé à diverses reprises par Édouard III de missions plus ou
moins importantes (Rymer, III, 666, 765, 809, 848, 849, 891).

3. Froissart fait ici une allusion vague et tout à fait sommaire à
une campagne dans le Bordelais, dont une chronique locale, celle de
Bazas, mentionne en ces termes quelques-uns des principaux incidents : « Thomas de Hilton, Angliæ regis vicem gerens, congreditur
cum Francis prope Regulam. Franci, ubi Anglis Castillionem eripuere,
contendunt Salvam Terram quam triduo expugnant, dein adoriuntur
Beatæ Basiliæ fanum, inde Montem Securum ac demum Caudero-
tum. » (*Arch. hist. de la Gironde*, XV, 48.)

FIN DU SOMMAIRE DU TOME HUITIÈME ET DU LIVRE PREMIER.

APPENDICE.

I

1372, 18 septembre, devant Surgères.

TRAITÉ CONCLU ENTRE JEAN, DUC DE BERRY ET D'AUVERGNE, COMTE
DE POITOU, DE MACONNAIS, D'ANGOULÊME ET DE SAINTONGE, LIEU-
TENANT DU ROI DE FRANCE, D'UNE PART, ET CERTAINS PRÉLATS ET
BARONS DU PAYS DE POITOU, D'AUTRE PART, STIPULANT UNE TRÊVE
ET SOUS CERTAINES CONDITIONS LA SOUMISSION DU DIT PAYS DE
POITOU A CHARLES V LE 1ᵉʳ DÉCEMBRE SUIVANT.

Copie du traictié fait davant Surgieres en Poitou par monseigneur de Berry avecques aucuns prelaz et barons du dit pais de
Poitou le xv111ᵉ jour de septembre MCCCLXXII sur la manière de
faire retourner à l'obeissance du roy de France le pais du duchié
de Guyenne, pour lequel traictié consummer fut assemblée la
puissance du roy davant Thouars tout le jour de Saint André
l'an MCCCLXXII dessus dit, et le landemain fut redducé et remis
le dit duchié de Guyenne à la dicte obeissance du roy à Loudun
en l'eglise des Frères Meneurs.

Jehan, filz de roy de France, duc de Berry et d'Auvergne,
conte de Poitou et de Masconnais, d'Angolesme et de Xaintonge,
lieutenant de monseigneur le roy es diz pais et en pluseurs autres
parties de son royaume, faisons savoir à tous que bonnes et
loyaulx treuves et bonnes souffrances de toutes guerres sont
prinses et accordées entre nous, ou nom que dessus et ou nostre
propre, les subgiez, submis et aliez du roy et de nous, d'une
part, et les prelas evesques de Maillezays et de Luczon, dame
Perrenelle, dame et vicontesse de Thoars, le seigneur de Partenay[1],

1. Guillaume Larchevêque.

le viconte de Chasteleraut[1], le seigneur de Pouzauges[2], monseigneur Renault de Vivonne, monseigneur Jaques de Surgières, le seigneur d'Argenton[3], monseigneur Regnault de Thoars, monseigneur Guy de la Forest, monseigneur Emery d'Argenton, le sire d'Aubeterre[4], messire Hugues de Vivonne, monseigneur Emery de la Roche, monseigneur André Bonnaut, Perceval de Couloigne, Lestrange de Saint Jallais, messire Jehan de Machecoul, messire Brandelis Coutentin, le sire de Niule[5], le sire de Goureville, messire Guillaume de Pellevesin, Emery Helies, Jehan Marrosonne et Jehan Jourdan, tant pour eulz que pour leurs subgiez et aliez desquielx ilz envoyeront les noms pardevers nous dedenz dimanche en quinze jours, et d'iceulx auront prins seurté de tenir les choses contenues en cestes, d'autre part. Lesquelles treuves et souffrances tendront et dureront jusques au jour de la Saint André prouchaine venant, et cellui jour enclos, sanz faire guerre en aucune maniere par monseigneur le roy, nous, nos subgiez et aliez ne aucun de nous aus dessus nommez, leurs subgiez et aliez, villes, chasteaulx, fortereces ne à celles qu'ilz tiennent en leurs mains ou ont en garde, leurs terres, pais ne aux habitanz ou demouranz en ycelles. Et aussi les dessus nommez, leurs subgiz et aliez ne aucun d'eulz ne feront guerre en aucune maniere ne ne recourront en leurs fors aucune personne pour la faire ne à monseigneur le roy ne à nous, nos subgiez ou aliez ne aucun de nous, durant le dit temps. Et s'il avenoit que aucun des dessus diz, leurs villes, chasteaulz et forteresses, subgiz et aliez d'eulx fussent prins ou occuppez par monseigneur le roy, par nous, nos subgiez et aliez ou aucuns de leurs biens durant le temps de la dicte sueffrance, nous promettons et sommes tenuz de les rendre ou faire rendre et restituer tantost et sanz delay. Et aussi les dessus nommez et chascun d'eulx, pour eulx et pour leurs aliez, ont promis et sont tenuz que, si durant le temps de la dicte treuve et suffrance, aucuns des subgiez et aliez de monseigneur le roy, de noz villes, chasteaulx et forteresses ou celles des subgiez et aliez de monseigneur le roy et de nous ou d'aucune d'elles, es-

1. Louis de Harcourt.
2. Miles de Thouars, père de Regnault de Thouars.
3. Gui IV, seigneur d'Argenton, frère d'Aimeri d'Argenton.
4. Robert, seigneur d'Aubeterre.
5. Nieul, sans doute Nieul-sur-l'Autize, Vendée, arr. Fontenay-le-Comte.

toient prins par eulx, leurs subgiez et aliez ou par aucun d'eulx, de les rendre ou faire rendre et restituer tantost et sanz delay.

Et en outre est parlé et accordé entre nous et les dessus nommez que, si le roy d'Angleterre, son filz ainzné le prince de Galles qui hores est ne viennent le jour de la prouchaine feste Saint André à Thoars et qu'ilz peussent mettre monseigneur le roy ou son povair hors des champs et les faire retraire en fors par force, les dessus nommez subgiez et aliez leurs hoirs et successeurs l'andemain retourneront, seront et demourront d'ores en avant en l'obeissance de monseigneur le roy et de nous, si et par tele maniere que les dessus nommez, leurs predecesseurs et chascun d'eulx estoient au temps et paravant que par monseigneur le roy Jehan nostre père, que Dieux absoille, ilz furent baillez et livrez au roy d'Angleterre et à son obeissance, sanz plus lui faire ne aux siens obeissance ne recognoissance en aucune maniere. Et si le roy d'Angleterre ou son filz le prince qui hores est venoit à la prouchaine feste de Saint André en la maniere que dessus est dit, les dessus nommez et chascun d'eulz et leurs aliez demourrayent et seroyent quittes de leurs accors, convenances, seremens et autres choses contenues en ces presentes, et demourrayent en l'estat qu'il estoient paravant la date de cestes, et se pourrayent armer sans reprouche le dit jour passé.

Et unquore est parlé et accordé que les dessus nommez et chascun d'eulx pourront aller, venir et chevaucher, armez ou desarmez, sanz faire guerre à monseigneur le roy ne à nous, à nos subgiez et aliez ne ne au pais de monseigneur le roy et de nous, nos subgiez et aliez, durant le dicte treuve, sinon ou cas dessus dit. Et touz marchanz du pais de monseigneur le roy et du nostre et du povair des dessus nommez et de chescun d'eulx et de leurs aliez pourraient aler, venir et marchander, à pié ou à cheval, ou leurs denrées et marchandises, sauvement et seurement, par tout là où il leur plaira, ou pays, d'un costé et d'autre, sanz aucun empeschement leur faire, ainsi toutes voyes que aus dessus nommez subgiez et aliez et chascun d'eulx, pour tant comme à chascun touche.

Si tost comme ilz seront entrez en l'obeissance de monseigneur le roy et de nous, leur seront renduz, baillez et delivrez realment et de fait leurs villes, chasteaulx, forteresses, herbergemens, terres ou leurs appartenances et appendences et autres biens et droiz quielxconques receanz ou royaulme de France ou ailleurs ou povair de monseigneur le roy et de nous, que les dessus nommez et chascun d'eulx tiennent et à eulx appartenoient ou temps paravant le commencement de ces presentes guerres, avecques tout ce que nous aux dessus nommez, leurs subgiz et aliez ou à chascun d'eulx depuis le dit temps seroit avenu et appartendra pour cause de la succession de leurs parens ou autrement qui prins ou empeschiez auroient esté par monseigneur le roy et par nous, not subgiz et aliez ou aucun de nous; et d'iceulx joyront delivrement et de plain droit sanz aucun empeschement, si et par la maniere que eulx et leurs davanciers joyent et avoyent acoustumé joïr ou temps de monseigneur le roy Jehan, que Dieux absoille, et que les empeschemens y furent mis, avecques les lettres de monseigneur le roy en laz de soye et cire vert et les nostres, des requestes par nous aus diz nommez octroyées, desqueles nous leur avons baillié coppie enclose soubz nostre seel, et autant en avons retenu pour en faire les dictes lettres de monseigneur le roy et de nous.

De rechief, les pastiz qui sont prins se tendront de cy au terme qu'ilz sont prins, se payeront à ceulx qu'ilz sont deubz passé le dit terme, et ne se prandront plus nulz pastiz ne suffrance. Toutevoye, se paieront pastiz, d'une part et d'autre, sanz acroistre ne amaindrir deça ne delà, pour celle partie et par porcion et selon le regart du temps qu'il a, de la Saint Michiel jusques à la dicte feste de Saint André. Et si aucunes restes estoient deuez des diz pastiz et ranczons du temps passé, elles ne seront prinses ne executées de fait par fait de guerre, mès payeroient les dessus nommez, leurs subgiez et aliez, en tel povair et juridiccion seroient ceulx qui la dite reste ou restes devroyent, [et devroyent] les faire rendre et payer à ceulx à qui deuez seroient tantost et sanz delay. Et en cas de debat sur ce avons esleu pour cognoistre et mettre à fin le dit debat sans dilacion; et, ycellui feni, ce que sera trouvé qui deu sera sera executé par le seigneur de qui povair et juridiccion et fait payer sanz delay.

Et voulons que les fortiflicacions que les dessus nommez et chascun d'eulx donrront soubz leurs seaulx à leurs subgiez, hommes et aliez, et aux habitanz et demouranz en leurs villes, chasteaulx et forteresses, leur baillent treuves, souffrance, saufconduit et sehurté et que à la coppie ou coppies de ces presentes soubz seel auctentique soit adjoustée planiere foy et autele foy comme à l'original. Si mandons et deffendons, de par monseigneur le roy et

de par nous, à touz les subgiz bienveillans et aliez de monseigneur
le roy et de nous que contre la teneur de cestes et de nostre souffrance par nous donnée aux dessus diz et chascun d'eulz, leurs
aliez et subgiz, leurs biens quielxconques ne meffacent ne suef-
frent meffaire en leurs fors, fortresses, hostel, maisons, terres et
biens quielxconques, durant le dit temps. Et afin que ces choses
soient fermes et tenables le dit temps, nous avons fait mettre à
ces presentes nostre seel secret en absence de nostre grant. Donné
davant Surgieres le xviii[e][1] jour de septembre l'an mil ccclxxii.
Et s'ensuit : par monseigneur le duc et lieutenant. *Et signé :*
J. Raigebeau.

Donné par maniere de coppie soubz le seel des contrax establi
à Poictiers pour monseigneur le conte le xxiiiie jour de janvier
l'an mil ccclxxiiii. *Ainsi signé :* Boucart. Vivien.

(*Arch. Nat.*, P 1334[1], f°s 23 et 24.)

---

1. La copie fort mauvaise d'après laquelle nous publions le texte
de la convention de Surgères porte ici « xxviii »; mais cette leçon est
évidemment fautive. Outre que les premières lignes du vidimus indi-
quent la date du 18 septembre, le contexte et en particulier ces mots :
Donné davant ou *devant Surgières* ne permettent pas d'admettre une
autre date, puisque les Français ne se tinrent devant cette place que
du jeudi 16 au dimanche 19 septembre, jour où Surgères se rendit
aux assiégeants (Ernest Petit, *Itinéraires de Philippe le Hardi*, Paris,
Imprimerie Nationale, p. 86). Les *Itinéraires* que nous venons de citer
fournissent les trois mentions suivantes relatives à l'exécution de la
convention de Surgères : « Mardi 30 novembre. Monseigneur (le duc
de Bourgogne) disne aux champs devant Thouars, soupe et giste à
Monstereuil Bellay, et y furent le duc de Loraine, le conte du Perche
et plusieurs chevaliers et escuiers. — Mercredi 1er décembre. Furent
aux champs devant Thouars mon dit seigneur, le duc de Loraine, le
conte de la Marche, le viconte de Rauhen, et plusieurs autres seigneurs, chevaliers et escuiers. — Jeudi 2 décembre. Mon dit seigneur
tout le jour à Saumur, et ce jour mangèrent deux cens personnes en
sale, et sept vint et quatorze dehors. » (*Ibid.*, p. 89.) Cf. p. lii, en
note, liv et lv.

II

1373, mercredi 6 juillet, Brest.

TRAITÉ DE CAPITULATION CONCLU ENTRE JEAN, SEIGNEUR DE NEVILLE, ROBERT KNOLLES, THOMAS DE MELBOURNE, CAPITAINES DES VILLE ET CHATEAU DE BREST, D'UNE PART, LOUIS, DUC DE BOURBON, BERTRAND DU GUESCLIN ET JEAN, VICOMTE DE ROHAN, D'AUTRE PART, STIPULANT SOUS CERTAINES CONDITIONS LA REDDITION DE LA DITE VILLE ET DU DIT CHATEAU AU DIT VICOMTE DE ROHAN LE 6 AOUT SUIVANT.

Saichent touz que nous Jehan, seigneur de Neuville, Robert Kenole, sire de Derval, et Thomas de Mellebourne, à present tenanz la ville et chastel de Brest, avons octroyé, promis et accordé à nobles et puissanz seigneurs le duc de Bourbon, le connestable de France et au viconte de Rohan, estanz à present davant le dit fort, les articles dont la teneur s'enssuit :

Premierement que, pour la salvacion de le heritage de monseigneur Jehan, duc de Bretaigne, comte de Monffort et de Richemont, et le commun prouffit de son pais, sont les dictes parties à acord que nous dessus nommez, avecques touz noz compaignons que nous avons à present, demourrons, un mois après le jour de ceste accordance jurée, en la dicte ville et chastel de Brest. Et en cas que le duc ne vendra le derrain jour du dit mois de paiz ou si fort que il puisse tenir les champs en place egal devant la dicte ville de Brest, nous à l'onneur des diz ducs de Bourbon et le connestable suimes tenuz de wyder, delivrer et baillier ou nom du duc de Bretaigne la dicte ville et chastel de Brest es mains du viconte de Rohan, homme et subget du duc de Bretaigne, lequel jurera et se obligera à nous sire de Neuville de bien et loyalment le garder à le honneur et prouffit du duc de Bretaigne et qu'il ne les baillera ne transportera à personne du monde, fors au duc de Bretaigne. Desquelx ville et chastel les clefs seront delivrées aux diz duc de Bourbon et connestable ou à l'un d'eulx ou à leurs commis en leurs logeiz. Et, la dicte ville et chastel renduz, les diz duc et connestable et ceux qui seront commis de par eulx seront tenuz et obligiez de les baillier au dit viconte de Rohan.

Item, est accordé que certains messages yront en Angleterre à toute la haste que ils pourront aler et rettourner. Et les diz seigneurs qui sont davant sont tenuz de leur faire avoir vesseau, passage et conduit de genz en leur compaignie, aux despens de ceulx qui voudront aler et faire le dit passage, et auxi bonnes seurtez et saufconduiz, tant pour aler que pour rettourner, le dit mois durant. Et auxi nous donnerons bonnes obligacions et seurtez de rendre à la fin du dit mois, ou chastel de Saint Mahé ou en autre qui lors sera es mains des Bretons, quitement et delivrement celui ou ceux et sa compaignie et touz ses biens qui leur seront baillez pour aller en Angleterre, comme dit est, avecques le vesseau, maistre, mariniers, ses genz et touz leurs biens quelconques, si fortune de temps ne les empesche, ou, après la fortune, le très plus toust que il pourra estre fait.

Item, que, le dit mois durant, nous aurons pour nous et noz genz et chevaux vivres, jour pour jour, sepmaine pour sepmaine, souffisamment, les paiant raisonnablement, senz faire garnison, senz ce que nous puissions courre ne prendre prisonniers ne faire autre fait de guerre sur le pais en nulle maniere, le dit temps durant, et auxi vivres pour les passages de nos gens et chevaulx souffisamment jusques à noz pais ou ailleurs, lesquelx vivres et passages seront ordennez dedenz ledit mois.

Item, le dit connestable de France a gréé et promis à faire delivrer et à quiter messire Jehan de La Kingay, messire Jehan Stodhey de l'obligation que Jehan de Polemic a sur eulx, parmi ce que messire Hervé de Saint Goezenou sera delivré, o l'obligacion du dit connestable de le rendre, pour obeir à droit.

Item, que touz les Bretons et autres, qui sont avecques nous dedens la dicte ville et chastel, seront pardonnez et ne perdront point de leur heritage, ainz auront bonnes seurtez de demourer celle part que ils voudront en Bretaigne et ou royaume de France.

Item, de toutes ces chouses seront bonnes lettres faictes et sermens baillez d'une part et d'autre. Et pour plus grant seurté nous baillerons bons et souffisanz houstages douze, desquelx six seront renduz la premiere nuit passée, sous l'obligacion et sermenz d'eulx. Et auxi, en rendant la dicte ville et chastel le derrain jour du dit mois, comme dessus est dit, seront les diz hostages et obligacions delivrez à nouz sire de Neuville ou à noz commis à Brest quitement, senz empeschement, ou ailleurs, où que il nous plaira, en Bretaigne. Et auxi nous sera baillé vesseaux, passage et conduit des seigneurs, chevaliers et autres genz souffisanz, à noz despens, pour nous et pour noz genz, chevaulx et touz noz biens, à nous en aler par terre et par mer, en quelque part que il nous plaira, avecques touz noz biens qui sont en la dicte ville et chastel ou ou havre, tant du duc comme de la duchesse, et de touz autres genz bonnes seurtez et saufconduiz, tant des seigneurs dessus diz que du roy de France. Et en cas que noz messagiers, qui auront saufconduit pour aler en Angleterre et rettourner, seront empeschez ou occupez de fait, senz fraude ne mal engin, par nul des genz du roy de France, ne de ses aliez, que les seigneurs davant sont tenuz à les delivrer quitement et franchement.

Et en celui cas sera le terme de cest accort et treitié par autant après la fin du dit mois alongé comme ceulx messagiers seront detenuz et occupez. Et ou cas que deffault y auroit de nostte partie, nous jurons et promettons à nous rendre es houstages des diz seigneurs dedenz huit jourz après la fin du dit mois, et senz en partir jusques à leur congié, en la ville de Dinan, ou cas que celle ville seroit en l'obeissance du roy de France, et ou cas que elle n'i seroit, à Fougieres.

Item, est tretié et accordé en la mesme maniere du chastel d'Auray, en cas que il plaira à la duchesse, adjousté que le terme de wyder et delivrer le dit chastel ne commancera jusques à tant que elle ait certiffié sa volonté à nous, sire de Neuville, si ou non le dit accord ou trettié li plaira, dedenz huit jours. Et en cas que le dit accord li plaira et elle et touz ses genz et sa compaignie s'en voudront aler et emporter leurs biens quelconques, les diz seigneurs de davant sont tenuz à li baillier telle compaignie de conduit do gens, oultre ses seurtez et sauf conduiz, que elle souffise, et auxi ceulx qui li seront baillez seront bien asseurez et conduiz d'aler et rettourner quitement et franchement, avecques leurs vesseaux et touz leurs gens, en Bretaigne, senz fraude ne mal engin. Et s'il avenoit que aucun debat et contrarité soit fait d'une part ou d'autre, les parties prendront droit par auccion davant les diz viconte de Rohan et nous, sire de Neuville, et pour ocla nulz des poinz de cest tretié ne peuvent estre deppeclez. Lesquelles chouses dessus dictes et chascune d'icelles, nous et chascun de nous avons promis, accordé et juré, par les fois et sermenz de noz corps, à tenir, garder, parfaire et acomplir de point en point, senz fraude ne mal engin y penser, faire ne dire et senz dilacion aucune, à paine d'estre repputez pour faulx, parjures et desloiaux en touz les lieux et places où nous serons trovez. Et en tesmoingn de ce nous avons appousé noz seaux à ces presentes. Donné le mercredi sisiesme jour de juillet l'an de grace mil trois cens soissante et treze [1].

(Arch. Nat., sect. hist., J 642, n° 20.)

1. Au traité du 6 juillet 1373 sont appendus sur simples queues de parchemin les trois sceaux du seigneur de Nevill, de Robert Knolles et de Thomas de Melbourne. Le sceau du seigneur de Nevill consiste en un écu à un sautoir penché, timbré d'un heaume cimé d'une tête de bœuf et compris dans un quadrilobe; celui de Robert Knolles, en un chevron chargé de trois quintefeuilles, l'écu penché timbré d'un heaume cimé d'une tête de bélier et supporté par deux hommes sauvages; celui de Thomas de Melbourne, en un plein sous un chef, à la bande chargée de trois objets indistincts brochant sur le tout, l'écu suspendu à deux touffes d'arbre et compris dans une rosace (*Collection de sceaux des Archives Nationales*, III, 289, n° 10 154 (Knolles), 291, n°° 10 168 (Melbourne) et 10 174 (Nevill).

9627. — Imprimerie A. Lahure, 9, rue de Fleurus, à Paris.

9627. — PARIS, TYPOGRAPHIE LAHURE

Rue de Fleurus, 9